|新装版|

建築デザインの
アイデアとヒント 470

470 ideas and hints
for architectural design

毎週住宅を作る会 著

X-Knowledge

著者：毎週住宅を作る会
（執筆メンバー：菊地宏、高木俊、林 清隆、中川純一、高橋将章、石川誠、北村直也、サポート：植田開、入口佳勝、佐伯徹）
イラスト：谷口聡子、中川展代
編集補助：加藤純
デザイン：鈴木大介
データ制作：タクトシステム株式会社

はじめに

本書は、建築設計の演習活動を行っている「毎週住宅を作る会」が、テーマを掲げて設計の視点を解説するものです。
最初から順番に流し読みする読み物として利用することもできますし、必要に応じて気になるテーマやカテゴリーをかいつまんで読むこともできるような構成にもなっています。また、各テーマから連想される実作例も掲載していますので、建築作品集として参考にすることもできます。

本書では、これまでに「毎週住宅を作る会」の各支部で挙げられた題目のなかから約470のテーマをピックアップしており、それらを7つの章「A:かたち・形状、B:素材・モノ、C:現象・状態、D:部位・場所、E:環境・自然、F:操作・動作、G:概念・思潮・意志」に分類し、紹介しています。ここでは、あくまで便宜的にテーマを分類していますが、むしろそのカテゴライズから見直すことが、自分のなかでの建築に対する考え方や捉え方を構築することにつながるのかもしれません。

これから制作活動をひかえた方にとっては、多くの役立つヒントが転がっているはずですし、論文をひかえていたり、すでに実務に携わっている方にとっては、固くなった頭をほぐすストレッチ効果もあるでしょう。もしこれから支部設立を考えている人には、支部設立のマニュアルガイドとして活用できるよう、進め方の例も掲載しています。なお、「毎週住宅を作る会」の活動については巻末をご覧ください。

建築設計に携わるさまざまな人に幅広く利用され、より自由な発想への手がかりになることを願っています。

毎週住宅を作る会

目次

はじめに　002

しゅうまいのレシピ～演習の進め方とポイント　008

A かたち・形状　011

001	面の家	012	024	渦巻きの家	019
002	点の家	–	025	末広がりの家	020
003	アルファベットの家	–	026	山折り谷折りの家	–
004	帯の家	013	027	螺旋の家	–
005	線の家	–	028	不定形の家	021
006	二重螺旋の家	–	029	メビウスの輪の家	–
007	迷宮の家	014	030	対称性の家	–
008	ソリッドモデルの家	–	031	8の字の家	022
009	箱の家	–	032	球の家	–
010	粒の家	015	033	ボールトの家	–
011	敷地形状の家	–	034	穴の家	023
012	3次曲面の家	–	035	孔の家	–
013	メッシュの家	016	036	方形の家	–
014	軌跡の家	–	037	HP曲面の家	024
015	ジグザグの家	–	038	双曲線の家	–
016	点線の家	017	039	ふくらみの家	–
017	溝の家	–	040	放物線の家	025
018	ピラミッドの家	–	041	懸垂曲線の家	–
019	うつわの家	018	042	枝分かれの家	–
020	かごの家	–	043	クラインの壺の家	026
021	あみの家	–	044	結び目の家	–
022	巣の家	019	045	家型の家	–
023	切妻の家	–	046	宙返りの家	027

047	波の家	027
048	入れ子の家	–
049	交差の家	028
050	ループの家	–
051	凹型の家	–
052	凸型の家	029
053	直角多角形の家	–
054	円の家	–
055	輪の家	030
056	出っ張り・引っ込みの家	–
057	たまご形の家	–
058	楕円の家	031
059	台形の家	–
060	三角形の家	–
061	四角形の家	032
062	五角形の家	–
063	六角形の家	–
064	正方形の家	033
065	長方形の家	–
066	ボリュームの家	–
067	鈍角の家	034
068	鋭角の家	–
069	スカイラインの家	–

B 素材・モノ　035

070	素材の家	036	083	椅子の家	040
071	装飾の家	–	084	ルーバーの家	–
072	シャンデリアの家	–	085	服の家	041
073	バネの家	037	086	テントの家	–
074	模様の家	–	087	テーブルの家	–
075	塗装の家	–	088	図面の家	042
076	タイルの家	038	089	コンピュータの家	–
077	鏡の家	–	090	比重の家	–
078	模型の家	–	091	自転車の家	043
079	布団の家	039	092	車の家	–
080	家具の家	–	093	船の家	–
081	カーテンの家	–	094	金属の家	044
082	ベッドの家	040	095	板の家	–

096	木材の家	044
097	粘土の家	045
098	照明の家	–
099	石の家	–
100	ツマミ・ハンドルの家	046
101	廃墟の家	–
102	バーコードの家	–
103	鉛筆と消しゴムの家	047
104	果物の家	–
105	ケーキの家	–
106	チャームポイントの家	048
107	痕跡の家	–
108	ガラスの家	–

C 現象・状態 049

109 ザラザラの家 050	134 たくさんの家 058	159 太いの家 066
110 サラサラの家 –	135 バランスの家 –	160 細いの家 067
111 ゴツゴツの家 –	136 つながりの家 059	161 重いの家 –
112 シトシトの家 051	137 ぎこちないの家 –	162 軽いの家 –
113 カクカクの家 –	138 光空間の家 –	163 特異点の家 068
114 パラパラの家 –	139 モザイクの家 060	164 均質の家 –
115 水玉の家 052	140 不安定の家 –	165 整列の家 –
116 キラキラの家 –	141 ストライプの家 –	166 多さの家 069
117 暗いの家 –	142 気配の家 061	167 厚いの家 –
118 明るいの家 053	143 不連続の家 –	168 薄いの家 –
119 大きいの家 –	144 連続の家 –	169 長いの家 070
120 小さいの家 –	145 においの家 062	170 短いの家 –
121 遅いの家 054	146 気体の家 –	171 グラデーションの家 –
122 速いの家 –	147 固体の家 –	172 長細いの家 071
123 強いの家 –	148 液体の家 063	173 汚れの家 –
124 弱いの家 055	149 溶けるの家 –	174 緩やかなの家 –
125 近いの家 –	150 傾斜の家 –	175 しみこみの家 072
126 遠いの家 –	151 あふれるの家 064	176 新しいの家 –
127 白の家 056	152 留めの家 –	177 抑揚の家 –
128 複雑の家 –	153 プルプルの家 –	178 滑らかの家 073
129 360の家 –	154 平滑の家 065	179 肉体美の家 –
130 行き止まりの家 057	155 交わりの家 –	180 古いの家 –
131 透明の家 –	156 ゾロの家 –	181 ゆがみ・微小変化の家 074
132 半透明の家 –	157 硬いの家 066	182 おおらかの家 –
133 動きの家 058	158 柔らかいの家 –	183 接する・接しないの家 –

D 部位・場所 075

184 トップの家 076	203 廊下の家 082	222 暖炉の家 088
185 プラットフォームの家 –	204 地盤面の家 –	223 煙突の家 089
186 端っこの家 –	205 境界の家 083	224 梁の家 –
187 LDKの家 077	206 樋の家 –	225 柱の家 –
188 段差の家 –	207 ピロティの家 –	226 手すりの家 090
189 内部外部の家 –	208 延べ床の家 084	227 キッチンの家 –
190 敷居の家 078	209 建築面積の家 –	228 階段の家 –
191 中間領域の家 –	210 道路の家 –	229 トイレの家 091
192 ラーメンの家 –	211 等高線の家 085	230 玄関の家 –
193 キャンチレバーの家 079	212 塀の家 –	231 スロープの家 –
194 屋上の家 –	213 床の家 –	232 洗濯の家 092
195 中庭の家 –	214 収納の家 086	233 ベランダの家 –
196 すきまの家 080	215 畳の家 –	234 曲がり角の家 –
197 平面の家 –	216 顔の家 –	235 陸屋根の家 093
198 屋根の家 –	217 口の家 087	236 障子の家 –
199 開口部の家 081	218 目の家 –	237 窓の家 –
200 断面の家 –	219 ダブルスキンの家 –	238 枠の家 094
201 風呂の家 –	220 門の家 088	239 扉の家 –
202 囲いの家 082	221 いろりの家 –	240 トップライトの家 –

005

241	地下の家	095	247	出隅の家	097	253	入口・出口の家	099
242	半地下の家	–	278	部屋の家	–	254	天井の家	–
243	ハイサイドライトの家	–	249	庇・軒の家	–	255	天井高さの家	–
244	アプローチの家	096	250	連続窓の家	098	256	敷地の家	100
245	1階の家	–	251	屋上庭園の家	–	257	壁面の家	–
246	入隅の家	–	252	平地の家	–	258	吹抜けの家	–

E 環境・自然　　101

259	地震の家	102	274	池の家	107	289	水の家	112
260	坂の家	–	275	木の家	–	290	景色の家	–
261	宇宙の家	–	276	庭の家	–	291	方角の家	–
262	天気の家	103	277	煙の家	108	292	植物の家	113
263	湿気の家	–	278	風の家	–	293	地形の家	–
264	地層の家	–	279	岩場の家	–	294	空の家	–
265	乾燥の家	104	280	火の家	109	295	影の家	114
266	島の家	–	281	動物の家	–	296	空調の家	–
267	月の家	–	282	雨の家	–	297	環境の家	–
268	節の家	105	283	くぼ地の家	110	298	夜の家	115
269	サクラの家	–	284	雲の家	–	299	音の家	–
270	富士山の家	–	285	山の家	–	300	昼の家	–
271	太陽の家	106	286	谷の家	111	301	周辺の形を直接読み込むの家	116
272	雑草の家	–	287	丘の家	–	302	季節の家	–
273	森の家	–	288	絶壁の家	–	303	水滴の家	–

F 操作・動作　　117

304	見る見られるの家	118	325	分けるの家	125	346	換気の家	132
305	へばりつくの家	–	326	喧嘩の家	–	347	裂けるの家	–
306	トリミングの家	–	327	反復の家	–	348	ほどくの家	–
307	くるくるの家	119	328	兼ねるの家	126	349	構造の家	133
308	浮くの家	–	329	触るの家	–	350	埋めるの家	–
309	動くの家	–	330	つなぐの家	–	351	一筆書きの家	–
310	守るの家	120	331	回転の家	127	352	ふき取るの家	134
311	たまるの家	–	332	抜けるの家	–	353	回り方の家	–
312	割るの家	–	333	ズレの家	–	354	集まるの家	–
313	掛けるの家	121	334	くっつけるの家	128	355	ワープの家	135
314	足すの家	–	335	分割の家	–	356	要塞の家	–
315	引くの家	–	336	劣化の家	–	357	串刺しの家	–
316	重なりの家	122	337	写真の家	129	358	転写の家	136
317	分裂の家	–	338	切れ込みの家	–	359	かたどるの家	–
318	傾くの家	–	339	包むの家	–	360	流すの家	–
319	区分の家	123	340	通すの家	130	361	生まれるの家	137
320	停止の家	–	341	掘るの家	–	362	飲み込むの家	–
321	増殖の家	–	342	縫うの家	–	363	曲がるの家	–
322	防御の家	124	343	絞るの家	131	364	つぶすの家	138
323	越えての家	–	344	MIXの家	–	365	壊すの家	–
324	見せかけの家	–	345	巻くの家	–	366	はさむの家	–

367	束ねるの家	139	377	形の合成の家	142	387	反射の家	145
368	丸めるの家	-	378	のぼるの家	-	388	実像・虚像の家	146
369	ねじれるの家	-	379	くだるの家	143	389	斜線制限の家	-
370	伸ばすの家	140	380	まとめるの家	-	390	見通す・見通せないの家	-
371	広げるの家	-	381	配置の家	-	391	視界の家	147
372	ぼかすの家	-	382	落書きの家	144	392	のぞくの家	-
373	むけるの家	141	383	並べるの家	-	393	分棟の家	-
374	なじむの家	-	384	カモフラージュの家	-	394	空間の入り方の家	148
375	展開の家	-	385	見上げるの家	145	395	ストロークの家	-
376	断絶の家	142	386	見下ろすの家	-	396	スタックの家	-

G 概念・思潮・意志　　　149

397	最上級の家	150	420	単一の家	157	443	トポロジーの家	165
398	人間の家	-	421	時間の家	158	444	リズムの家	-
399	錯覚の家	-	422	だいたいの家	-	445	部分と全体の家	166
400	残像の家	151	423	始まりの家	-	446	定数と変数の家	-
401	かわいいの家	-	424	終わりの家	159	447	構成の家	-
402	コントラストの家	-	425	自由の家	-	448	記憶の家	167
403	眠いの家	152	426	死の家	-	449	対立の家	-
404	周の家	-	427	〜ないの家	160	450	ゆらぎの家	-
405	関係ないの家	-	428	ノイズの家	-	451	光の分布・輝度差の家	168
406	間の家	153	429	地と図の家	-	452	パースの家	-
407	未来の家	-	430	崇拝の家	161	453	スケールの家	-
408	過去の家	-	431	カオスの家	-	454	近代建築の五原則の家	169
409	中心の家	154	432	表裏の家	-	455	ミニマルの家	-
410	角度の家	-	433	粗密の家	162	456	グリッドの家	-
411	家族構成の家	-	434	正面性の家	-	457	規律の家	170
412	どこかの家	155	435	妥協の家	-	458	人体の家	-
413	距離の家	-	436	擬人化の家	163	459	黄金比の家	-
414	軸の家	-	437	身体寸法の家	-	460	高さの家	171
415	孤独の家	156	438	色の家	-	461	差異の家	-
416	57577の家	-	439	矢印の家	164	462	重心の家	-
417	ルールの家	-	440	向きの家	-	463	スーパーフラットの家	172
418	詩の家	157	441	コンテクストの家	-	464	ディテールの家	-
419	パラメータの家	-	442	見え方の家	165	465	図式の家	-

「毎週住宅を作る会」について　　　173

「毎週住宅を作る会」各支部のOBが語る「しゅうまい」内容と意義　　　174

〈しゅうまいのレシピ〜演習の進め方とポイント〉

「誰でも・気軽に・いつでも参加できること」が、「毎週住宅を作る会（通称：しゅうまい）」の基本的なスタイル。でも、まったく初めての場合、何を準備し、どのように進めればよいのか分からないかもしれません。ここでは、演習の一例を紹介します。（協力：広島支部＝広島工業大学・村上徹研究室、石川誠ほかOB）

❶ 手を動かして考えてこよう！

あらかじめ設定された「お題」（❺を参照）に対する案を用意しよう。A4版の用紙に平面図や断面図、コンセプト文を書き、1／200程度の小さな模型をつくるのが、しゅうまいの一般的なスタイル。実際に手を動かす時間は2〜4時間程度の人が多い。温めておいたアイデアを、一気に形にしておく。また、参加人数と時間に合わせて、会場も確保しておこう。製図室や研究室のほか、ラウンジや喫茶店でもいい。他の人の目があるほうが、刺激があってかえって盛り上がる模様。

▼

❷ みんなで発表し合おう！

持ち寄った案について、各自が発表していこう。持ち時間は特に決めなくてもよいだろう。お題について考えたこと、強調したいこと、持ってきた案でどのようにそれが実現されているか、などを分かりやすく説明しよう。聞く人は、どのような視点で案が考えられているかに注意。なお、司会者は決めておいたほうがよいだろう。場が固くならないようにして自由に発言できるように気を配るのが、しゅうまい司会者の最大の役目。

▼

❸ ともだちの案にも意見を言ってみよう！

発表が一巡したら、それぞれの案を回覧してじっくりと見ながら、質疑応答をしよう。発表で説明が足りなかったところや疑問点について聞くことで、理解が深められる。「どのような敷地を考えたか」「家族構成はどうか」「この操作にはどのような意味があるのか」など、思いつくところから聞いていく。よいと感じたところや、もっと発展させたほうがよいと思われる点を伝えるだけでもよいだろう。

❹ どの案がよかったか投票してみよう！

実は、どの案が一番よかったかを決める投票は、どの支部でも行っているわけではない。しかし、参加者のやる気を引き出し、会を持続させるのには一定の効果がある。お題に対して綺麗にまとめている案を選ぶか、荒削りでも先鋭的なアイデアを選ぶかは参加者次第。無記名投票にすれば、参加者の年齢や立場の差は気にせず自由に選ぶことができるだろう。

❺ 次回のお題を決めよう！

今回の発表と投票を終えたら、次回のお題を決定しよう。思いついた人から題目をあげていく。ホワイトボードなどに書き出していくと分かりやすい。今回のお題についてもっと深めたいと思えば、2回目を提案してもいい。ひととおり出そろったら、挙手で投票しよう。1人2票とすると、スムーズに決まりやすい。あくまでも柔かい発想が求められる場。お茶とお菓子は欠かせない。

❻ いろいろな人の意見も聞いてみよう！

決まったメンバーで会を続けていると、どうしても視点が型にはまりがちになるもの。時にはOB・OGや建築家の諸先輩方、先生方の意見も聞いてみるのもいい。自分たちで投票した結果と異なることもしばしばで、普段とは違った視点に触れることができる。もちろん、この本で挙げられている解説について話し合うことも、発想を広げる助けとなる。

ここで挙げた進め方はあくまでも一例で、支部や会によって進め方や準備の仕方は異なります。173頁に挙げる支部の活動に実際に触れてみてもよいですし、この進め方を参考にしながら独自に発展させてもよいでしょう。それぞれの「しゅうまい」を楽しんでください。

 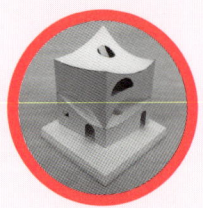 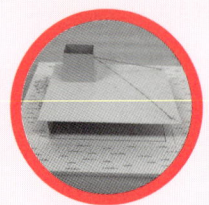 

Q.参加者全員が自由に話せるようにするにはどうしたらいい?

A. 案を説明するときなどは、できるだけ分かりやすい言葉で話しましょう。学生のときには学年の違いで知識の差があるのは当然。常に公平にみることを意識しましょう。参加者各自にあだ名を付けて呼び合うのも、年齢による垣根をなくすのには役立つでしょう。そして講評や意見交換のときには、減点方式ではなく加点方式でみていくと、自然に議論が広がって盛り上がります。

Q.活動をどう続けたらいい?

A. 普段の課題などが重なり、毎週開催するのは難しいと感じるかもしれませんが、継続は力なり。毎週やることで設計の力が付いてどんどん楽しくなり、自分たちなりのペースをつかむことができます。また、ホームページやブログなどを開き、テーマや開催日時、出欠などの情報を共有するといいでしょう。

Q.活動をどう広げたらいい?

A. 専用のホームページやブログは、参加者を増やすきっかけにもなります。積極的に内容を更新し、発信していきましょう。回数を重ねてくれば、展覧会を開いたり、他大学と交流したり、OBやOG、建築家を招いたりといったこともしたいものです。新鮮な意見や刺激をもらうきっかけになるでしょう。

Q.設計のスキルを上げるには?

A. 一般のコンペでも、しゅうまいと同じように、ある題目をどう読むかがポイント。野球に例えるなら、投げられた球をパンと打ち返すようなもの。自分がヒットを打つときの感覚を体得する場として、しゅうまいを活用してください。そしてプレゼンテーションの場数を踏んで質を上げるのに、自由な意見交換のできるしゅうまいは格好の場です。

この頁の上と下に並ぶ写真は、それぞれ1つのお題に対して導き出された家の数々。実に多種多様なアプローチがみてとれる

A. かたち・形状
Shape

B. 素材・モノ
Material

C. 現象・状態
Phenomenon, State

D. 部位・場所
Part, Place

E. 環境・自然
Environment, Nature

F. 操作・動作
Operation, Behavior

G. 概念・思潮・意志
Concept, Trend of thought, Will

001 | 面の家

建築では、壁や床、屋根など、さまざまなところに面が存在する。建築は、面によって構成されているといっても言い過ぎではない。面は空間に方向性や形を定義づけてくれる。ミースやリートフェルトのように、面の構成によって空間をつくった建築家も多い。面が面であり続けるためには、それが線でも、塊でもあってはならない。面らしく振る舞うには多くの場合、面の端部がほかの物と取り合わない形で自立して存在していることが多い。空間のどこを面として見せるのか、またそれらをどう配置するのか。それを整理してみるだけでも、よい訓練になる。

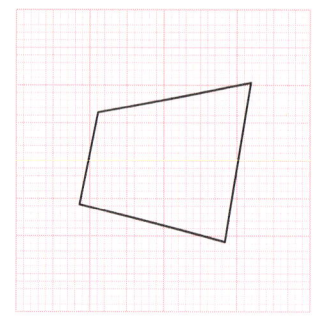

002 | 点の家

平面図上で線を壁に例えると、点は柱のようなものである。バウハウスをはじめミースの建物の平面にはそのような解釈が可能である。点はそもそも、位置や地点を表すものであるから大きさをもたない。そのため建築空間に表現として現れることは少ないが、点の集まりとしてものを捉えたり、点と点を結ぶ操作など、建築の操作としては、さまざまな場面で登場する。具体的な例では、安藤忠雄に代表される打放しコンクリートなどは、セパレータ穴を点と捉えることによってその配置に注目し、点が整然と並ぶことによる緊張感を獲得している。

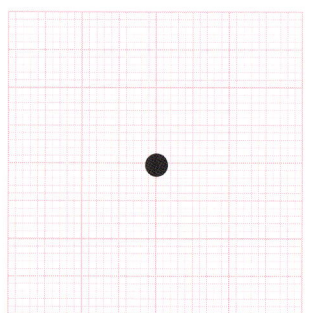

003 | アルファベットの家

まずは、ダイレクトにアルファベットを建築に取り入れてみよう。アルファベットには、直線もあればカーブもある。直角もあれば、鋭角も鈍角もある。一筆書きできるものもあれば、交わっているものもある。その図形が平面なのか、断面なのか、あるいは家の内外に浮かび上がるなんらかのグラフィックなのか。構造材でもH形鋼やI形鋼やカットTなど、断面形状が名称に使われたり、なにかと建築と親しみのある図形が集まっているようだ。気になる文字を組み合わせたりしても楽しめそう。
【実例】ユトレヒト大学ミナエルトビル／N・リーダイク

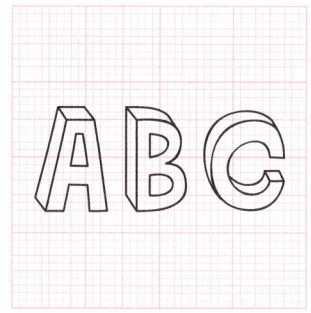

ユトレヒト大学ミナエルトビル

設計：ノイトリング・リーダイク

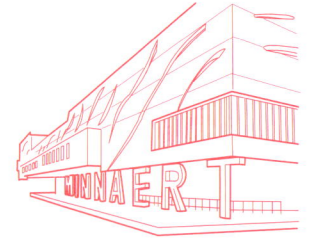

オランダ・ユトレヒト大学の一部施設。ピロティを支持する柱がアルファベットになった外観が特徴的。建物そのものをサインに見立てた外観は一目見てそれが何か分かるようなサインの役割も担っている。ユトレヒト大学はこのほか、OMA、メカノーなども施設を手掛けている。

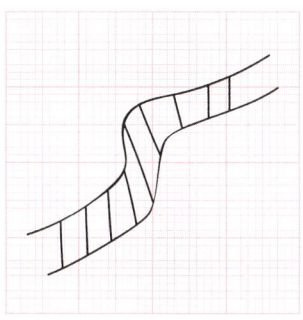

004 | 帯の家

帯状とは、リニアという言葉にも置き換えられるが、線状のものであるため、切ったり、張ったり、入れ替えたり、比較的自由な操作が可能であり、スタディーするうえで極めて効率的で作業しやすい。また帯とは、線に幅をもたせたようなもので、平面図でいえば、廊下のようなものであったりもするし、立面であれば、窓が帯状に見えたり、タイルの模様が帯状に感じられたりするだろう。物理的な性質でいえば、優雅な形に振る舞うのもまた帯の魅力である。帯でモノをくくりつけたり、ミイラのように帯を巻きつけたりすることもできる。

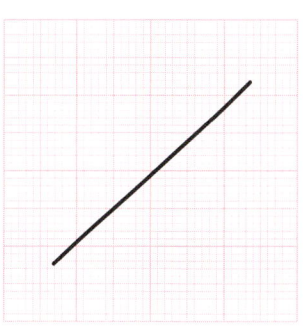

005 | 線の家

線を引かないと建築はできない。逆にいうと、線を引くと建築ができてしまう。それが下手であれ、図面を渡せばそのまま妙なものができてしまう。線を引くセンスこそ、建築の良し悪しを大きく左右するし、設計は線に始まり、線に終わるといってもいい。また、線は絵画と異なり、建築では目的ではなく、あくまで建築や空間を表現するための手段や方法にすぎない。線にはそれぞれ明確に意味するところがある一方で、あいまいな線も想像力をかき立ててくれる。

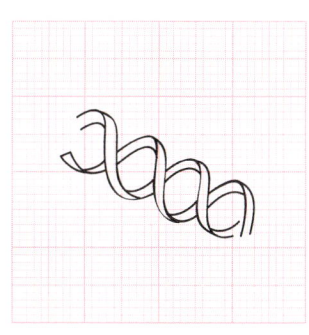

006 | 二重螺旋の家

二重螺旋というと、DNAのシステムと思いがちだが、建築の空間にもたまに二重螺旋が登場する。展望台などに見られる階段がそれであるが、1つは上り、もう1つは下りというように2つの階段を同じ場所に入れ込むことによってすっきりさせることができる。螺旋階段の半径や天井高などを調整する必要はあるが、一見1つしかないように見える階段に2つが入っていることに驚かされる。二重螺旋の階段は、人の動きを観察すると、交互に上りの人と下りの人が見えるのもまた面白い。
【実例】会津さざえ堂（円通三匝堂）

会津さざえ堂（円通三匝堂）

福島県-会津若松市に建立された六角形のお堂。二重螺旋の特徴を生かし、非常にコンパクトでありながらも、そこには複雑なスパイラル空間が待っている。上り動線と下り動線が重なりながらも、別の通路になった一方通行の動線となっているため、参拝客同士が衝突しない構成となっている。

007 | 迷宮の家

迷宮や迷路は人を混乱させる。そして、建物もあまり複雑につくると、迷宮と同様、混乱したものになる。要塞などは、わざと建物を外敵から守るために迷宮のようにした。モロッコの都市などにもそういった構造のものが見られる。迷宮化することも、一種の外界に対しての解答であり、そのようなことも住宅に応用できるかもしれない。また、迷いやすいものには、どんな特徴があるのか調べてみるのも面白い。たとえば、まったく同じような通路が2つあると、人間は今どこにいるか分からなくなるし、まったく同じ寸法の部屋があると完全にだまされてしまう。

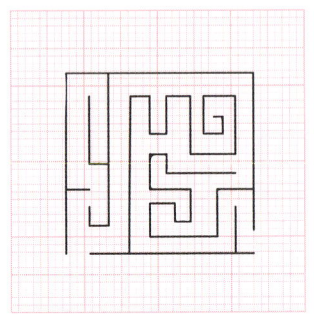

008 | ソリッドモデルの家

ソリッドモデルとは、3DCGなどでよく耳にする言葉である。塊を数式で表現するために数学者オイラーによって考案された記述方法である。各面の辺に向きをもたせ、隣り合う面の向きが逆になるように配置し、すべての面でそれが可能であるならば、中身は詰まっていることが保証されるという概念である。詳しくは別の書籍にゆずるとして、建築でも、果たして塊とはどういった場合を指すか考えるきっかけになればと思う。コンピュータソフトの中では、このような判定が可能なソフトをソリッドモデラーという。ソリッドモデラーを1つぐらいはマスターしたいものである。

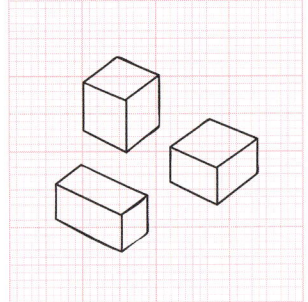

009 | 箱の家

建築は最も簡略化して表現すると、箱のような振る舞いをする。要するに、なんでもない空間を形にすると箱のようになる。ただ、箱といっても、さまざまなプロポーションがあり、そのプロポーションの良し悪しだけでも、さまざまな議論ができる。また、箱を各室とみなし、部屋同士のつながりを箱で検討することもできるだろう。とにかく、小さな子供が積み木で遊ぶような感覚で、空間をどう配置するか、そういった検討に、この箱は重宝する。
【実例】最小限住居／増沢洵

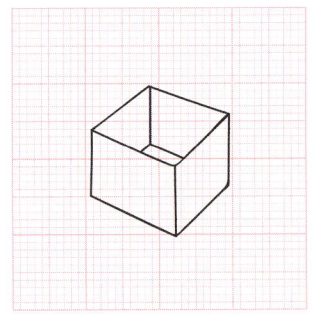

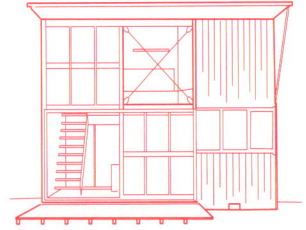

最小限住居

設計：増沢洵

戦後の住宅業界に大きな影響を与えた建築家の自邸。2階建てで、吹抜け空間を利用しながら、小さい住宅の中でも、快適に住まうという強い意志を空間で示した生活のための「箱」。9坪ハウスという愛称で親しまれており、今もなお狭小住宅の理想的なモデルとして引用されている。

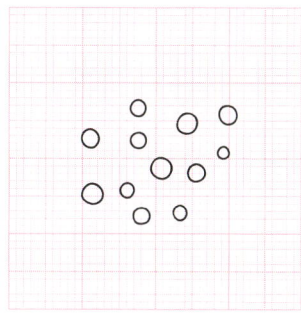

010 | 粒の家

日本には、粒状の食べ物はたくさんある。米、ゴマ、大豆など、粒状のものである。建築では、砂、砂利など骨材として粒状のものは広く流通しており、洗い出し仕上げなどは小石を洗い出して、粒状の表情を演出したりする。左官材料としては、粒の粒度などによって表情も触り心地も変わってくる。粒はどこか塊とは相反する形の捉え方であり、粒が集まって量をなすと捉えることもできるだろう。

世の中の物に目をやると、物質は、小さく砕いていくと粒状になり、逆に巨大な物も、丸く粒状の形をしている。遠くに見える星は、まさに粒状である。

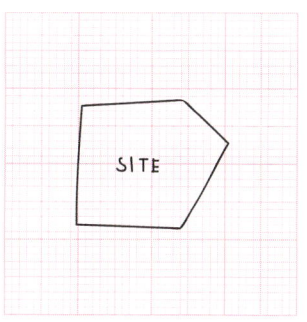

011 | 敷地形状の家

敷地形状は、さまざまである。真四角なものから、長細いもの、旗ざおのもの、三角形のものなど周辺の状況から切り取られた敷地には、さまざまな理由がある。敷地を捉えるときに、いったい敷地の形はどうしてこのような形になったのか、まず分析する必要がある。たとえば、区割りされていたところに斜めの道が通ることによって敷地が変形したり、川や崖のように自然の要素によって切り取られたりとさまざまなルールが見つかる。

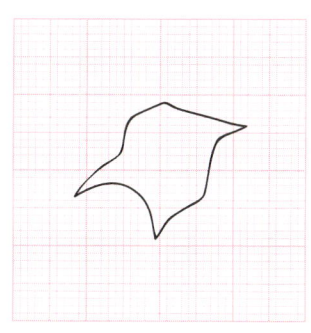

012 | 3次曲面の家

3次曲面は2次曲面とは違い、3方向に対して自由な形をしているものをいう。最近では、NURBS曲面などにより、コンピュータでも厳密に定義できるようになった。3DCADでも、曲面を得意としたCADというものがある。もともとは車のデザインなどで使われ出した分野であるが、環境が整ってきたこともあり、建築でもその造形の応用が試みられている。現代建築では、フランク・O・ゲーリーに代表される建築家によって3次曲面が駆使されている。そこでみえる新しい可能性なども考えてみるとよい。
【実例】ビルバオ・グッゲンハイム美術館／フランク・O・ゲーリー

ビルバオ・グッゲンハイム美術館

設計：フランク・O・ゲーリー

スペイン・ビルバオに建つ、20世紀を代表する美術館。その存在感は、ビルバオという当時無名の都市を、世界中から人を招き入れる観光地に変えることになった。建築家の造形力と、最先端のコンピュータ技術を駆使して、内部外部ともに、3次曲面で構成された空間を実現している。完成形も面白いが、模型とCGとの間でフィードバックを繰り返す制作過程も必見。

013 | メッシュの家

3次元の形を点の集まりと捉え、それらの点を三角形の面で結んだものを3Dメッシュという。3Dの初期には、滑らかな3次曲面が定義できなかったことから、こういった手法が取られた。今では、より滑らかな方法が可能になってきたが、今なお、計算速度的に優位であることから多用されている。このようなメッシュによってできた建築もたくさんあり、三角形だけでなく、六角形や五角形を単位としたものなど非常に手の込んだものまでみうけられる。
参考：フラードーム／バックミンスター・フラー

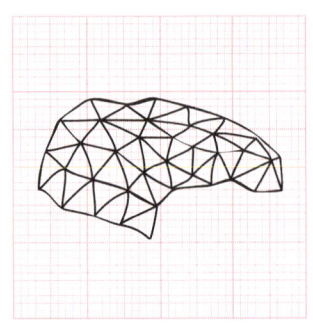

014 | 軌跡の家

ある人や物事がたどってきた跡を軌跡と呼ぶが、建築設計では人の行為の軌跡をなぞるように空間を検討することがある。ここでは、まったく別の軌跡を住宅に当てはめてみる。または、なにかの軌跡を壁や床、天井の断面に置き換えるといった設計手法によって建築を再構築したい。実際には、自然の等高線に添って配置された建築、太陽や星の軌跡をなぞるように穿たれた窓などがある。日常の生活には踏襲されない軌跡の発見によって、まったく新しい住宅ができるかもしれない。

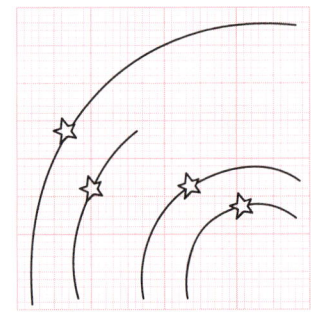

015 | ジグザグの家

ジグザグした形は、九十九折り（つづらおり）のように急な斜面などに現れることもあれば、のこぎりの刃先のような小さなところにも見ることができる。ギザギザさせた建築は少し痛々しくも見えるし、折り込まれた面の見え隠れはダイナミックにも見える。ジグザグさせることによって持たされる効果は、距離を稼いだり、いろいろな方向に面を開いたり、少ない場所でコンパクト展開できたりとさまざまな特徴を持ち合わせていることが分かるだろう。
【実例】ベルリン・ユダヤ博物館／ダニエル・リベスキンド

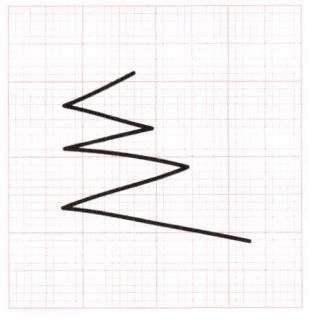

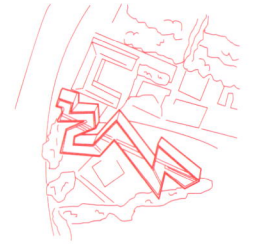

ベルリン・ユダヤ博物館

設計：ダニエル・リベスキンド

ドイツ・ベルリンに建つユダヤ人文化を展示した美術館。チタンと亜鉛で覆われた金属のボリュームが、平面的にジグザグした形で敷地に建つ。出入り口がなく、隣接する建物を介して、地下からアクセスする。内部はさまざまな方向から、切り裂いたようなスリット状の開口部が、より強く鋭いジグザグな印象を与える。

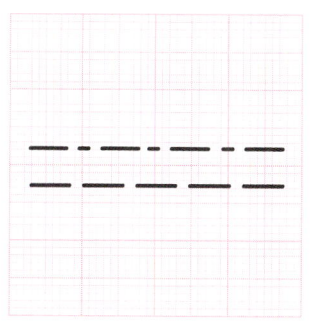

016 | 点線の家

点線や破線は、線の存在を少し弱めたいとき、あるいは、図面としては必要であるが、目に見える形で実在しない線などを描くときに点線で表現することが多い。通り芯や敷地境界線といったものである。また、可動間仕切りのように、存在しているときと存在しないときがあるような場合にも点線や破線を使うし、頭上の吹抜けなどの表現などにも使う。このような存在の薄い線を建築としてどのように扱っていくのか、建築の表現方法も含めて考えてみよう。

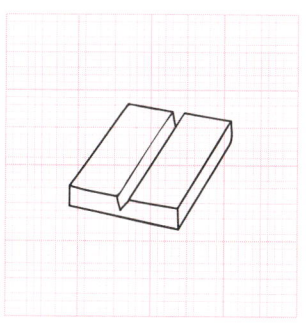

017 | 溝の家

溝とは、凹状の形状をいうが、漢字にはさんずいが付くことから、もともとは、水を流す隙間のことを指す。建物の周りや敷地の境界に配された側溝などがそうであるが、水を流すという意味では、入口の足元の水切の溝や風呂場の排水の溝もそうしたものであろう。しかし溝は実際はもう少し広い意味で使われ、凹状のものを指す。引き戸の溝や、素材の切り替わりに付けられる見切りとしての溝、装飾としての溝などがある。ディテールでは、表面に溝を付けることによって素材の食いつきをよくしたり、接合をよくしたりする。

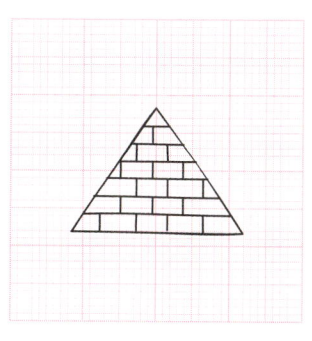

018 | ピラミッドの家

ピラミッドとは、エジプトなどに見られる四角錐を指すが、この形状は、球体と同様、非常にパワーのある形である。それがゆえにこの形に手を出すことは、非常に特別なことであり、使い方に気を付ける必要がある。ただし、どんな文脈も押さえ込んでしまうパワーがあることから、うまく利用すれば画期的な用い方もあるだろう。建物の屋根部分は三角形の形をしているゆえ、その形や勾配によってはピラミッドのように見えたりする。

【実例】ルーブル美術館改修計画／I.M.ペイ

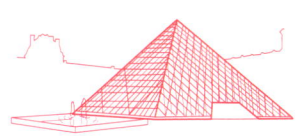

ルーブル美術館改修計画

設計：I.M. ペイ

フランス・パリに建てられたルーブル美術館エントランス空間を彩るガラスのピラミッド。歴史ある都市の景観を重んじるパリ市民にとって、ピラミッド型というとても強い形を大胆に用いることには、当時かなりの批判を受けたという。今では、そのピラミッドはむしろパリを代表するランドマークとなっている。下から見上げる逆ピラミッドは世界でも有数のガラス空間だ。

019 | うつわの家

建築は、うつわのようなものである。要求された大きさのものを納めるためのうつわ。大きいものから小さいものまで、また浅いものから深いものまでいろいろな形がある。また、うつわには、優美な形状、表面の表情、そして手の触れ具合など、さまざまな視点で楽しむことができる。またそれが整然と並ぶ姿が美しかったり、時が経つにつれて独特の風合いが出てきたり、割れて壊れてしまうはかなさも魅力の1つかもしれない。建築も素敵なうつわであり続けたい。

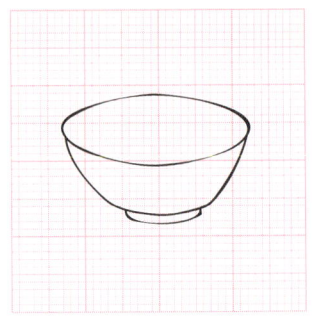

020 | かごの家

建物は、籠だろうか、それとも檻だろうか。それはその中にいる人間の置かれている状況によって変わる。建物の中にいて外に出ることを拒まれた瞬間、それは檻のように見えるだろうし、外敵から追われ身を守る手段として建築が登場すれば、それは籠に近いと感じるだろう。昔から、建築には、牢獄や牢屋という機能もあり、建物は決して快適な空間のためだけに存在してきたわけではない。現代では、外壁にメッシュ状の構造体を配置することによって籠のようなイメージを実現した建物が登場している。
参考：北京オリンピックスタジアム／ヘルツォーク&ド・ムーロン

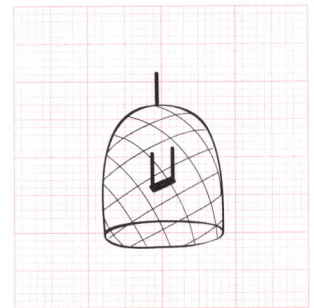

021 | あみの家

網とは、繊維状のものを隙間をあけて編んだものである。格子という単純な構成でありながらも、複雑な形状をつくることができる。格子の編み方はいろいろあるが、網は、漁業をはじめさまざまな分野で使われている。建築でも、網戸や柵などでみられる。大空間にも使われ、網状の配筋から、大きなメッシュ状の構造体まで有機的な形状にも対応する。衣服の世界では、たとえば網タイツなど、立体感やセクシーさをアピールするものとしても大きな役割をもっている。
【実例】プラダ・ブティック青山店／ヘルツォーク&ド・ムーロン

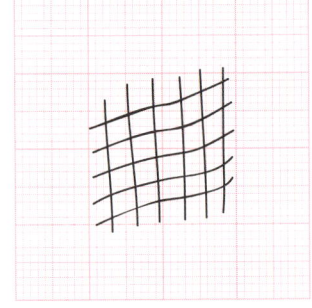

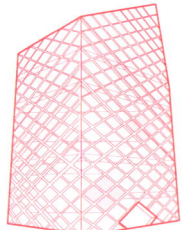

プラダ・ブティック 青山店

設計：ヘルツォーク&ド・ムーロン

ショップ展開に世界の建築家を起用したプラダの東京・青山店。構造体となった、あみ状のファサードがセクシーな印象を与える。ひし形にはめ込まれたガラスが、1枚1枚柔らかく凸状になっているのも特徴的だ。あみ状の菱形断面がそのままチューブ状に横断している内部空間も面白い。夜にはいっそうあみ状のシルエットが際立ち、その姿は妖艶だ。

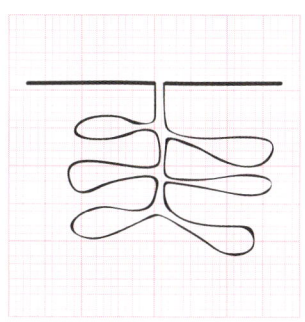

022 | 巣の家

蟻の巣は子供のころ、透明なアクリルの箱に入れてよく観察したものである。断面を縦横無尽に開拓していくありさまは、巣づくりの楽しさを教えてくれる。人間は、蟻のような巣のつくり方はしないが、あのワクワクする感覚、またそれぞれの動物にはそれぞれの巣のつくり方があることを通して、人間の巣について探ってみるのも面白いかもしれない。人間はおそらく他の動物と同様、巣のつくり方は教わらなくても遺伝子的につくれるのかもしれない。もし、そうであるとするならば、人間はみんな建築家なのかもしれない。

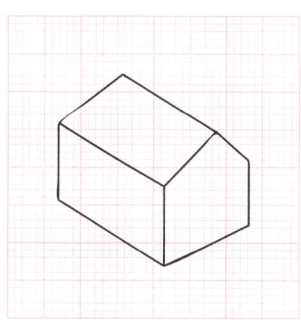

023 | 切妻の家

切妻屋根をもつ建物がいわゆるスタンダードな形で、特徴的な妻面をもつ。この形は屋根の架構とも関係していて、雨などの納まりやつくり方を考慮すると、最も原始的な形状である。雨は両サイドに流され、屋根の小屋組はトラスとしての機能をもつものもある。また、熱環境的には、屋根の熱い空気を逃がす場所としても機能している。現在は、このユニークな形状がもつ記号性から「家型」と呼ばれる。子供の描く家の外形は、多くがこの切妻型であるのも興味深い。

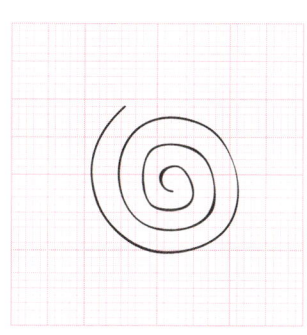

024 | 渦巻きの家

渦巻き状の形を建築に生かせないだろうか。都市計画から美術館の拡張計画に至るまで、これまでもさまざまなところで応用されてきた。ところで、渦巻きにも2種類ある。それは、内側に向かって渦が発展していく場合と、外側に発展していく場合である。渦巻きがダイレクトに建築に反映されるのは特殊な場合が多いが、装飾の細部などでは、よく見かける造形である。
【実例】国立西洋美術館／ル・コルビュジエ（本館）／前川國男（新館）

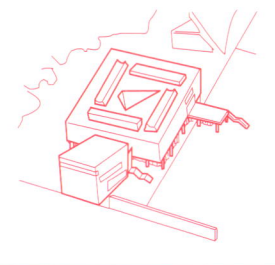

国立西洋美術館

設計：ル・コルビュジエ（本館）／前川國男（新館）

東京・上野に建つ美術館。日本に建つ唯一のコルビュジエ設計の建物。その構想スケッチからも、当初より渦巻きが強くイメージされていたことが伺える。巻貝のような渦巻きをした構成で、内側から外側に向かって、次から次へと拡張していく空間が大きなコンセプトとなっている。

025 | 末広がりの家

末広がりは、縁起のよい形であるが、ハの字に広がった扇形は、もとは尻すぼみであるのに対して端部は大きな広がりをもっている。スカートのようなものも、1つの末広がりの形かもしれない。切妻の屋根などは、屋根だけみると末広がりといえるかもしれないが、一般的には丸みを帯びた曲線を末広がりという。平面的でもよいし、断面的でもよい。この対照的な性格の形や建築の振る舞いなどについて考えてみよう。

類義語：扇形

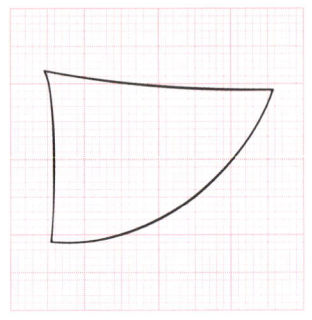

026 | 山折り谷折りの家

折り紙のように紙を折ると、そこに折り目がつき、さまざまな形に折ることができる。紙に表と裏があると仮定すると、そこには2通りの異なる折り方があることが分かる。山折りと谷折りである。それぞれ逆の折り方になるが、それらの組合せで折り紙などはできている。建築においても、たとえば、屋根なども山折り、谷折りがあり、雨仕舞いなど考えるときに重要になってきたりする。「折板」と呼ばれる屋根材に用いられるのも、鉄板を山折り、谷折りすることで、少ない材料で強い構造となり、さまざまな場面で応用されている。

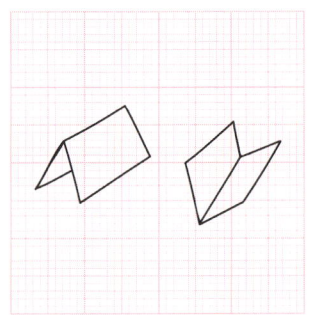

027 | 螺旋の家

建築に登場する螺旋にはまず、螺旋階段がある。回転しつつ、Z軸方向にも一定の速さで動いてできる軌跡をいう。くるくると回りながら登るのは楽しいし、視界が刻々と360°変わるのも面白い。また、室内に配置される螺旋階段はユニークな形から、その建物のシンボルのようなものにもなりえたりして、空間にダイナミズムをつくり出してくれる。

関連：二重螺旋、くるくる
【実例】 グッゲンハイム美術館／フランク・ロイド・ライト

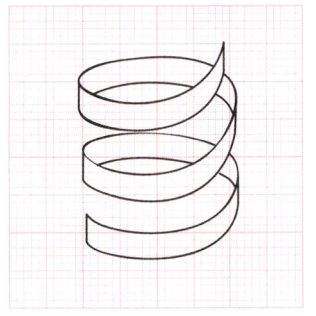

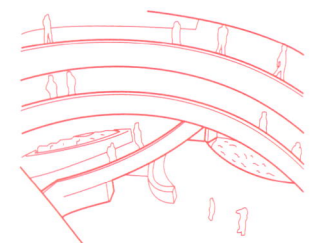

ソロモン・R・グッゲンハイム美術館

設計：フランク・ロイド・ライト

ニューヨークに建つ近代美術を主とした美術館。螺旋状の動線空間そのものが展示空間となっている。建物の中心が大きな吹抜け空間になっており、その周りを螺旋状に展示空間が巡っている。見学者は最初にエレベータで最上階へ上り、ぐるぐると螺旋状の展示空間を下におりながら、作品を鑑賞するという構成。

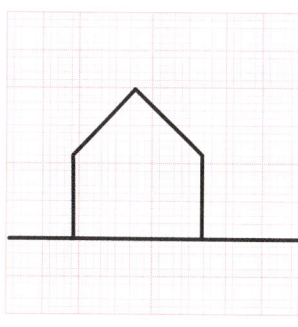

028 | 不定形の家

建築は、さまざまな周辺の条件や要求によって定型化されない不定形なものを生み出すことがある。その条件が特異であればあるほどその不定形さは奇怪に見えたりもする。
素材で不定形なものとしては、粘土やスライム、ゴム状のものがある。力を解放すると元に戻る形状記憶した物もあれば、力を加えるとそのまま元に戻らない物もある。形があいまいでとらえどころのなく、刻々と変化している物もある。
定まった形はそれで規律正しく魅力的であるが、こういった少し定まらない安定しない形もまた違う魅力をもっている。

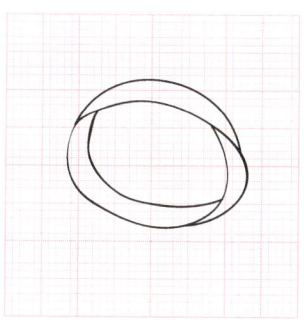

029 | メビウスの輪の家

メビウスの輪とは帯状の長方形の片方を180°ひねり、他方と結んだ形状を指す。これは、表と裏がつながっている不思議な輪で、これまで建築だけでなく芸術・文学にも題材にされたことがある。1つの面をなぞっていくと、いつの間にか裏側にいったり戻ってきたりして、まるで異次元空間のようにも感じる。こういった異次元的性質をもつ形状によって、3次元を超えた新しい建築を発見できるかもしれない。くれぐれも考えすぎて自身の思考までメビウスの輪のようにならないように気をつけよう。
参考：メビウスハウス／ベン・ファン・ベルケル

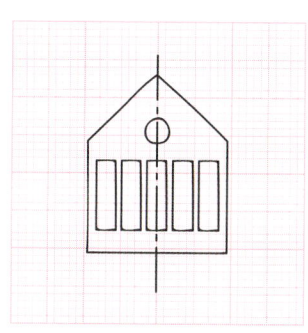

030 | 対称性の家

シンメトリーといったりするが、対称性には大きく2つの種類がある。1つは線対称。そしてもう1つは点対称だ。線対称は、ある軸を中心に像が反転したものをいい、点対称とは、点を中心に180°回転した像をいう。建築は、古代から対称性が重んじられてきた。その背景には、対称性のもつ美しさや整然とした配置の魅力などがあると考えられる。また、自然物に目をやってみても対称性が隠れており、ある種の美の基準の1つとして受け止められている。あまりにこだわりすぎると単調な印象になってしまうので気をつけたい。
【実例】中山邸／磯崎新

中山邸

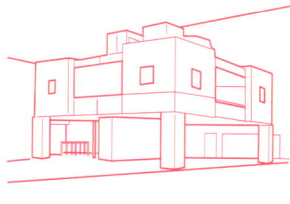

設計：磯崎新

診療所を併用する個人住宅。ほぼ正方形平面をしたRC造2階建ての構成。外形のコーナーには、正方形平面のボックスが設けられ、中央上部には4つの箱状のトップライトが設けられ、そこから光を採り入れる。大小の正方形が対称的に配置された完結した外観が特徴的。内部は家具と間仕切で仕切られ、生活に応じてフレキシブルに対応する。1964年の設計。

031 | 8の字の家

8の字は輪ではなく、自分自身と交わる閉じた形である。交わりがあることから、そこにできる特徴としては、8の字によって2つに分けられた領域ができ、また、円と違って回転方向が逆転するということがある。交わった部分が立体的に交差しているのか、平面的に交差しているのかによっても、空間はかなり異なってくる。直接的に8の字の形をしてもいいし、人の動線や空気の流れなど、目に見えないものが8の字になっても面白いかもしれない。

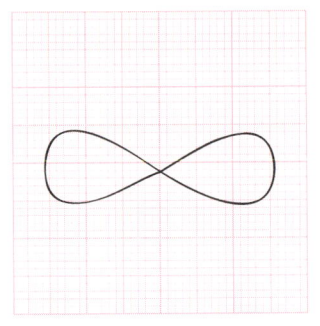

032 | 球の家

球技などのスポーツで多くみられる各種のボールから、地球、原子にいたるまで、丸く球のような形をしている。建築が球であったら…と考えてみると、住めそうではあるが、平らな面をもたないため現実的ではないかもしれない。それでも、ここでは思い切って球体の建築を考えてみよう。1つの大きな球でもいいし、複数の大小さまざまな球があってもいいだろう。球の特徴として、まん丸であるゆえ、どこから見ても形は同じであり、シームレスな形であることが挙げられる。

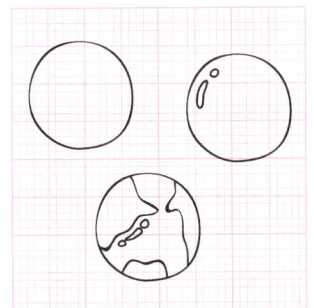

033 | ボールトの家

中世の西洋建築でよく見られる、カマボコ状の形である。圧縮軸力で成り立つため、構造的にも合理的な形式となっている。その構造性質から、土木的な構造物に多く見ることがあり、建築では広い空間をつくるときや、屋根を薄くつくるときなどに用いられる。また、壁（柱）と天井面がシームレスに連続することで、それぞれの存在が薄れ、洞窟のような印象を与えることもある。近年では、壁に対しての孔として使われる例も多く見受けられ、表現としての可能性がまだまだ秘められている。
【実例】キンベル美術館／ルイス・カーン

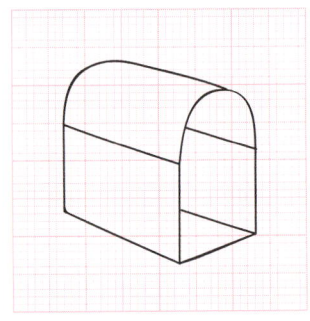

キンベル美術館
設計：ルイス・カーン

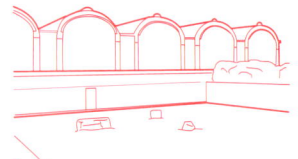

テキサス州フォートワースに、美術収集家であるケイ・キンベル夫妻がもつコレクション展示のために建てられた美術館。かまぼこ形をした、ヴォールト屋根が連続して並ぶ外観が特徴的。頂部に設けられたトップライトから、打放しコンクリートでつくられたヴォールト天井をなめるように柔らかい自然光が差し込む。

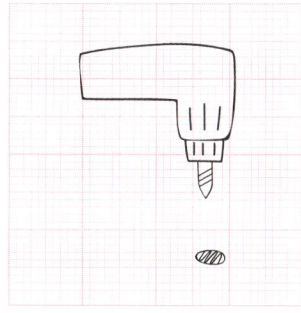

034 | 穴の家

「あな」は厳密には、穴と孔がある。奥に貫通して抜けていないか、抜けているかがその違いとされている。ドーナツの孔のような捉え方は位相幾何学にも通ずるし、穴は、建築を構成するうえでさまざまなところに出現してくる。竪穴式住居や横穴式住居などに始まり、通常の建物では窓も換気口もみんな穴である。材料にも穴の開いたものはあり、パンチングメタルや有孔ボードなどがそれにあたる。穴でできた家について考えてみよう。ひとつでもいいし、たくさんあってもいい。穴だらけにすることで軽量化や意外な視覚効果を図ったりするのも、穴を利用した建築的な発想といえる。

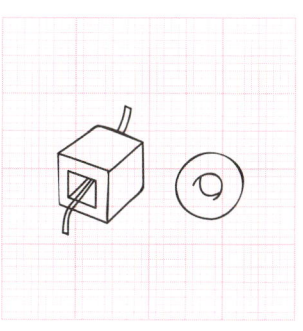

035 | 孔の家

孔とは、3次元の塊を突っ切る形のものをいい、糸のようなものを通すことができる。似た言葉として、トンネルという表現もあるが、それは孔のなかでも比較的長さのあるものを指すようである。また、孔が次第に大きくなるにつれ、図と地の関係があいまいになり、ドーナッツのように孔としてみるべきか、輪としてみるべきか区別がしにくい場合もある。窓の開いた箱状の形も、見方によれば3次元の孔が空いているようにもとれる。
参考：フランス国立図書館コンペ案／OMA

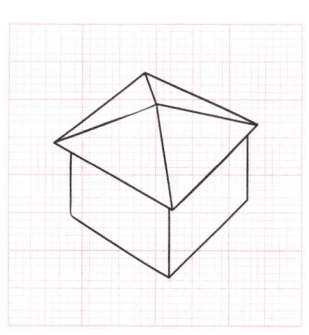

036 | 方形の家

四方に屋根面をもつ形であり、安定感がある屋根の形である。空間的には、真ん中が高く、周辺にいくにしたがって低くなっていくので、周囲に対して高さを低く見せたいときなどは有効に使える。外側に立つとどの方向からも屋根面が見え、共通した佇まいをもつ。低層の建物に採用すると、大きな屋根が傘のように振る舞うので、内部が一室空間に設えられていると、よりその屋根がかぶさった印象が強くなる。
【実例】スモールハウス／乾久美子

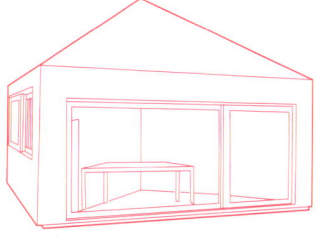

スモールハウス

設計：乾久美子

軽井沢の別荘地に、既存母屋の別棟として建てられた離れ。正方形平面に方形屋根と外観は至ってシンプル。内部は方形屋根の稜線上、つまり対角線上に壁が立てられて、正方形平面が、4つの三角形に分割されている。開口部はそれぞれ異なる高さで計画されていて、その隣り合う部屋の空間体験も大きく異なる。

037 | HP曲面の家

複雑な形に思えるが、建築ではかなり昔から使われてきた。HP曲面は線分の集まりでできているからであり、糸などで簡単に形をつくり検討することができるからだ。これを直接的に建築に応用するためには、その特徴を注意深く捉える必要があるが、屋根面の形などでは昔から比較的さまざまなものが試されている。その線分上で断面を切っていくと、断面には曲線は存在せず、直線だけで構成されているのも1つの特徴。ねじれた形もイメージしやすいかもしれない。
参考：東京カテドラル／丹下健三

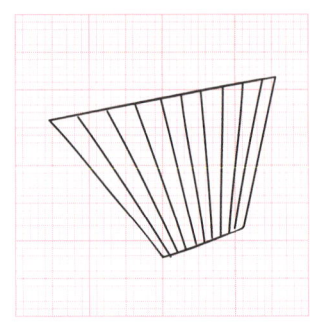

038 | 双曲線の家

円錐曲線の仲間であり、この曲線の使い方は、きわめて限定的であり、それほど多く出てくるものでもない。数学的な特徴としては、焦点をもつことから、楕円に似た性質をどこか併せもつ。ひとつながりとして現れる多くの曲線に対して、対として現れるのもこの曲線の大きな特徴であろう。建築分野でお世話になる双曲線としては、日影曲線などがある。太陽の動きをプロットすると双曲線になるのであるから、実は、毎日その動きを体験しているのには少し驚くかもしれない。

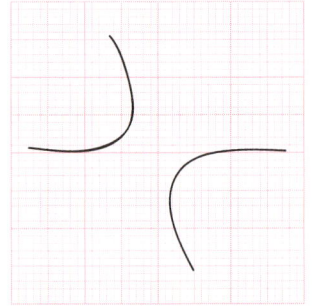

039 | ふくらみの家

出っ張りと似ているが、ここでは、ふくらみというキーワードを扱う。少しの変化により、そのふくらみを感じることができ、豊かな表情をつくり出す。出っ張りと明らかに異なるのは、ふくらみはその面の一部の微少な変化であることで、突発的な変化ではないことだ。漢字から考えると膨張にその意味合いは近く、空気などが張りつめた様子のことを表す。風船もひとつのふくらみからできる形といえるかもしれない。
【実例】 House SH／中村拓志

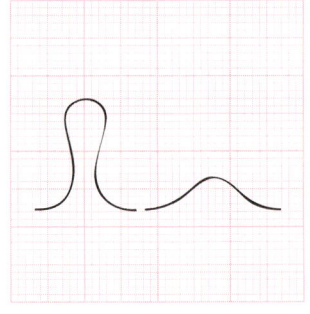

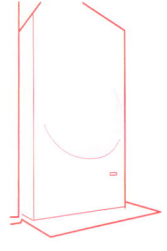

House SH
設計：中村拓志

住宅街に建つ個人住宅。道路に面し閉ざした外壁が一部、妊婦の腹部のようにぽっこりと膨らんでいる。白く平滑で抽象的な壁面が、部分的に有機的にふくらむ外観が非常に印象的。ふくらみは内部では腰かけたりできるアルコーブのようになっていて、とても柔らかなインテリアの印象をつくり出している。

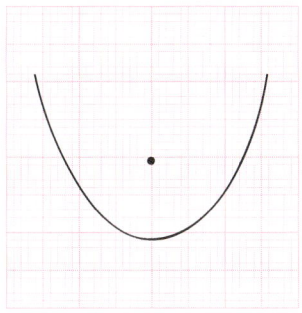

040 | 放物線の家

放物線は名前のとおり、物を投げたときにできる曲線である。もちろん実際には空気抵抗などあるので、若干形は異なるが、それでも、物を投げてできるその自然な形は、なんとも軽やかで、見ていて気持ちいいものである。数学的な定義からいくと、円錐曲線の一種として捉えられるし、方程式で表して分かるように二乗の描くラインとしても捉えることができる。またパラボラアンテナのように、1点に電波や光を集めることができるのも特徴の1つである。

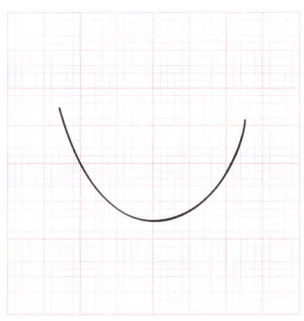

041 | 懸垂曲線の家

円錐曲線とは異なり、懸垂曲線は自然界に存在する物理的な特性から生まれる曲線として捉えたほうがよい。いわゆる垂れ下がった形であり、自然界には多く存在する。たるんだ布地や張られたワイヤーのたるみもそうである。また物のたわみなども、その曲線の一部としてみることができる。張力によってもその形はさまざまで、雰囲気もかなり異なって見える。垂れ下がってできる形ゆえ、重力と大きく関係し、建築ではガウディの逆さ模型などが有名である。
参考：コロニア・グエル／アントニオ・ガウディ

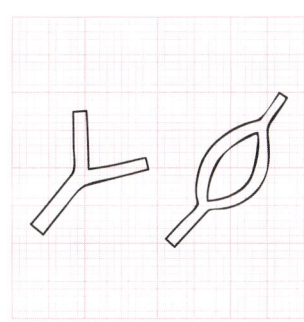

042 | 枝分かれの家

数学の関数では表現できないものであり、位相幾何学の重要な分野の1つでもある（グラフ理論）。枝分かれの本数、合流などを数学的に整理することによって関係性を表すことができ、枝分かれの先に枝分かれがあるとツリー構造となることもあれば、枝分かれしたかと思えば、元の位置に戻ってきてしまうこともある。道や廊下といった人の通る場所にはこのような枝分かれなどが存在し、空間をつくるうえでも、キーポイントとなってくる個所である。
【実例】 Y house／スティーヴン・ホール

Y house

設計：スティーヴン・ホール

赤錆色に染められた外観が緑の中に際立つ個人住宅。まさに空間が二股に枝分かれしている空間構成は、外観から見てとることができるほど明快。内部空間は枝分かれした主な構成に加え、枝先の部分は2層になっており、勾配屋根や、床の高さや天井高さ開口部の形などにさまざまな変化が加えられている。

043 | クラインの壺の家

位相幾何学の発明品であり、メビウスの輪の1次元上の形である。特徴としては、閉じた形の外形をなす面の裏と表がつながった形であり、交わりを許さなければ、実際には、3次元では表現できない形である。ただ、書籍などでは、便宜上このような図で説明している。また、面の表と裏がつながっているということは、それによって囲まれる空間もつながってしまっているということで、建築のあいまいな内部／外部の問題とリンクして語られることもある。

類義語：メビウスの輪

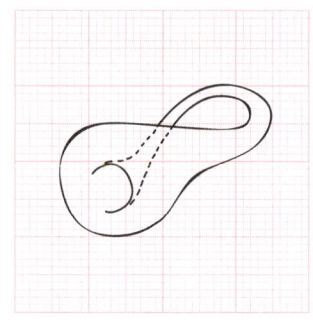

044 | 結び目の家

線状のものが絡まることによりできる形を指し、結び目にはたくさんの種類がある。自分自身による結び目もあれば、何か物や棒状の物に対して結びつくものもある。それらを利用し、引っ掛かりをつくったり、資材の運搬や物をまとめたりできる。かなりたくさんの結び方が存在し、詳しくは専門書を調べてみるとよい。数学的には、位相幾何学に分類され3次元で絡まる結び目も、4次元では解けるといわれている。空間を構成する場合も、結び目を連想しながらつくるのも楽しい。

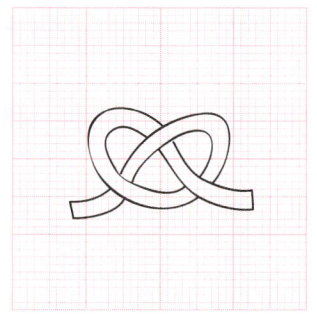

045 | 家型の家

アイコン的な図形を示す言葉だが、家の形をして「家型」というくらいなので、かなり建築的な言葉である。野球のホームベースをひっくり返したようなシンプルな五角形が、それだけで家のことを示し、認識されるのだから、その形のもつ力はとても強い。家であることを表現するために、意図的に外観にこの形を用いられることも多く見受けられる。子供が描く家の姿の代表ともいえるような、すでに親しみや愛着をもって語られる形を駆使して住宅をつくってみよう。まだまだ家型の使い道はあるはずだ。

【実例】坂田山附の家／坂本一成

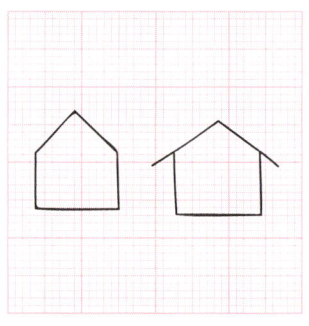

坂田山附の家

設計：坂本一成

1978年に建てられた家型のファサードが特徴的な個人住宅。シルバー1色に統一された外装で、内部はシナ合板仕上げに囲まれたシンプルな内装で統一されている。家型のファサードはアイコン的な意味合いも強く、印象も強い。作者の一連の家型作品のなかでも、最も完結した形をもっているといえる。

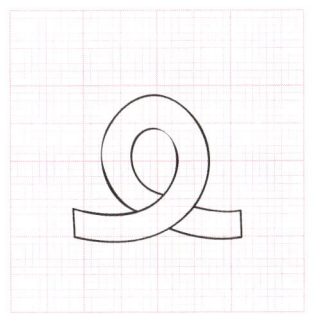

046 | 宙返りの家

宙返りは、字のとおり、宙をひっくり返ることであるが、建築は重力に支配されているため、宙返りのような建築はなかなか存在しない。しかし、ジェットコースターのような乗り物には宙返りがあり、スリルを味わうことができる。宙でクルクル回るような建築があれば、とても面白い。内部の表面積がそのまま延べ床面積になって小さなヴォリュームでも広く使えるかもしれないし、開口部の位置も動かすことができるだろう。建築自体が宙返りをしなくても、宙返りすることで獲得できる面白さをつくることができないだろうか。

参考：フランス国立図書館コンペ案／OMA

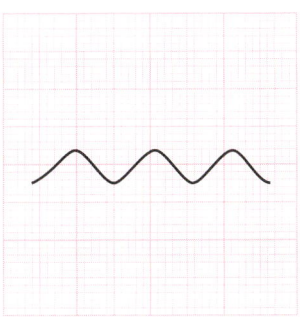

047 | 波の家

波を建築に取り込めるだろうか。どちらかというと建物は、自然界の波動を制御する機能をもち合わせている。音波や光波（可視光や紫外線）を、建物の中で過ごす人の都合に合わせて取り込んだり排除したりする。建材で波といえば、波板状の板金。ポピュラーな材料だが、なぜかチープなイメージをもち合わせている。波状にすることで材を薄く軽く安価にできるので、かえってありがたみがなくなってしまった材料だ。波の性質である干渉や、障害物の陰に回りこんで進んでいく回折に着目して計画できると、面白いだろう。

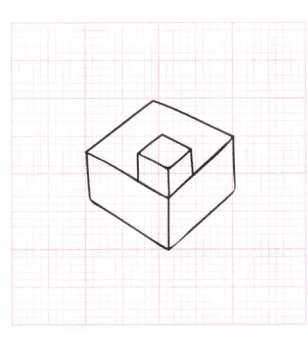

048 | 入れ子の家

ボックス・イン・ボックスといったりもするが、その名のとおり、箱の中に箱が入っている状態を入れ子という。空間構成においても、とてもシンプルでありながら多様な空間を生む手法として多く用いられている。実際に空間体験しても、想像以上に複雑な印象を受けることが多い。同じ位相にいるのに、遠くにいるように感じたり、空間が隣り合って詰まっている印象を受けたりする。入れ子とはいいがたいかもしれないが、マトリョーシカのようにあけてもあけても次の部屋が出てくるような構成も楽しいかもしれない。

【実例】ハウスN／藤本壮介

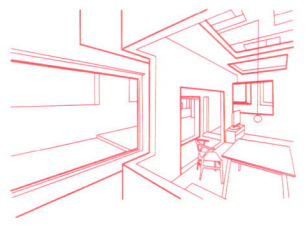

ハウスN

設計：藤本壮介

住宅地の角地に建てられた個人住宅。屋根面も含め無数に窓があけられた白い箱状の空間が入れ子状になった構成が特徴的。内でも外でもない中間領域的なバッファーゾーンには、積極的に外部を取り入れ、内部を拡張したような空間をつくると同時に、視覚的にも空間の奥行きを与えている。

049 | 交差の家

線が交わるとき、その交わったところは、特別な場所になることがある。たとえば、道と道が交わったところなどは分かりやすいと思う。交差点は特異点として街に賑わいを与える。建物の部位では、たとえば梁の交わりであったり、下地の交わりであったり、面を構成する下地として交わりが存在する。こういう交わりは、どうも面を構成することと関係しているようだ。もちろん、交差といっても、実際には交わっていなくてもある方向から見ると交差しているように見える場合などもある。立体交差などはその一例である。

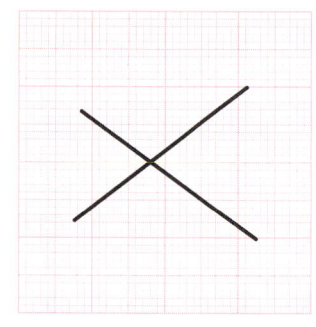

050 | ループの家

建築においてイメージしやすいループの1つに、回廊プランがある。要するに、ぐるぐる回れる回遊性のあるプランのことだ。部屋が中央に集まっていて、環状線のように周囲に廊下が巡っていてそこから各部屋にアクセスする。動線的には分かりやすいループといえるが、ほかにはどうだろう。生活するなかでも1日の人の動き、動線をたどっていくと、微差はあるもののたいてい毎日同じように家の中を動いていたりする。プランや人の流れ、動きに着目しながら新しいループを見出してみよう。

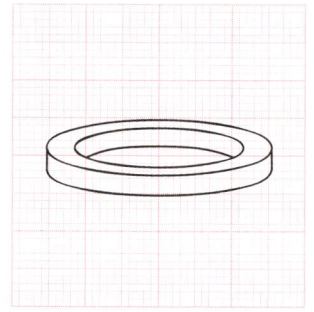

051 | 凹型の家

凹型は、ある形からある形を引き算することによってできる形といえる。設計を進めるなかで納まらず、出っ張らせることはあっても凹ませることは少ない。中庭など外部の要因は考えられるが内部のボリュームを減らす凹は強い表現ではないか。凹まされた側は当然そこに何が来るのかが気になる。駐車場というのはよくある話かもしれない。凹ませれば凹ませるほどよくなる、打たれ強い凹型の家を想定してみると面白い。
類義語：引っ込み
【実例】ウィークエンドハウス／西沢立衛

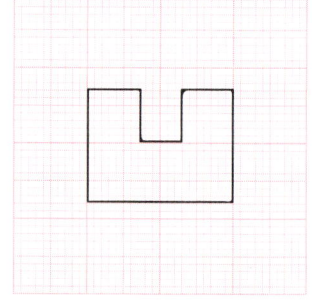

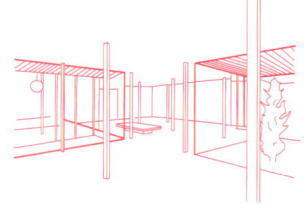

ウィークエンドハウス
設計：西沢立衛

緑に囲まれた敷地に建つ週末住宅。ボリュームが凹型に欠き込まれたような中庭が分散配置されている。外観は閉鎖的だが、光庭から差し込まれる光は優しく明るい印象。凹型平面のガラスボックスは、ワンルームを間仕切る、光の間仕切のようにも見える。天井面には、光沢のある仕上げが設えられている。

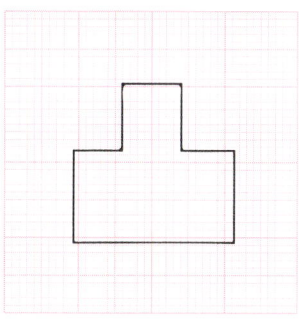

052 | 凸型の家

ある形の一部が出っ張った様子を凸型と表現する。凸と判断できるのは、出っ張りを部分としてみられるからだろう。全体の大半が出っ張っていたら、それは凸といわずふくらんだ、となる。その意味では凸は全体を損なわければ1カ所であっても、それが多数あっても成立する。ただしやりすぎるとぶつぶつといわれる。よく見ると、そのぶつぶつにも凸があったりして、いくらでも細かくできる。さまざまな次元での「凸」に着目してみよう。
類義語：出っ張り、ふくらみ

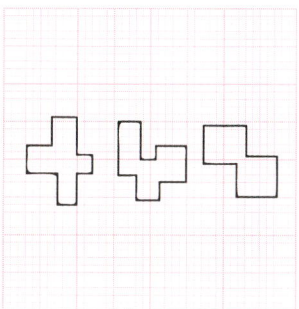

053 | 直角多角形の家

外形が直角の集まりによってつくられる多角形を、直角多角形という。建物の平面外形の多くは直角多角形といえる。日本家屋の母屋と下屋はその1つだ。在来木造は910mmグリット上で直角が保たれ、いくらでも展開できる。一方、グリットとは関係なく直角四角形に直角四角形を足したり引いたりする場合は、軸線をずらさずに操作を試みるのが素直だ。断面外形をみても同様で、重力方向の垂直と床の水平が直角多角形をつくる原理となっている。

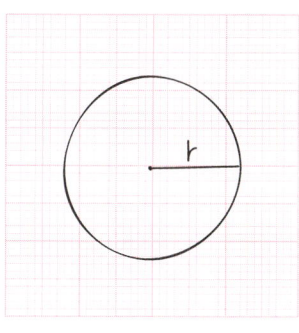

054 | 円の家

建築には多くの場面で登場する「円」。中心が明確で曲率も一定で、図形としては比較的扱いやすいので建築やグラフィックでは多く見受けられる。線対称かつ点対称で、形のバランスがよく図形としての安定感もあるので部材断面にも多く用いられる。使い方によってはシンボリック性や求心性を出すこともできる。「円陣」を組んだりするのも、円の性格を利用している例といえる。円を並べて水玉模様にするとキュートさも出る。そんな「円」のもつ多種多様な性格の、どの部分をクローズアップできるだろうか。
【実例】森の別荘／妹島和世

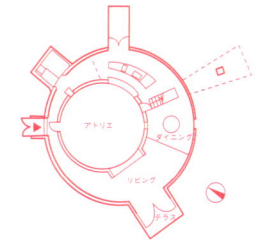

森の別荘

設計：妹島和世

森のなかに建つアトリエ付き別荘。2つの大きさの異なる正円を入れ子状にした平面の空間構成。芯をずらした2つの円形の間に生まれたループする環状空間は、細くなっているところもあれば、広くなっているところもある。諸機能をもつ個室は、円弧から飛び出す形となっており、円の空間を残しつつ、特徴的な外観をつくっている。

029

055 | 輪の家

輪、環、リングは、ぐるっと一周して両端が結ばれている状態のものを指す。リボンのような平面状、ドーナツのようなソリッド状、浮き輪のようなチューブ状などに分けることができる。建築スケールではリング状の組み合わせで装飾として扱ったり、"回遊性のあるプラン"などで使用される。単純な形態であるが、始点や終点がない連続性や、どこまでいっても向こう側が見え隠れしている状態をつくることができるなどの特徴がある。空間の要素としての可能性を探ってみるのもよい。

類義語：メビウスの輪

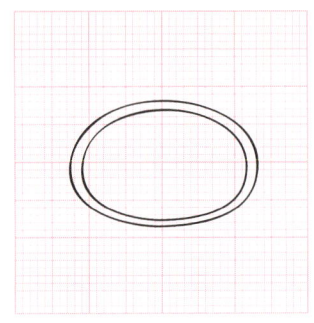

056 | 出っ張り・引っ込みの家

出っ張りを後ろから見ると、引っ込み。出っ張りあるところに引っ込みあり。一方からしか見ないと、どちらかしか感じることができないが、その裏面の状態もセットで付いてくることに注目したい。一番身近な建築的な例は出窓だろうか。ある一定の基準を守ることで床面積に含めなくてよいとする基準法があったおかげか、建て売り住宅の必須アイテムのように使われている。窓台を設けて、少しでも外に出っ張って中を広く感じさせると同時に、特徴的な外観をつくり出す代表的な出っ張りだ。出っ張りの効果、引っ込みの効果を見つけてみよう。

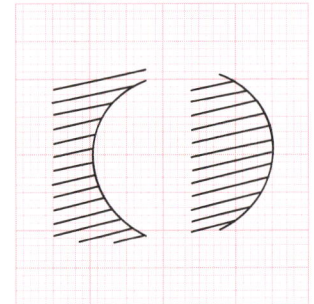

057 | たまご型の家

たまご型とはよくいうが、たまご型の定義は何だろう。生き物によって、たまごの形は違うわけだし、実はたまご型について分かっているようで分かっていないのではないだろうか。図形的に、曲率の異なる閉曲線が長軸で対称になると、それはたまご型といい切れるのか。おおざっぱに、偏りのある楕円といってよいのだろうか。まずは自分なりのたまごのラインを引いてみよう。新しいたまご型を見つけ出すことは新しい建築をつくり出すかもしれない。たまごが先か、建築が先か…。

【実例】コングレクスポ／OMA

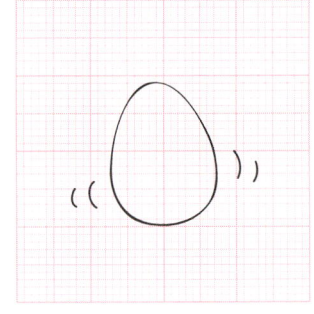

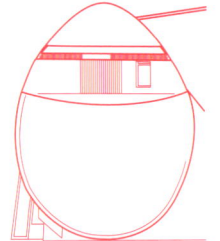

コングレクスポ

設計：OMA

フランス・リールに建つ、見本市会議場。平面的にたまご型になっていることは、その巨大なスケールから、地上レベルでは認識しづらいが、その緩やかにカーブした外壁が続く正面性のない外観は特徴的。ガラスやポリカボネート板、波板などさまざまな現代的な素材が粗雑に、また荒々しく表現されており、強烈な印象で立ちはだかっている。

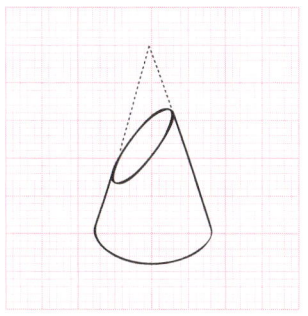

058 | 楕円の家

正円を均等に引っ張ったり、つぶしたりすると楕円になる。言い方を変えると、円に少し動きを与えたものが楕円になるのかもしれない。正円と異なり方向性をもつので、多用すると全体として大きな動きをつくり出す。楕円のプランはわりとよくみかけられる。身の回りにはなかなか楕円は見当たらないが、たとえば斜めに切った長ネギの断面は楕円である。かぐや姫が納まっていた竹の断面も楕円であったし、タケノコも切るとそこには楕円が現れる。楕円を探し求めて、いろいろな物を切断してみるのも面白い。

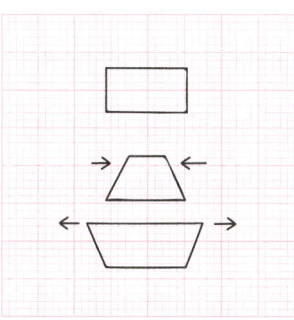

059 | 台形の家

四角形をあれこれ変形させたものをたくさんつくってみる。そのなかで、平行線をもっているものが「台形」だ。**四角形よりも動きがある図形といえるが、自由すぎず、平行という秩序を残した真面目な図形という印象**で、建築においても比較的扱いやすい。直角や平行は、建築においては合理的であったり経済的に働くことがあるので、しばしばこの台形が登場する。平面的に台形を見た場合は、**開いていく空間と閉じていく空間が混在していて面白い**。これも台形の1つの特徴である。

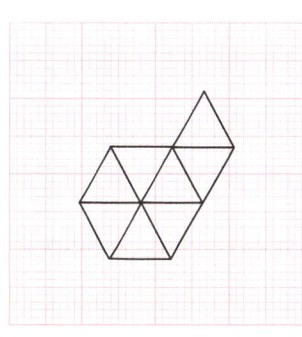

060 | 三角形の家

三角形は幾何学図形としてのインパクトが強かったり、面積が小さいと物理的に使いづらいことがあるので、プランに置き換えるときには毛嫌いされ、扱いづらい図形ではある。逆に、巨大な建物だとそのデメリットは小さくなる。むしろその構造的な利点が重宝され、活躍する場面が多い。**トラス構造**も三角形をベースとした構成であるし、大きな曲面や多面体も、**三角形の集まりで構成されるポリゴン**として捉えると理解しやすい。三角州などの自然から生まれた三角形にも視野を広げたい。
【実例】フォーラム・ビルと広場／ヘルツォーク&ド・ムーロン

フォーラム2004のためのフォーラム・ビルと広場
設計：ヘルツォーク&ド・ムーロン

スペイン・バルセロナに建つフォーラムビル。巨大なチーズのような三角形ボリュームは、3,200席の会議場を有し、一見すると平べったく見えるが、高さは25mあり、そのスケールは巨大。ブルーの外観や、切り裂かれたような開口部、波打ち際をひっくり返したようなきらめくピロティ天井が特徴的。トップライトから落ちる光が効果的にピロティに明かりをもたらす。

061 | 四角形の家

たいていの家や建築物は四角くできているので、ここはひとつ、直角をもたない四角形についても考えてみてはどうだろう。4つの頂点を自由に動かしてみて、四角い形がどんな表情をつくりうるのか考察してみよう。それを平面に用いるのか、断面に起こしてみるのか、全体なのか、部分なのか、単数なのか複数なのか、とにかく使い慣れた四角を揉んでみると、いつもの矩形（直角で構成された四角）も今度は違った風に見えてくるかもしれない。

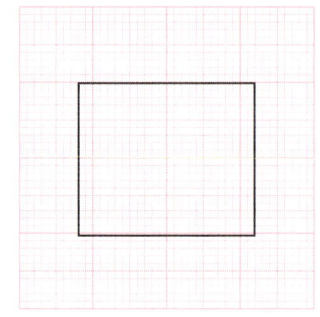

062 | 五角形の家

思い浮かべる五角形ではペンタゴンや、サッカーボールの黒い部分などがある。図形的に見ると、四角と三角の組合せ図形か、四角に点を増やして拡張した図形といえるだろうか。極端な鋭角が生まれないこともあり、建築の平面でもしばしば見られる形だ。四角形や六角形にないアンバランス感が好まれる場合もある。家のアイコンとして用いられる「家型」と呼ばれる形も、よく見ると五角形をしている。家型に勝る五角形の家について考えてみよう。五角形をもじった合格（互角）グッズもちらほら。目指せ合格の家。

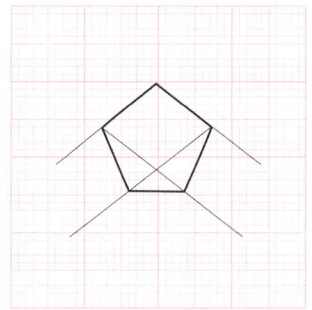

063 | 六角形の家

蜂の巣の形を連想するせいか、六角形には、なにやらオーガニックな印象を受ける。正六角形を隙間なく並べた構造としておなじみの「ハニカム構造」は、建築においては代表的で、イメージしやすい六角形といえる。なかなか普段の身の回りに六角形を見ることは少ないが、考えてみると、生物界では蜂の巣だったり、また自然界では、雪の結晶に六角形が見えたり、不思議な魅力をもった図形である。単体でもよし、連結させるもよし。六角形を有機的に建築に結実させてみよう。
【実例】六角堂（頂法寺）

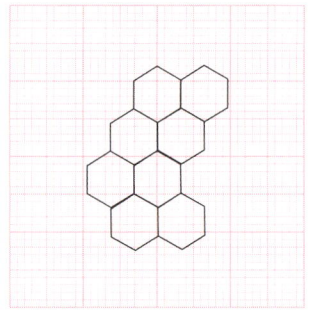

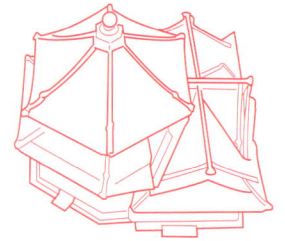

六角堂（頂法寺）
設計：不詳

聖徳太子創建と言い伝えられる頂法寺に建つ六角形をした本堂。いけばな発祥の地でも知られる。人に生ずる欲望の数から6つの角をつくったといわれている。上から見た形、つまり平面が六角形をしており、その図形がそのままお堂の名前になっているのが特徴的。全国各地に六角堂は存在するが、一般的に六角堂というと、この京都、紫雲山頂法寺のものを指す。

064 | 正方形の家

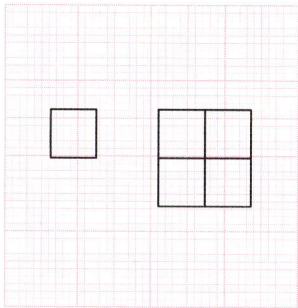

直角をもつ四角形＝矩形の1つ。そういう意味では長方形と同じだが、正方形は少し違い、それが「正方形である」ことを意識して使われることが多い。図形としては対称形で、方向性がないため、その形のもつ力もとても強い。しばしば実例においても、その平面の外形を正方形にすることで強いインパクトを与えるものも多くみられる。直交グリッドの基本となる単位なので、建築の場面では、非常によくみかける図形ともいえる。平面でも立面でも、断面でも、模様でもいいかもしれない。正方形の新しい側面を見出してみよう。

065 | 長方形の家

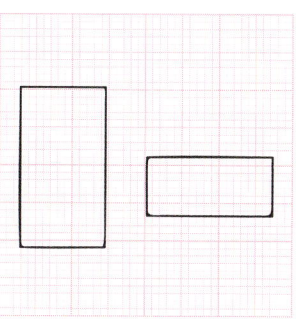

建築ではよく見られ、ありふれた図形の1つ。矩形という意味では正方形と同じだが、大きく異なるのは方向性をもっていること。正方形に対して1対の辺が長いというだけの違いであるが、無限に形をつくることができるため、建築に限らず、日常生活のなかでも、長方形をしたものはどこにでもあるといっていいだろう。逆にいうと「あえて長方形を使った」という表現が難しいほど、その形には汎用性がある。だからこそ、ここでは「長方形にしかできない何か」を考え、「新しい長方形の使い方」を見出したいものだ。

066 | ボリュームの家

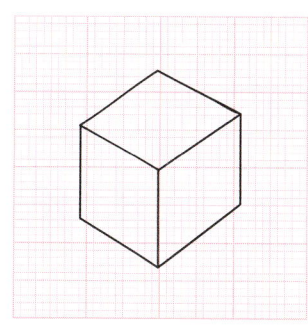

音量や容量など、ボリュームとは一般的に「量」を示すことが多いが、建築では「体積」を示すことが多い。もっというと、地上に見えてきている部分、つまり実際に目に見える範囲の建物の「大きさ」や、そこに建ち現れる「形」そのものを指すことが多い。日影規制や斜線制限など、敷地条件から割り出されるボリュームもあれば、そこを中心に周辺環境がつくられるボリュームもある。自分の考えた家がボリュームとして人の目にどう映っているのか、客観的に見つめ直してみよう。新しい発見があるかもしれない。
【実例】大泉の家／菊地宏

大泉の家

設計：菊地宏

線路沿い、かつ道路沿いの三角形の敷地に建つ個人住宅。厳しい敷地条件のなか、住宅として求められた床面積を確保するために、斜線制限や日影規制などに削られ避けながら、3層分の高さを確保している。赤褐色でモノコックに表現された外観は彫刻的で、見る方向によって、違ったボリュームの印象となっている。

033

067 | 鈍角の家

鈍い角。90°＝直角を境に、それ以上広がった角度のことを鈍角という。鈍角を連続して描いていくと徐々に多角形になり、さらに細かく続けて描くと円形に近づいてくるという特徴ももっている。そうしたこともあってか、建築においても鈍角は少し柔らかい印象を与えることが多い。壁と壁がぶつかるコーナー部分を考えてみると、直角よりは優しい印象を受ける。またコーナー部分のスペースも少し広がって使いやすくなることもあるので、平面的には比較的見慣れた角度ではある。

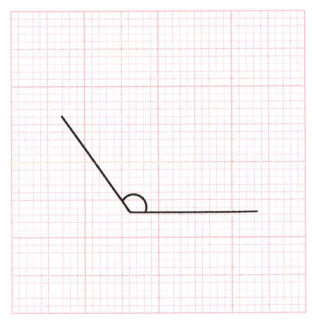

068 | 鋭角の家

鋭い角。90°＝直角を境に、それ以上狭くなった角度のことを鋭角という。文字通り、実際の印象も鋭く見える印象があるので、建築をよりシャープに見せたいとき、屋根や庇の先端などに用いられる。どちらかというと平面計画というよりは、部分的なエッジに用いられることが多い。平面的にはどうしてもデッドスペースをつくってしまうことになるので、少しでも空間を有効活用しないといけない建築においては、少々扱いづらい角であるかもしれない。ここはトレーニングだからこそ、あえて鋭くとがった建築をつくってみてはどうだろうか。

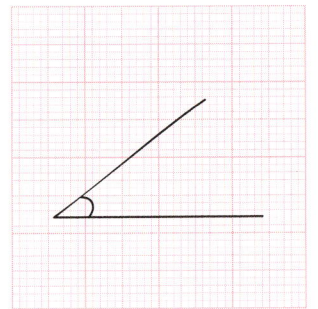

069 | スカイラインの家

ある都市計画を例にとると、建築物によるスカイラインを、丘のスカイラインに合わせてつくるというものがある。丘によってつくられる自然のラインと、都市による人工物のラインが同じように隣り合う光景だ。建築による風景のつくられ方において、スカイラインにはどんな可能性があるのだろうか。建築物による稜線、地形や森なども考えられる。また、スカイラインを見るための装置としての建築を考えられないだろうか。
【実例】ヤマトインターナショナル／原広司

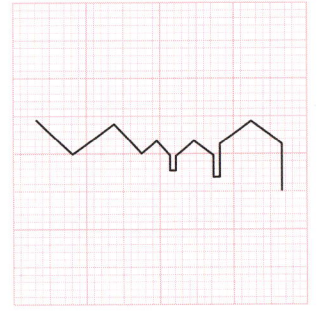

ヤマトインターナショナル

設計：原広司

公園に面した敷地に建つ、企業の社屋ビル。倉庫、物流施設と事務所を備える。通りに面した地上9層のファサードは、多様な形態の組み合わせが連続し、1つの建物というよりも、密集した集落のような様相で、風景のスカイラインを形成している。

形状
Shape A

素材・モノ
Material **B**

現象・状態
Phenomenon, state C

部位・場所
Part, Place D

環境・自然
Environment, Nature E

操作・動作
Operation, Behavior F

観念・思想・意志
Concept, Trans of thought, Will G

070 | 素材の家

木、石、鉄、ありとあらゆる物は構造部材としても、仕上げ部材としても利用する。これは、地上の恵みでもあり、建築は長い間それらと仲良く付き合ってきた。身近な物を利用することで、できた建築の風景はどこかその周辺環境に似てきた。今は、さまざまな素材が世界中から集まり、また人口素材も増えたことから古来より伝わる表情は失われつつあるが、まだまだ、自然素材には及ばない人口素材も多く、できれば自然素材を大事に使っていきたい。素材に関しては、実際に手に触れて感じることが大事であるし、理解する最短の近道である。

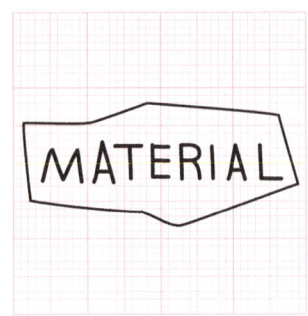

071 | 装飾の家

建築の柱、壁、入り口などさまざまなところに装飾が施されてきた。またある時代には、装飾は悪ということで排除されてきた経緯もある。ただ、今は少し装飾が見直されている。装飾が建築空間を豊かにしてくれることは事実であるし、些細なところに装飾が施されていることによって非常に気の利いた設計になったりもする。ただ、装飾は、やりすぎもだめであるし、あまり目的がはっきりしていなくても失敗する。装飾も素材などと同様、きちんと効果を狙って、適材適所に施したいものである。

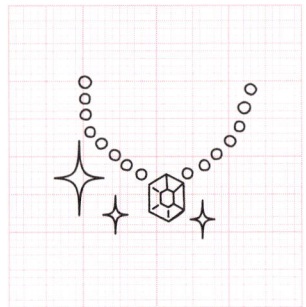

072 | シャンデリアの家

シャンデリアと聞くと、絢爛豪華な照明で装飾的なイメージがあると思う。実際によく目にするものも、草木や花をモチーフにし、カットしたガラスを使って複雑な光を演出している。目的や場所によって、素敵な雰囲気を味わえるものである。一方で、初期のものは教会で大きなホールを効果的に照らすために用いられたそうだ。現代でいう間接照明とも思われる内容だが、今も昔も演出という意味では、ものすごい力を発揮しているのではないだろうか。どういう観点でつくるかにもよるが、最新の"シャンデリア"をぜひつくっていただきたい。

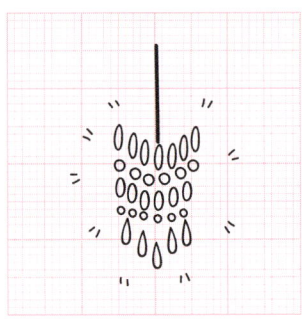

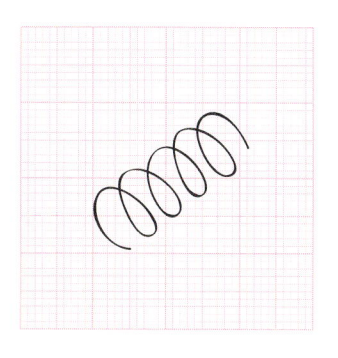

073 | バネの家

バネとは、弾性エネルギーを蓄積しておくことのできるものである。建築では、丁番のなかに組み込まれていたり、ダンパーのように開閉を調整したりするもの、また地震の振動を抑えるための弾性ゴムなど、形はさまざまであるが、バネのような性質を応用したものがある。
家具などでの応用例としては、バネの性質から、寝心地のよいベッドやソファなどもつくられている。そういった可変性のデザインについて考えてみても面白い。

---

074 | 模様の家

建築は、土器や衣服と同様、古代から、模様が施されてきた。模様を施した理由はさまざまであるが、模様も建築の一部であることは疑いようもない。さまざまな模様を学習するとともに、模様が建築に及ぼす効果、また補ってくれる効果など多角的方面から考えてみよう。模様は、時代によって、受け入れられたり、敬遠されたり、さまざまな経緯を経てきているが、建物を魅力的にしてくれる一要素であることには変わりない。

類義語：装飾

---

075 | 塗装の家

塗装には、さまざまな方法がある。刷毛やローラー、そしてエアブラシなどはどれも、液体の塗料を塗る方法だ。基本的には、絵の具で色を塗るのと方法は同じ。塗料は、下地さえ許せば、異なる素材を横断して塗ることができる。また、定期的に塗り替えたり、壁に色を施したりすることができる。現在は、壁紙などによって取って代わられてきているが、今なお、塗ることによってしか得られない質感と雰囲気があり、完全に取って代わられることはないだろう。設計では実際に、物に塗料を塗って考えてみるのもよいだろう。

【実例】 ルイス・バラガン邸／ルイス・バラガン

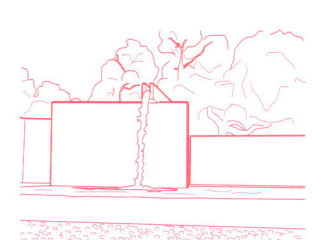

ルイス・バラガン邸

設計：ルイス・バラガン

メキシコシティに建てられた、建築家の自宅兼仕事場。2階建てで、床面積は700m^{2}程度。その外観というよりも、ピンク・黄色・紫・赤など、メキシコ独自のカラフルに彩られた壁面が織りなす風景や庭園が特徴的な住宅。竣工は1948年。2004年にユネスコの世界遺産に登録されている。

076 | タイルの家

タイルには、非常にさまざまな種類があり、大きい物から小さい物まで、形状も丸い物から四角い物まで、多種多様だ。そして、タイルは、空間のさまざまなところに配置され、住空間を演出してきた。タイルは、基本的には、水のかかるところ、また、掃除のしやすさが求められる場所などを中心に配置されるが、タイルのひんやりする冷たさ、そして周辺を映し出す輝きなど、タイル自身の魅力も大きい。アラブの美しいタイルの施されたモスクなどは、よい例だろう。

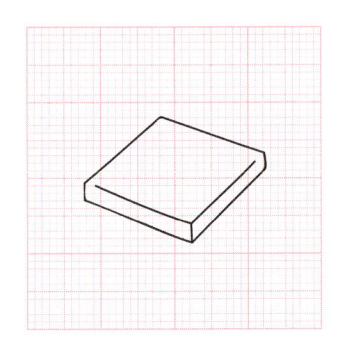

077 | 鏡の家

鏡は、そのもの自体が特別な力をもっており、人間の発明品のなかでも、特別な魔力を秘めている。鏡はガラスでつくられたもの、金属を研いでつくられたものなど、いくつかの選択肢がある。鏡は説明するまでもなく、像を反射し、反転した景色を見せてくれる。鏡を用いると狭い空間も広く見え、圧迫感を取り除いてくれたりする。鏡によって囲まれた空間などでは、無限に像が反復するような特殊な効果もある。また鏡は、映り込む像が少し暗くなり、それもまた独特な雰囲気をつくっている。見るための鏡だけでなく、空間を豊かにするために鏡を配置することもある。

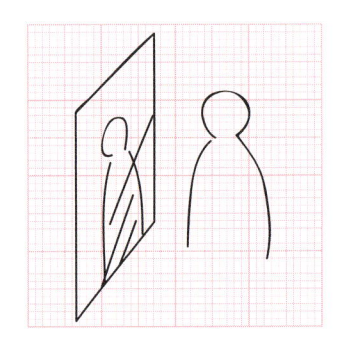

078 | 模型の家

設計者として建築に関わっている多くの人にとっては、実際に建てられた建築よりもそれまでにつくった模型の数のほうが多いはず。何か思いついたアイデアを形にしたり、完成予想を記録や記念でつくるなど、動機は異なれど、建築と模型は関わり合いが深い。着想の意図をストレートに伝えることができる手段である。模型をつくって見ているうちはよかったが、実物の建築を見ると、こんなはずじゃなかったのに…ということもしばしばあり得る。建築模型も表現の1つと考えられるなら、実在する建築とのギャップに着目して、新しい建築の姿を考えることもできるのではないだろうか。

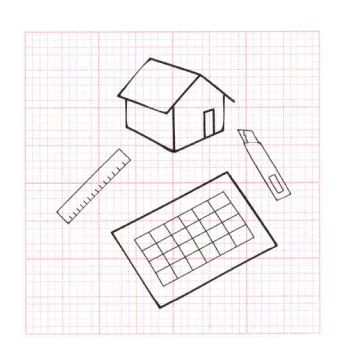

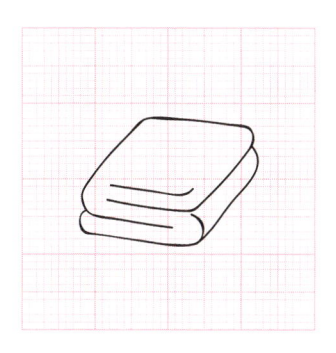

079 ｜ 布団の家

日本ではベッドで寝る文化とは異なり、布団を敷く、また畳むという文化がある。これは生活空間の中で、寝る時間とそれ以外の時間を布団を敷く・畳むという行為によって使い分けている。また、ベランダで布団を干すといった習慣は、日本のランドスケープに独特な風景をつくり出している。布団があることで直接的に建築の計画に影響する部分として、布団の収納場所の問題がある。布団の折り方で押入れの奥行きの寸法は決まっている。

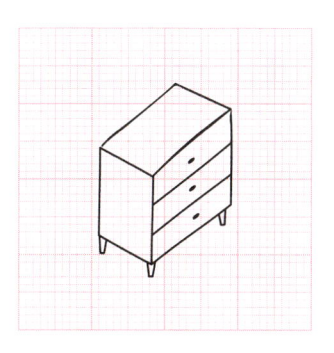

080 ｜ 家具の家

家具には、椅子や机、箪笥、戸棚などさまざまな物があり、造付けの物、可動式の物があり、それによっても位置付けは異なってくる。また空間と家具との関係は切っても切り離せないもので非常に複雑である。家具には独特の個性をもったデザインがあり、空間とどう調和させていくかという意味で、空間の良し悪しを大きく左右する場合がある。家具1つで空間にスケール感が出たり突然雰囲気が変わることもある。どのように双方が付き合っていくかを考えてみると面白い。

参考：シュレーダー邸／H・T・リートフェルト

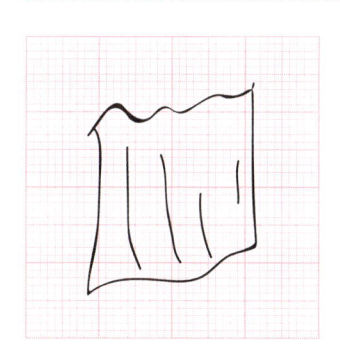

081 ｜ カーテンの家

カーテンは、もともと窓廻りの遮光のために発明された物である。しかし、現在カーテンというともう少し幅広い意味で使われ、レールにぶらさがった布状の物であれば、すべてそう呼ぶ。シャワーカーテンや、空間を仕切る間仕切りとしてのカーテンなどである。また、窓廻りのカーテンは、レースのカーテンや遮光カーテンといったように用途によってさまざまな種類がある。重ねて使うことができるのもまたカーテンの特徴であろう。少し形は違うが似たような物として、ロールスクリーンという物もある。

【実例】ディオール表参道／SANAA

ディオール表参道

設計：SANAA

表参道に建つファッションブティックビル。スカートやカーテンのドレープ（ひだ）のような表現をファサード前面に取り入れ、アクリル板を用いて実現させている。ライトアップされた夜のファサードは、よりそのカーテンのような柔らかい表現が際立っている。

082 | ベッドの家

ベッドは布団とは異なり、常に空間に置かれているものである。少し疲れたときなどにもすぐ眠りにつけるという意味ではとても便利である。しかし、常時空間に存在することから、寝室として常にベッドが置かれた風景の部屋を想定しなければならない。ベッドの大きさには、シングル、セミダブル、ダブルなどいろいろなサイズがある。また、床からかなり上がっているものから、布団に近いマット状のものもある。人は、人生の1／3は寝ている。だからこそ、この眠ることにも気を配りたい。

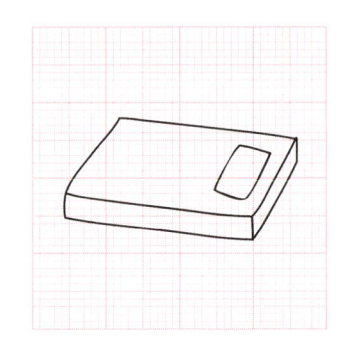

083 | 椅子の家

椅子は、家具の王様のような存在であり、今までさまざまなデザイナーが椅子をデザインしてきた。そのなかには、建築家によるデザインの物も数多い。名作の椅子を知っているのは、もちろんのこと、実際見て座ってどういう印象をもったのか、経験をつんでおくのもよいだろう。なかにはなかなか実物と出会えない物もある。もし機会があれば、実際椅子をつくったりすることをお薦めする。椅子の理解も飛躍的に深まるだろう。椅子のデザインは馬鹿にできなく、空間の中に1つ置いただけでも、空間がオシャレになったりする。もし気に入った椅子があれば、ぜひ買って、自分の部屋に置いてみるとよい。

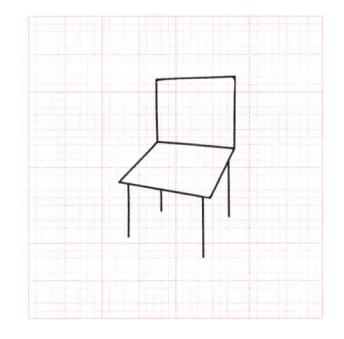

084 | ルーバーの家

ルーバーとは、カーテンと同様遮光するためのシステムである。ルーバーは、ブラインドのように室内に設けられるものもあれば、窓の外に施される外付けタイプのものもある。これらは、室内環境を整えるためのものであるが、特に外部に設置されるものは、ファサードの表情として現れるため意匠的にも大きな関心事となる。ブラインドの向きには、大きく分けて横向きと縦向きがある。赤道に近い国は、横向きにブラインドを設け、緯度の高い国では縦向きに使うことが多い。これは、太陽高度と太陽の動きと関係している。

【実例】那珂川町馬頭広重美術館／隈研吾

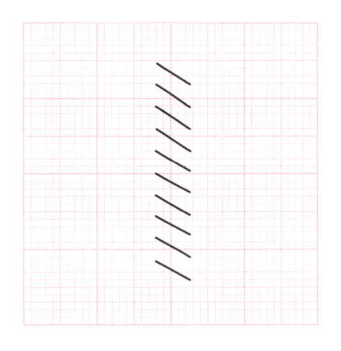

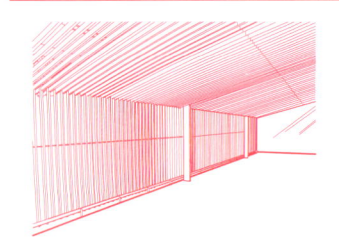

那珂川町馬頭広重美術館
設計：隈研吾

栃木県那須郡に建つ美術館。歌川広重の浮世絵や肉筆画・版画などが展示されている。大屋根、外壁、天井、すべてが繊細な木製ルーバーで表現された構成となっているのが印象的な空間となっている。ルーバーには地元の杉材が用いられており、床や壁にも地元の石材や和紙が多く用いられている。

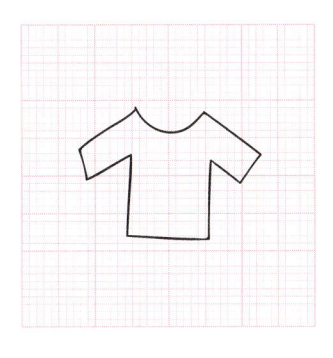

085 | 服の家

洋服は、空間のなかに彩りを加えてくれる。もちろん、色のない服もあるが、人間が服を着ることによって、動く人間とともに空間に動きを与え、さまざまなシーンを建築とともにつくり上げる。家と服は一見異なるもののように見えるが、人間を外的環境から守る意味では似た性格をもち合わせている。また建築を洋服の一部に例えて、身にまとうような感覚で建築を捉えられないかと、さまざまな試みがされてきたこともある。洋服のデザイナーには、意外と建築を学んだ者も多い。

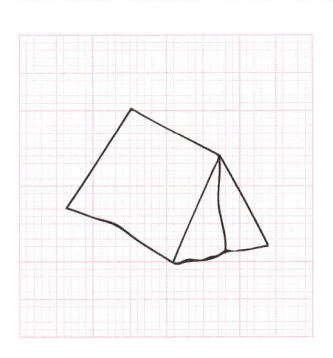

086 | テントの家

建築のなかにはテントのような、骨組と膜を主体にした形式がある。それらは、軽い骨組と防水加工されたテント生地からなる。建築の原型はテントであり、環境に対してどんどん強固にしていった結果、今のような建物の姿があるともいえるだろう。そのなかで、アウトドアや登山用に用いられるテントは、軽量かつ持ち運びができる最小限の建築としてみることもできる。また軽量化のために、さまざまなハイテクが駆使されている分野でもある。

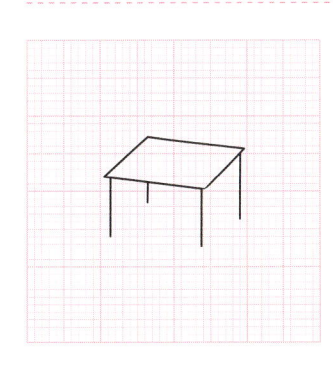

087 | テーブルの家

椅子とセットの物としてテーブルがある。テーブルは、食事をするところ、勉強をするところ、そして仕事をするところなど、さまざまな用途によって大きさや高さが異なる。大人数で利用する物は、かなり大きな物になるし、ちょっとしたことをするテーブルであれば、かなり小さくてもすむ。テーブルも椅子と同様、空間の雰囲気に及ぼす影響は大きい。通常のテーブルの高さは70cm程度であるが、日本には、ちゃぶ台のように床に座って使うテーブルもある。

【実例】2004／中山英之

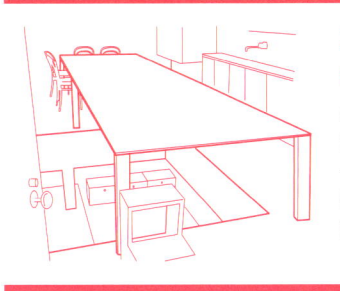

2004

設計：中山英之

半地下を持つ3層で構成された個人住宅。中央の吹抜け部分に固定された大きな鉄板は、その上に人が立ち、床としても耐えうる強度で設計されたテーブルである。その扱いは、中間階の薄いスラブのようにも捉えられる。また、逆に厚みをぐっと抑えた薄い床は家具のような存在感をもっているように捉えられる。

088 | 図面の家

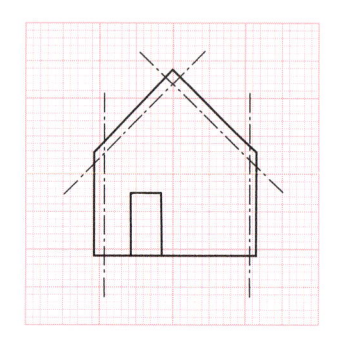

「図面の描き方がなってない!」ということがあるが、そこから見直してみるのも面白い。通り芯を描いて、躯体を描いて、仕上げを描いて、といったようなレイヤ状に構成された描き方が一般的であるが、こうした序列がはっきりとした描き方に反して、何かの思いつきともいえるようなところから図面を描き進めてみると、何か新しい発見があるかもしれない。建築における「図面」とは最も大切なコミュニケーションツールの1つであるといえる。思いを伝える文章でもなく、絵でもない、「図面」の描き方と表現について考えてみよう。

089 | コンピュータの家

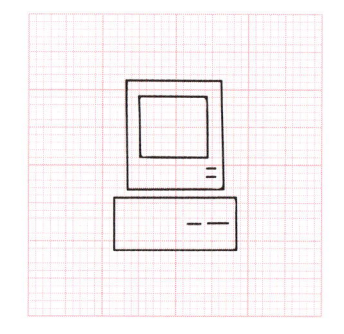

建築の中にもさまざまなコンピュータが活躍している。身近なところで例えるなら、センサー機能やタイマー機能は生活を支えるコンピュータ機能といえるであろう。人の日常生活において、コンピュータはすでに機械というよりは、1つのコミュニケーションツールとして自然に浸透している。同じようにコンピュータがもっと空間に浸透してきたときに、建築にはどんな面白いことが起きるのだろうか。空間とコンピュータの自然な関係について考えてみよう。

090 | 比重の家

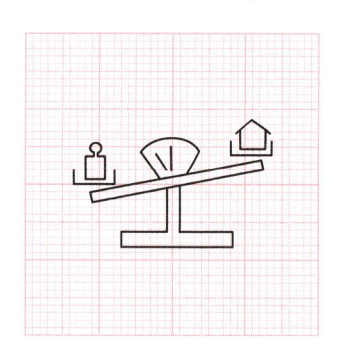

物には重さがあり、軽い物もあれば重い物もある。建築は、そんないろんな重さをもった物を組み合わせて、結果的にかなりの重さをもって地球上に存在することになるわけだが、それを理解したうえで、軽く見せたり、重く見せたりと、いろんな工夫をするのが面白い。ピロティ建築のように重い物を浮いたように軽く見せることもあれば、基壇建築のように重いものの上に建物を置いて軽く見せてみたり、同じ大きさや形でもその比重の見せ方で印象は大きく異なる。薄いコンクリートや、厚いガラスなどの材料だけの比重に着目するのも面白い。
類義語：重さ、軽さ

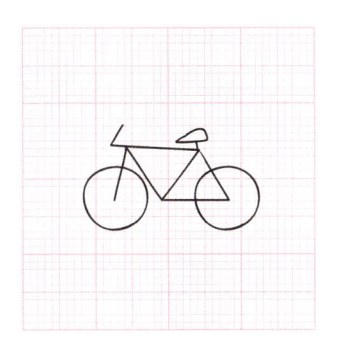

091 | 自転車の家

自転車は車ほど大きくなく、乗り物としてはなんとなく、家具に近い感覚をもった物である。
単なる乗り物としてではなく、趣味にしたり、生活の一部としている人も増えている。室内に飾られたり、置かれたりしていることもあれば、建物の外部に止められている場合もある。そんな自転車が、意外と建築の風景をつくることもある。さまざまな視点で自転車と建築の関係について考えてみよう。ツーリング感覚で楽しめる、そんな住宅があっても楽しいかもしれない。

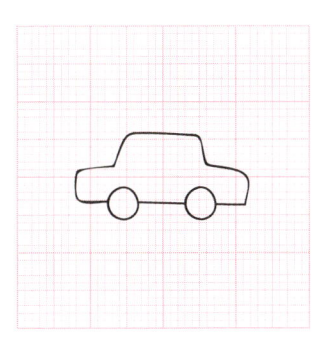

092 | 車の家

住宅の多くには駐車場があり、そこにマイカーなど車が止まる。車は、建物の中に保管されることもあれば、外の雨ざらしのもとに止められることもある。車がどのように敷地に配置されるかによって計画は大きく左右される。自慢の愛車を眺めたいといったクライアントの家などで、もはや車が建物の中心になっている事例も見たことがあるだろう。車の軌跡が建築の形を規定する場合もある。建物の形を定義づけるために積極的に車と建物の関係を密にしていくのもよいだろう。

参考：サヴォア邸／ル・コルビュジエ

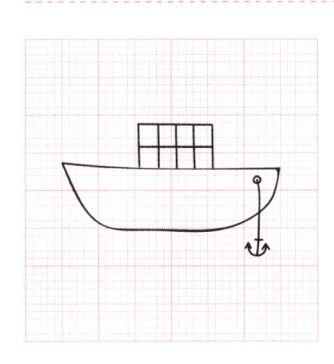

093 | 船の家

海辺であったり、湖畔の建物では、船は車と同様、建築と直接関係してくる場合がある。建物の下に直接乗り付けられたり、目の前に停泊したりする。ボートハウスのように船が住まいになっている例もある。建築が地面の上にあるように、船は水面の上にある家と捉えることもできる。また建築の歴史ではユニテ・ダビタシオンのように、よく建物を船に例えて語られてきたことがある。どこか、船は建築にとって憧れのような存在のようだ。

【実例】海の博物館／内藤廣

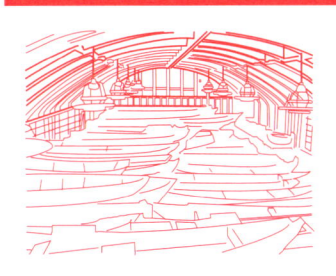

海の博物館
設計：内藤廣

三重県鳥羽市に建つ、海に関する展示をした博物館。黒に染まった静かな外観とは対称的に、内部は力強い木造架構で構成されている。船の収容する倉庫も併設しており、その空間は、まさに海の中の博物館のようだ。

094 | 金属の家

建築に登場する金属にはさまざまなものがある。代表的なものは、鉄、アルミ、銅、真鍮などである。メッキされたものもあり、亜鉛メッキやクロムメッキなどは一見すると金属の表情をしているが、表面のみの仕上げである。素材により金属の強度や特徴はさまざまである。鉄は強く、銅などは、手で曲げられるほど柔らかい。また、金属独特の輝きも魅力の1つだ。輝きの強いもの、鈍い輝きをするもの。さまざまな金属についてその性質と表情を捉え、建築に生かしてみよう。

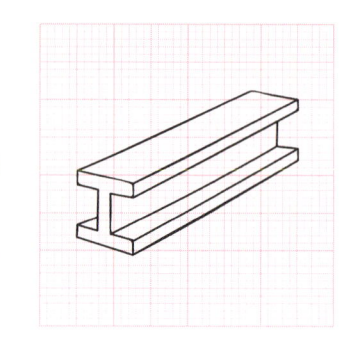

095 | 板の家

建材には、板状の物がたくさんある。石膏ボードから合板まで、ありとあらゆる物が、面として空間を構成するために用意されている。ほとんどの物は加工品で、もともとこのような形をした自然素材はあまりない。型によって成型された物から、薄い物の積層によってできた物、石のように薄く切り出した物などからなる。板があれば、床や壁がつくられ、棚がつくられ、テーブルがつくられる。この板の性質を知っておくと適材適所の判断ができて、幅広く応用することもできる。

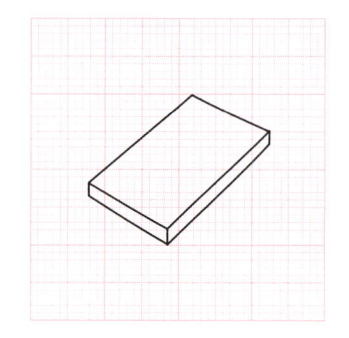

096 | 木材の家

多くの建築は、木を構造とした木造である。それは加工性のよさや身近で取れるといった理由によるものだと容易に想像がつく。木材には、材料取りからくる正目や板目、反りなど自然素材ならではの癖がある。構造材だけではない、仕上げ材としての木もまた重要な役目がある。手に触れるところに適したもの、湿気に強いもの、場所や用途によって使い分けられている。木材の表情をつかむと同時に、どういった材料がどこに適しているのか、よく研究し、木の特徴をつかむと同時に、木材としての建築を考えてみよう。

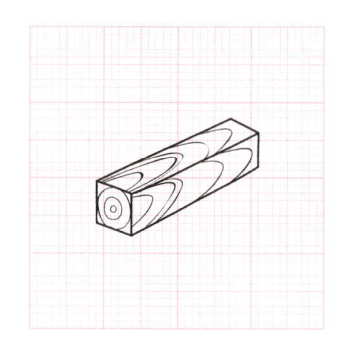

【実例】ログハウス

ログハウス

山小屋によく見られる、丸太を組み合わせてつくった木造住宅のプロトタイプ。丸太棒の断面そのものが壁となり、同時に仕上げも兼ねるため、内外の仕上げも同じ丸太棒になる。同じ木材を使った構法でも、一般的な在来木造の構成とは大きく異なる。隙間なく積み上げていくという点では、拡大解釈すると、組積造とも捉えることもできる。

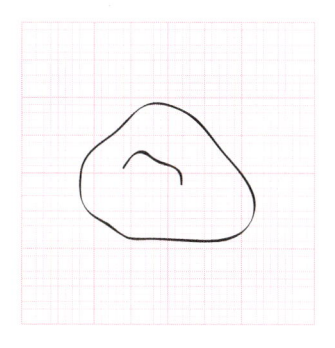

097 | 粘土の家

建築の形を決めるときに、粘土を用いることがある。これは、彫刻や陶芸などに似ているが、粘土を手で思う形に自由に変形させていく。よく考えてみると、とても自由な素材で、1つの形を変形することもできるし、ちぎりとって複数の形をつくったりくっつけたりすることもできる。気に入らなければつぶして振り出しに戻すこともできる。このような方法でスタディされた建築はどこか有機的であったりする。手でこねてできる建築なんて、素敵かもしれない。

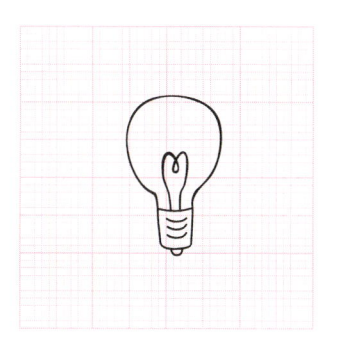

098 | 照明の家

照明には、電球から蛍光灯そしてLEDなど、さまざまな種類のものが登場してきている。そのなかで、室内を照らすという重要な機能はもはや存在理由とはならず、どれだけ効率がよいかということに重点が置かれ、照明の質が水面下で問題となってきつつある。明るいけれど不快といったものである。また照明は太陽光と比べ、色のスペクトル分布に大きな偏りがある。蛍光灯など不連続な光の分布をもつものは、効率はよいが電球と比べると質的に満足のいかない面があったりする。照明はこれからも発展していくが、質の問題が、建築には重要な課題となっていくだろう。

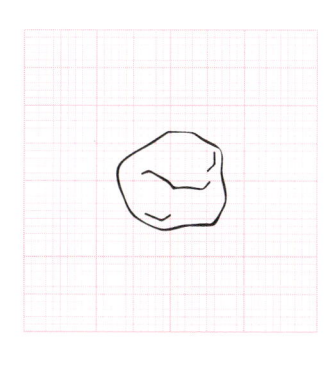

099 | 石の家

石は、まさに塊としての存在感をもつ。硬い物からもろい物まで、石ひとつとってもさまざまであり、大きさなどによってもその存在感はさまざまである。建材では、薄い石が切り取られることが多い。石の表情もさまざまで、表面の仕上げ方法によっても、また印象を異にする。色や模様もさまざまで、赤い物から緑色の物、白い物や、2色が混ざった物、筋状の模様の物や粒子状の物、表面に細かい穴がたくさんあいた物などがある。
【実例】ドミナス・ワイナリー／ヘルツォーク&ド・ムーロン

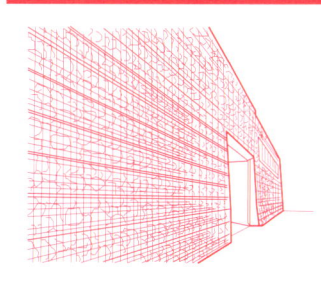

ドミナス・ワイナリー
設計：ヘルツォーク&ド・ムーロン

アメリカ・カリフォルニア州に建つワイナリー。堤防などで、砕石を詰め込んだ金網籠を積み上げて利用する例は、土木の世界ではよくあるが、それを建物の壁面に大胆に転用された例。自然の形をした砕石の隙間から差し込む光が美しく印象的である。外殻をなす表層と、そこを介して生まれる内部空間が直接的に関係性をもっている。

100 | ツマミ・ハンドルの家

玄関扉や家具の扉など、人間の手や指先で扉を開閉するために使われる部位のこと。生活するなかで、頻繁に直接触れる部分なので、とても気を使う部分である。片手でつかむ物から両手でつかむ物までさまざまなタイプの物がある。また、家具の引き出しのようにとても小さなつまみなどもある。壁や面として表現したいときには、あえて隠したり、工夫を凝らす場所でもある。フェイクとして、ただの壁面に設けるケースもある。そんな建物全体からみると些細だがとても重要な部分について、注意深く観察してみよう。

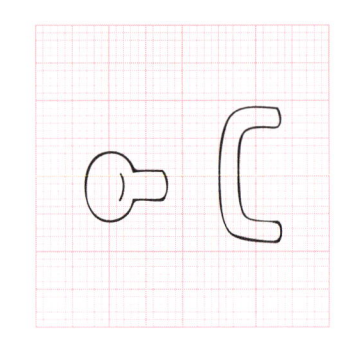

101 | 廃墟の家

廃墟というと聞こえは悪く、「家」とは結び付けにくいかもしれないが、使い古され朽ち果てた建築には、なにやら新築の建造物には得がたいある種の重みに魅せられる人は多いのではないだろうか。それを家に取り入れるときには、ゼロからというよりもむしろマイナスからのアプローチが有効かもしれない。家が廃墟になるイメージをするか、あるいは廃墟に対して、家として使える部分を見出していくのか。朽ち果てたその先の空間に、家がどのように結びつけられるのか、普段立ち入ることのないテーマについて探求してみよう。

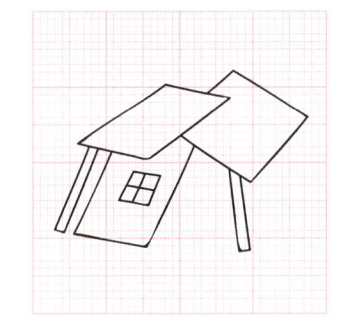

102 | バーコードの家

バーコードはとても便利な記号で、グラフィックとしても格好いい。構成は非常に単純で、同じ長さで幅の異なる線がランダムに並んでいるだけである。ただそれだけなのに、たくさんの情報を整理していてあの小さなスペースにもち合わせているということが、意味を持った暗号として魅力的に感じる理由の1つなのかもしれない。建築にもバーコードのように壁を立てたり、ボリュームを並べたり、というように用いられる記号であるが、そんな意味をもった記号的な建築について考えてみよう。

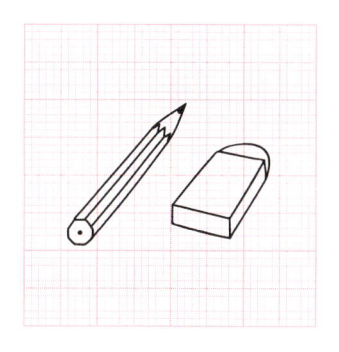

103 ｜ 鉛筆と消しゴムの家

図面を描く場合、いくらCADやCGが普及したとはいえ、この鉛筆と消しゴムがとても活躍する。鉛筆は線を描き、消しゴムは不必要な線を消す道具である。この足し算と引き算の案配によって図面は完成する。どちらかが欠けても不具合が生ずる大事な道具。これらの道具と付き合っていく職業である以上、これらの道具の癖や特徴などをつかんでおくとよい。意外と、建築の大きなものをこれらの小さな道具が決定している場合もある。

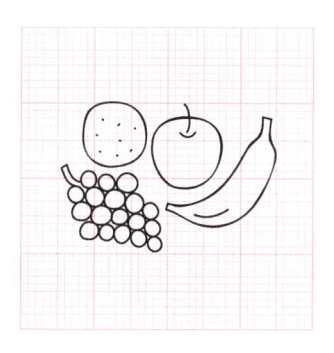

類義語：足す、引く

104 ｜ 果物の家

果物や野菜は食べることの喜びだけではなく、自然の恵みがもたらすその色彩から、空間に置かれると、とても鮮やかな色どりで見る人を楽しませてくれる。昔から静物画のデッサンの対象となってきたように、非常に表情豊かで、色だけでなく、形、表情、臭い、陰影などは人間の感覚に訴えかけてくる。小さいながら力をもっている存在であり、空間がそれほど魅力的でなくとも、そこに果物や花が置かれていたりするだけで意外と幸せだったりする。

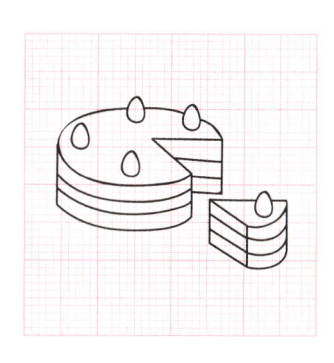

105 ｜ ケーキの家

ケーキやピザといった物は、丸い大きな形でまず全体をつくり、それからカットし抜き取るようにして、三角形をしたピースができあがる。鋭角部分と弧を描いた部分からなる、独特な形状である。また断面をみると、そこには積層されたイチゴやスポンジが垣間みられ、それぞれの場所にそれぞれの個性がある。ベースがあって、積み重ねられ、デコレーションされるという意味では建築と通ずる部分も多いかもしれない。童話の世界では、家そのものがケーキでできていることも。

【実例】アルベロベッロのトゥルッリ

アルベロベッロのトゥルッリ

イタリア南部、アルベロベッロにある集落。トゥルッリと呼ばれるトンガリ帽子の愛らしい外観の住居が密集して、メルヘンな風景をつくりだした集落。ケーキのデコレーションのようなトゥルッリだが、その構成は極めてシンプル。石灰岩を隙間なく積み上げた組積造で、壁・屋根いずれも同様に形成されている。生クリームのような仕上げは、白い石灰。

106 ｜ チャームポイントの家

小さな住宅でも、大きな施設でも、建築の空間体験をすると、全体的な印象とはまったく別のところで、ものすごく部分的なところなのにチャーミングなところが、建物の強い印象として残ることがある。それは機能的なものもあれば、まったくそうでないものもある。ささやかな物でもなんでもいいかもしれない。印象付ける強い存在感。そんな何かをもった家を考えてみよう。マリリン・モンローも、口元のほくろがなかったら単なる美人だったかもしれないし。

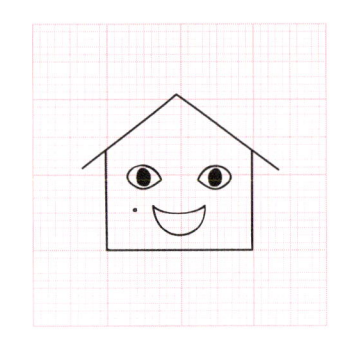

107 ｜ 痕跡の家

痕跡を生かすか、なくすか。過去にあった事項をどう扱っていくか。痕跡というと、どことなくネガティブなイメージがあるが、過去にできた自然なものとして受け入れてみるなど、痕跡を消すか生かすか両方から考えたい。
マンションのリフォームなどで、内装を剥がすと現れる荒々しい躯体は見る人によっては汚い痕跡であり、見る人によっては魅力的なテクスチュアと映る。痕跡をどう捉えるか？　どうして消すのか？　どうして生かすのか？　と考えてみよう。
参考：キルヒナー美術館／ギゴン・アンド・ゴヤー

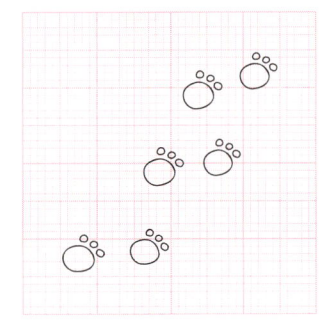

108 ｜ ガラスの家

ガラスは、薄いにも関わらず強度をもち、しかも、向こうが透過できるため、視線をさえぎることなく内外を区切れる素材として、建築の窓に多用されてきた。しかしガラスそのものは衝撃に弱く、鋭利な物で叩くと割れやすい。ガラスは、型板ガラスからフロートガラスなど生成法によってさまざまな種類が存在する。建築に使われる以外にも、コップや花瓶など日用品にも使われる。独特の硬質感と透明な表情は、また、建築に潤いと緊張感を与えてくれる。
【実例】ガラスの家／ピエール・シャロー

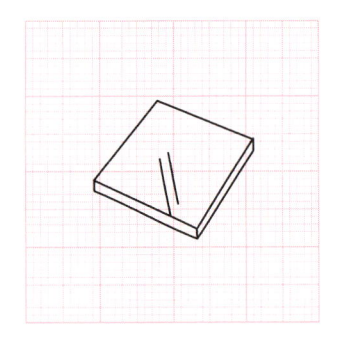

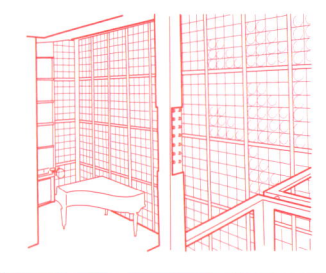

ガラスの家

設計：ピエール・シャロー

フランス・パリ市街に建つ、ダルザス邸と呼ばれる個人診療所兼住居。竣工した1931年当時には珍しい素材といえるガラスブロックが、外装ファサード全面に大胆に用いられている。厳しい景観規制がかかる都市計画のなか、そのファサードは敷地内の中庭に面して実現しているため、通りからその外観は伺い知ることができない。

現象・状態
Phenomenon, State

C

109 | ザラザラの家

荒さを表現した言葉である。ザラザラの粒の大きさもさまざまで、かなり荒いものから細かいものまである。見るだけでも分かるものから、手で触って分かるもの。心地よいものから、触って痛いような人を寄せ付けないものまである。ザラザラさせることによる効果として、<mark>表面を際だたせたり、物質感を高めたり、陰影を際だたせたり</mark>することが挙げられる。建物の壁面から床面、また細部などさまざまなレベルでそのあり方を考えてみよう。

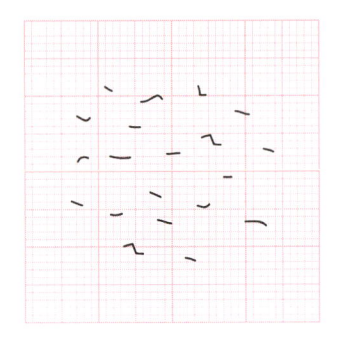

110 | サラサラの家

「サラサラとした」というと、砂の音のようなイメージを思い浮かべるのではないだろうか。とても繊細で、ザラザラやゴツゴツといったものとは異なるイメージである。<mark>建築を繊細なものとして捉える</mark>ために、このような言葉も何かのヒントになるかもしれない。日本は古来より、石庭のように白砂を敷き詰めてサラサラ感をつくったり、砂壁のように砂を使う技法が存在する。木々が揺れるときに葉がこすれあう音もサラサラに似ているし、川の水筋に聞こえる飛沫の音もどこかサラサラしている。

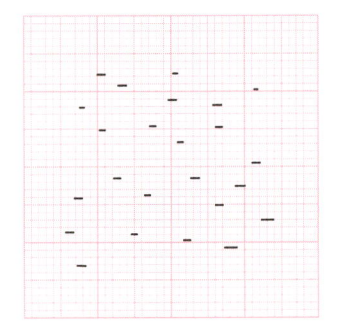

111 | ゴツゴツの家

「ゴツゴツ」という響きからは、表面的な素材感を思い浮かべるだけではなく、自然の岩など、<mark>重厚な厚みさえ感じ取ること</mark>ができる。ゴツゴツとした素材感や厚みからはどこか近寄りがたいような威圧感を受ける一方で、内部から見ると安心感や高級感さえ感じとれる。日本の住宅は、主に木を素材としてつくられ、表面をカンナで整えてきた。日本人にとっては、ゴツゴツとした素材感はあまり馴染みのない感覚かもしれない。しかし、ゴツゴツといった<mark>不均質なものを身近な建築である住宅</mark>に取り入れることで、均質になりすぎた建築を変えることができるかもしれない。
【実例】瀬戸内海歴史民俗資料館／香川県建築課

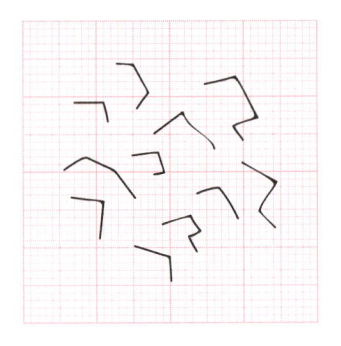

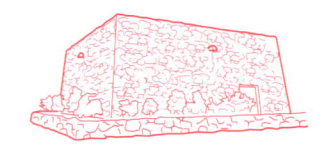

瀬戸内海歴史民俗資料館

設計：香川県建築課

瀬戸内海の文化資料を展示した民俗資料館。海際の塩害対策と、地元の石文化から、ゴツゴツとした石積みの表現が多用された。仕上がりのゴツゴツした印象は、建物の外観だけでなく、周囲の外構など、広い範囲に渡って施工されており、場所に応じて大小さまざまな石材が用いられているため、さまざまなゴツゴツの表現を見てとることができる。

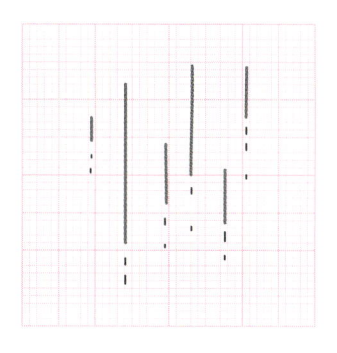

112 | シトシトの家

日本の梅雨の時期は、雨がやむことなくシトシトと降り続け、湿り気が高い。建物はその湿り気に耐えうる構造でなければならない。湿った季節には、ジメジメといった表現のように不快感をイメージさせる言葉も多いが、シトシトという表現は、どこか懐かしい日本の風景美と通ずる響きのある言葉だ。日本は四季折々、豊かな自然環境のなかにある。そのなかで、このシトシトした季節にふさわしい建築は何かを考えてみるのもまた面白いだろう。

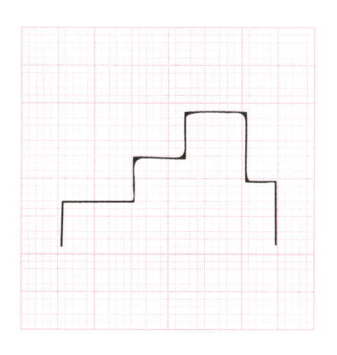

113 | カクカクの家

カクカクしているというのは、言葉のとおり、角がたくさんあるイメージである。建物はもともと、角がある物を組み合わせたり、箱状の物を組み合わせたりするつくり方をすることから、自然とカクカクしやすいものだ。カクカクの大きさなどから、街の雰囲気や、建物のスカイラインができたりもしている。部分をとってみれば、階段などはまさにカクカクしたところでもある。カクカクとしたイメージは時として堅苦しい感じにも使う。そんな建物には、ある柔らかさもほしいものだ。

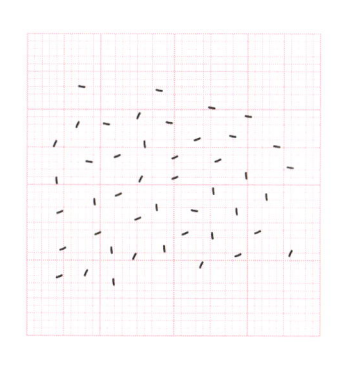

114 | パラパラの家

ふりかけをかけるような表現のパラパラ。何か理由があるわけでもなく、パラパラとなんとなく、あるエリアに降りかけられる。木々から葉が落ちるときも、葉が木を中心としてパラパラと地面に落ちて広がる。パラパラという行為は、ある高さから軽い物を降らせる行為であるため、パラパラとできた情景はどこか高さというものと関係しているようにも思える。建築自身には、このパラパラとした感覚は直接は存在しないようであるが、自然物を取り込むことによってこのような感覚もうまく取り込んでいけるかもしれない。

【実例】KAIT工房／石上純也

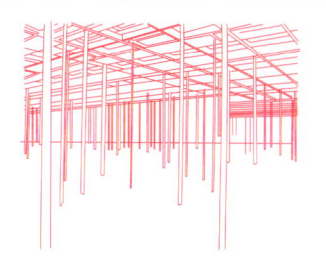

KAIT工房

設計：石上純也

神奈川大学の工房。細く薄い鋼製のフラットバーで構成された柱が、パラパラとワンルームに配置されている。ランダムに向きを変えながら配置された柱には、鉛直荷重のみを負担するものもあれば、ブレースのように引張りを負担する役割をするものもあり、構造的な力の流れもパラパラと分散されている。

115 ｜ 水玉の家

水玉模様は、小さい子供が特に好きな形である。丸い物は、どうも子供に受けるようだ。水玉模様は**自然界にもあるし、グラフィックとしてもポップ**でかわいらしい。色使いや水玉の間隔などによっても表情は大きく異なり、**かわいらしさを越えたある種異様な雰囲気**さえある。水玉自体は**かなり強い記号性をもつ**ことから使い方には気をつけよう。反復性があることからスケール感を思い起こさせるし、さまざまなスケールで使うとまた違った魅力が現れてくるかもしれない。
参考：草間彌生の作品

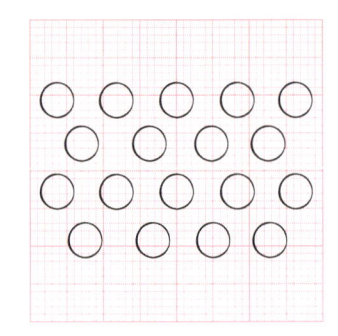

116 ｜ キラキラの家

キラキラとは、輝きに用いる言葉だ。キラキラする情景は、たとえば、水面に光が当たって輝いたり、石の中の鉱物が輝くときなどに見られる。キラキラの代表といえばダイヤモンドであり、小さくても、たくさんの光を集め魅力ある光り方をする。金属でも、細かく砕かれたラメなどを用いると、さまざまなところにキラキラ感を出すことができる。キラキラはとても魔法的な言葉であり、**空間をリッチで輝きをもたせうるこの独特なスパイス**をどこかに施してみるのも面白いかもしれない。

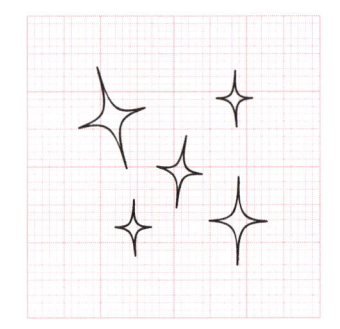

117 ｜ 暗いの家

光のあたらない空間は、闇夜のように真っ暗である。**ある程度の暗さは人間に落ち着きをもたらす**が、あまり暗くなると、**不安**に駆られたりする。暗さは、**時として空間を効果的に演出する**ために使われる。狭くて暗い廊下を抜けると明るい広場に出たり、明るいところから暗いところに入るときにはドキドキしたり。暗さは空間をドラマチックにし、適度な不安がまた空間に緊張感をもたせ、印象に残る空間をつくってくれる。日本の民家の室内はとても暗い。それもまた日本に古くからある住まいの姿でもある。
参考：『陰影礼賛』谷崎潤一郎著

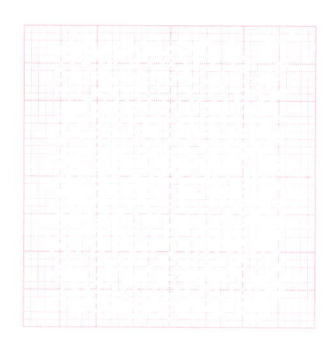

118 | 明るいの家

明るいのは、一般的に心地よいものである。もちろん明るさにもよるが、手元がはっきり見えるのは安心できる。影を消してしまうような明るさであると重量感がなくなり、浮遊した雰囲気になる。明るい景色を獲得しようとする現代建築もあり、これらは真白でしかも影が薄い。衛生的に見え、未来的でもある。ただし、明るさは必要以上であると目に優しくなく、体内時計も狂う。心地よい明るさはどんなものなのだろう。明るさの指標として照度などがあるが、空間が明るいかどうかは別の問題であり、面の輝度などによっても明るさを感じる。

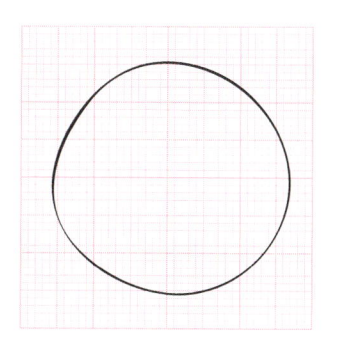

119 | 大きいの家

建築は、もともと大きい存在であるが、そのなかでも、より大きい空間に魅力を感じたりする。天井が高かったり、空間そのものが大きいことによる魅力はある。空間が大きいと人間は小さく見え、人間と空間の関係も違ったものになる。また、「大きい」をもう少し一般的に使ってみると、今まで普通の大きさだったテーブルが大きくなったり、椅子が大きくなったり、何かが大きくなることによって今まで得られなかったゆとりや大胆さを獲得することができる。アートの世界でも、小さい物を大きくして作品づくりをしている人がいる。

参考：ロン・ミュエックの作品

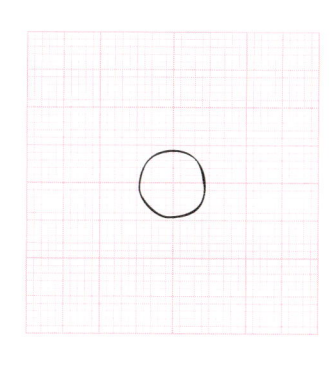

120 | 小さいの家

小さいだけで「かわいい」という言葉と結びつきそうであるが、「小さい」も、建築を格好よく見せるためによく使う言葉である。小さくする理由には、大きく分けて2つあるようだ。1つは、極限まで小さくすることによる技術的な魅力、もう1つは存在感を消すため。目的はそれぞれ異なれど、この小さな世界にはたくさんの技術力が必要とされる。建築模型も、本物よりもずいぶんと小さくつくり、大きい物を想像したりする。これも建築の特徴的なことである。狭小住宅は、小さいなかでいろいろな工夫がみられる。

【実例】小さな家／ル・コルビュジェ

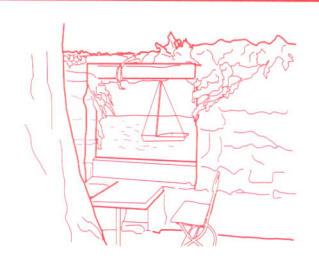

小さな家

設計：ル・コルビュジエ

フランス・レマン湖のほとりに、母親のために建てられた約18坪の小さな住宅。長さ11mのリボンウィンドウが特徴的。近代五原則の1つである連続水平窓が小さな住宅に、レマン湖とその背景となるアルプスなど、スイスの美しいパノラマ風景を贅沢に取り込んでいる。

121 | 遅いの家

速度に関する言葉であるが、人間の動きの速度を普通の速度とするならば、大空の中で太陽の動く速度はとても遅く、海の波の速度もゆっくり見えるかもしれない。遅いなかでも、ギリギリ認識できる亀ぐらいの動きから、早回ししないと分からない太陽の動きまでさまざまである。遅いことが、ゆったりとした落ち着きや静けさを生むこともあるし、空間にさらなる安定感をもたらすこともある。ガラスも微視的に見ると、実はとてもゆっくりと動いているらしい。

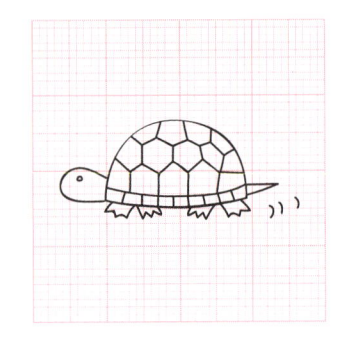

122 | 速いの家

人間は、速いものをたくさん開発してきた。それは飛行機や電車や車であったりするが、建物はどちらかというと不動のもの。動かないものとして、これらの競争とは無縁である。ただ、人が動き回り、車が通り過ぎたりするとき、建物は動かないゆえに周りの動いているものが気になってくる。草木なども、台風など風の強い日には激しく揺れ、建物から見ているとかなりの速度感をもつ。雨も同じく、斜めからなぐりつけると速度感があるし、外の風の速さを室内から窓越しに観察することもできる。

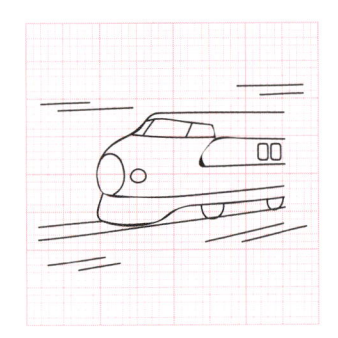

123 | 強いの家

建築は存在自体が強固であるため、一般的には強いイメージがある。叩いても硬いし、特にコンクリート製の建物は丈夫で強いイメージがある。建物は強くないと壊れてしまう。強いという言葉は、物理的な強度以外にも、色が強い、素材が強い、存在感が強いなど、さまざまなものの度合いを表現する言葉としても使う。強いことは時に威圧的であるが、頼りがいのあるという意味で、仲良くしていきたい言葉の1つである。少し広い意味で、建築の強さを追及してみてはどうだろう。

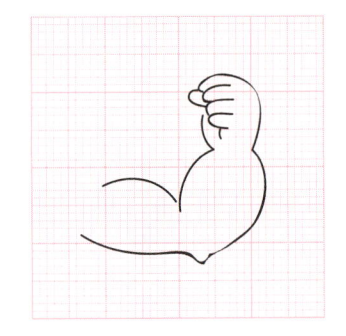

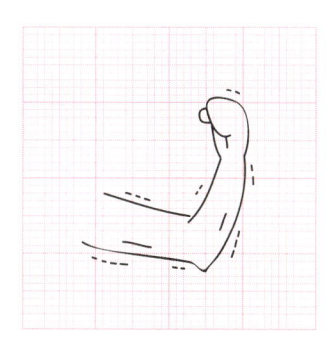

124 | 弱いの家

建築が弱いといっても、本当に弱かったらいろいろと問題がある。弱いという言葉を使う場合には、たいていの場合、**強いことを隠すため、弱いふりをするために**使う。弱いことが見せかけであっても、そこからインスパイアされる雰囲気は、**建築に独自の親近感をもたらす**かもしれない。「コンセプトが弱い」「案として弱い」という批判的な言葉として使われることもある。日本やアジアの地域では、温暖湿潤ということもあり、木や紙、土といった柔らかい材料によって建築が構成されている。ある種、弱い表情をもった建築として捉えることもできるだろう。

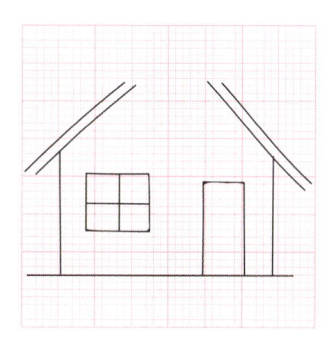

125 | 近いの家

距離の概念のなかで「近場」というものがある。非常に近いところ。それは、**手の届く範囲だったり、目で鮮明に見える範囲**だったりする。手すりから机の位置、取っ手の位置に至るまで、近くに見える物に対しては、非常に神経を使う。また、近くの物は、**その存在だけでなく、そのもの自体の質感から、表情まで見てとれる**ことから、近くというものをどれだけ注意深く扱えるかは、設計者の腕の見せどころであろう。同時に、近くばかりに神経の行き過ぎる人は、少し遠くも意識して、さまざまな距離のなかで、近さとは何かを探ってみるのも面白い。

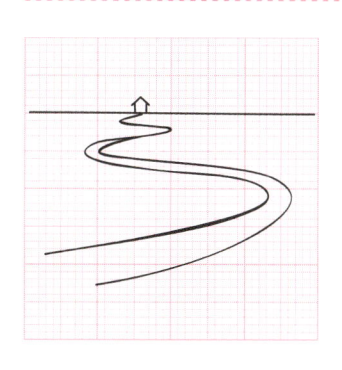

126 | 遠いの家

遠くに見える建物。遠くに見える人。遠くに見える山並み。**建物単体はそれほど大きなスケールをもたなくても、そのまわりに展開される物事によって、とても大きな物事と関係付けられる**。遠くに物があることによって遠くと関係付けられるし、遠いゆえに憧れの対象であったり、心寄せる対象となる。また非常に大きな世界のなかで、建築を構築していく強力な手がかりになったりする。遠くに目を向ければ、それで建築は成立したりすることがあるかもしれない。太陽も、月も、地平線も、みんな遠くにある存在である。

【実例】まつもと市民芸術館／伊東豊雄

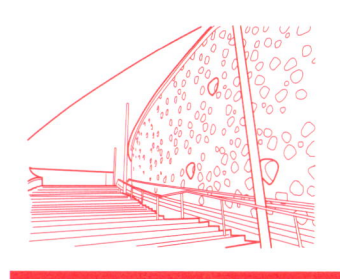

まつもと市民芸術館

設計：伊東豊雄

長野県松本市に、設計コンペを経て建てられた、最大1,800席に可変する大ホールをもつ劇場。細長い敷地形状によって生まれる、長くて遠くならざるをえない動線空間を、逆に、期待感をもたらすような、優雅でおおらかなアプローチ空間として演出している。赤い絨毯、緩やかにカーブした曲面壁や、そこに穿たれた有機的な開口部が効果的に設えられている。

127 | 白の家

白は紙でいえば、何も書かれていない状態を指す。内部空間でいえば、無地の壁や天井だったりする。白は色素をもたず、また暗さももち合わせない状態を指す。空間が白いことにより陰影をあいまいにすることもできるし、逆にはっきりさせることもできる。色のついた物がより綺麗に見えたりもする。また、色のあるところに白を塗るとはっとすることもある。自然界でも白い花があるように、白を地の色としてだけ捉えるのではなく、図として捉えることも重要であろう。真白や少しくすんだ白など、白さにはある幅が存在する。

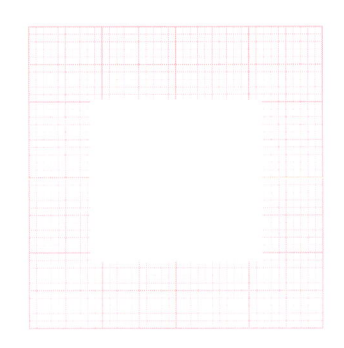

参考：白の家／篠原一男

128 | 複雑の家

建築が複雑であることは予期せぬ衝突などを生み、空間に多様性を生む。建築の構成を複雑（複合・コンプレックス）にすることもできるし、建築の内部空間を多くの物で埋め尽くすことによって豊かな複雑さをつくることもできる。ただ、複雑の度合いによっては過剰すぎることもあり、そのさじ加減は重要である。建物は、単純な形がいいという意見がある一方で、複雑な趣味嗜好をもった人間にとっては複雑なもののほうがいい。複雑さには、集落のような魅力もある。混沌とした複雑さのなかに人はなぜか魅力を見出す。

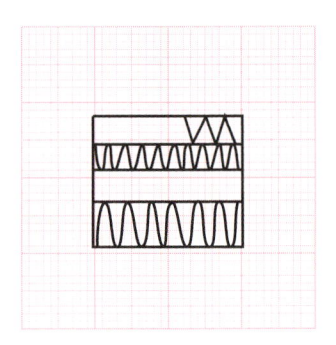

129 | 360の家

ぐるっと回ると、元のところに戻ってくる。そのためには、360°回る必要がある。そのときに展開される風景や状況に気を配ってみよう。螺旋階段のように何度も回る場合もあるし、あまり回らない場合もある。ただ、一周して戻ってくる感覚は、同じ場所に戻ってくる以上、どんな形であれ一回転することになる。子供は、クルクル回れる空間が好きだったりする。効果的に一回転できる状況をつくってみるのも面白い。建築をつくるうえでも、ある一方向ばかりに気を向けずに常に周辺の状況、360°の視界をもって設計したいものだ。

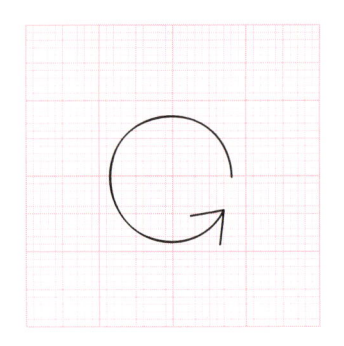

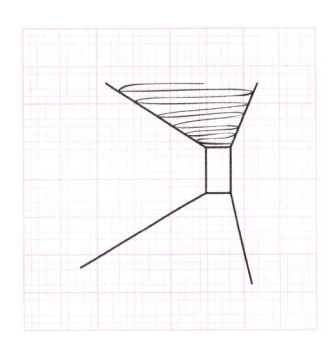

130 | 行き止まりの家

袋小路を指す行き止まりは、都市の中でも、田舎の道でも、建物の中でも存在する。行き止まりの先にどこかへ視線が抜けたり、扉があったりするとそれほど違和感はないが、何もないと、それはとても不気味なものに見えたりする。先端は、折り返せるような形をしている場合もあれば、ただ途絶えたような形をしていることもある。行き止まりを積極的につくってみたり、アイストップの役目を担ってみたりすれば、人気のない落ち着いたところもできるだろう。ところで、設計で行き詰まったときには、深呼吸と気分転換が重要だ。

類義語：停止

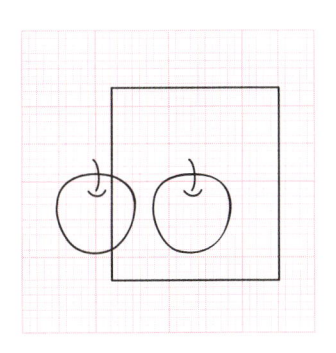

131 | 透明の家

透明という言葉は、透明人間のように本当に透明であるならば、そこには何も存在しない。しかし、建築で一般的に透明というとガラス面などを指し、そこに物質はあるけれど、奥が非常によく見てとれることを透明といっている。澄んだ水も1つの透明として見てとれる。建築でも透明性という言葉が使われ、盛んに議論されるが、言葉で使われる場合には、物性というよりは、「より明快であること」も含めて透明性として語られるようである。

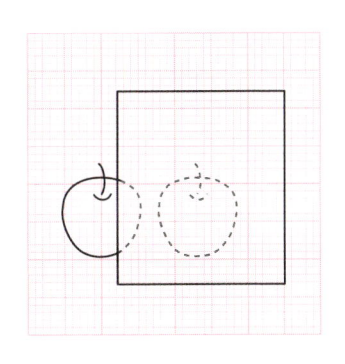

132 | 半透明の家

半透明とは、透明と不透明の間にある中間領域である。不透明であるものが少し透明であったり、透明であったものが少し不透明になったりすることをいう。半透明という言葉は、建築ではよく使うことばである。それは、障子に代表されるように、光を拡散したり、半透明のスクリーンの背後にいる人の像をぼかしたりするために使う。透明度とも関係する話で、さまざまな段階があり、表情もさまざまであるし、使用環境によっても、その透明度は異なって見えたりする。また重ねて使ったりしても、透明度を調整することができる。

【実例】ブレゲンツ美術館／ピーター・ズントー

ブレゲンツ美術館

設計：ピーター・ズントー

オーストリア・ブレゲンツに建つ美術館。外周部に動線を配置し、ダブルスキン構造として展示空間に柔らかい自然光を取り込んでいる。天候や時間によってさまざまな変化が伺える表層は、外部だけでなく内部にも反映されている。奥行きのある半透明の空間が繊細なディテールとともに実践されている。

133 | 動きの家

動きを捉えてみよう。いろいろ案を練っている間は、模型が形を変え、まるで動いているかのごとく刻々と姿を変えることがある。それも動きであろう。そして、建築の中に生ずる動きに注目すると、まず人間やペットなどの動き、そして、風や光などの自然の動きなどがある。さまざまな動きは、動かない空間に奥行き感を与えてくれる。人の動きを注意深く観察し、その動きをプロットしてみるのもよいだろう。今まで気づかなかったことに気づくかもしれない。

134 | たくさんの家

物が山積みになった風景を見ると、人は、なにかそこに興奮を覚える。想像を越える量の物が集まったときに生ずるこの雰囲気は、アートの世界ではよく使われる技法であるが、建築でもなにか応用できないだろうか。また、たくさん集めることによってその物質自体の特徴がみえてくる場合もある。身近な物を少し集めてみて、できる風景を観察しながら、建築にどう応用できるか考えてみよう。都市というものも、見方を変えれば建物を山積みにしたようなものであり、そこに魅せられたりもしている。

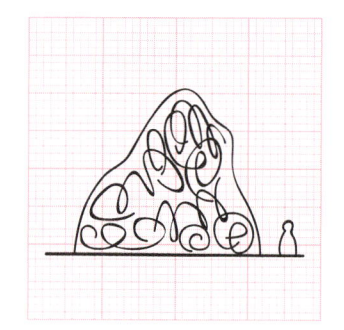

135 | バランスの家

バランスにはさまざまなものがある。まず、力学的なバランス。そして色のバランス、素材のバランス。建築は、いってみれば、すべてこのバランスの具合で決定されている。ただ、バランスがよければすべてよしというものでもなく、わざとバランスを崩すことによって、偏りができたり、特徴づけられたり、魅力になったりもする。不安定ななかにも、バランスのとれた建築を考えてみるのも面白いし、1つだけでバランスをとるのではなく、複数でとる方法など、応用の範囲を膨らませて考えてみるのも面白い。

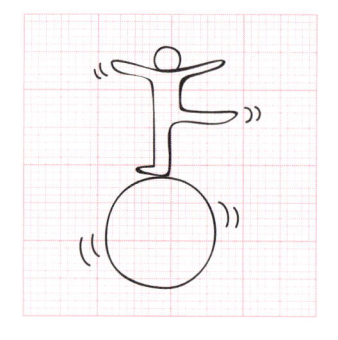

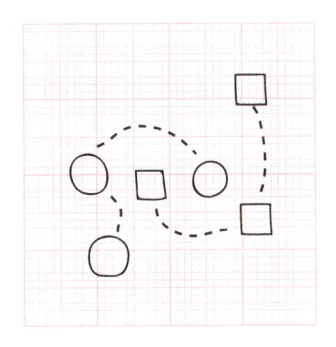

136 | つながりの家

物と物のつながり、関係性について考えてみると、さまざまな物が複雑に絡まっていることが分かってくる。建築の場合、それは、さらに複雑であり、部屋同士のつながりに始まり、素材のつながり、部材同士のつながり、またそれを横断するように人間の動きのつながり、視線のつながり、遠い物と近い物のつながりといったようにさまざまな次元にそのつながりを見つけることができる。建築は非常に多様な見方ができる一方、見えるつながりから見えないつながりにいたるまで、うまく関係づけられるかが勝負となってくる。

類義語：つなぐ

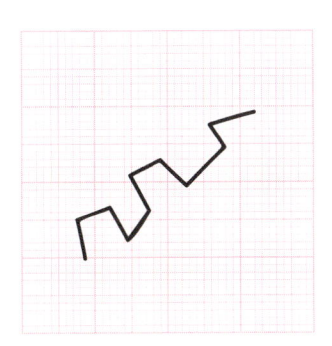

137 | ぎこちないの家

ぎこちないという表現について、少し考えてみよう。ぎこちなさとは、あるべき物がそこになかったり、見た目のバランスが悪かったり、窮屈な感じがしたり、妙にギクシャクしたり、とさまざまな表現ができるが、ぎこちなさもうまく扱えると、魅力や印象に残るものとしてそれを積極的に表現していくことができる。ぎこちないこと＝悪と決め付けることなく、もしかしたら、それも既視感があるためかもしれないので、しばらく眺めて判断してみよう。

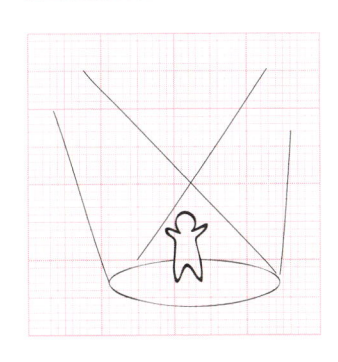

138 | 光空間の家

光が空間に作用している場合を特に、光空間と呼ぶことにする。一般的に空間に光がないと、その形や大きさを認識できない。それゆえ、空間と光は、切り離せない関係にある。光の扱い方は、建築によって何種類かに分けて考えることができる。空間全体に光が満ちているもの、小さな開口から劇的な光が入っている暗い部屋などである。

空間に太陽光が入り、空間がどのように光を捉え、どう振る舞うのか。時代を超えてさまざまな試みがみてとれる。名作と呼ばれる建築には、光を扱ったものは多い。

【実例】ル・トロネ修道院、ロンシャンの教会／ル・コルビュジエ

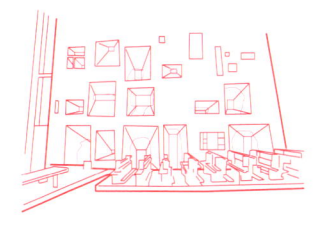

ロンシャンの礼拝堂

設計：ル・コルビュジエ

フランス、キリスト教徒の巡礼地ロンシャンに建て替えられた礼拝堂。主要な構造部はコンクリート造。厚い壁にランダムに角度をふりながら穿たれ、ちりばめられた小さな開口部と、彩り鮮やかなステンドグラス、そこに生まれる神秘的な光空間はあまりにも有名。

139 | モザイクの家

モザイクとは、モザイクタイルのように、小さな四角い単位によって像を抽象的に表現してくれる画像処理の手法である。形があいまいになるぶん、形ではなく、形のもつ色や動きを抽出することができる。コンピュータでいえば、画素を粗くすることを指す。アラブの世界では、美しいモザイクタイル模様がたくさん存在する。日に強く照らされたタイルは、海のきらめきのようにキラキラと輝きをもち人を楽しませてくれる。
類義語:ピクセル

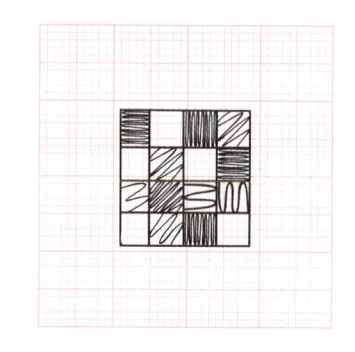

140 | 不安定の家

不安定なものは、構造的には合理的ではないが、人間はなぜか不安定なものに興味をよせ、それに興奮する。また本当に不安定である場合には、それは崩壊し存在しえないことから、ここでいう不安定とは、ギリギリ安定しているが、見た感じはあぶなっかしく不安定な雰囲気をもつという捉え方が正しいだろう。不安定感は、造形にダイナミズムを与え、建築の飛び道具としてうまく使って行きたい。また、不安定感は形だけでなく、色や空間の配置など違う分野に当てはめて考えることもできよう。
参考:ピサの斜塔、WOZOCO／MVRDV

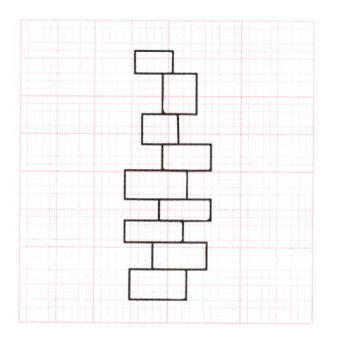

141 | ストライプの家

ストライプとは、異なった色のライン状の反復をいう。記号的にとても強いイメージがある。方向性をもち、縦使いか横使いかでも印象が異なる。建築では、素材の反復によるストライプの出現や方向性の強調などに使われる。ブラインドやルーバーといった部品にもこのような記号は現れるし、平面や立面にストライプを採用することもよく見受けられる。見る距離や大きさに敏感なためスケールには気を配りたい。
類義語:縞模様、バーコード
参考:ダニエル・ビュラン（アーティスト）の作品、マリオ・ボッタの建築物

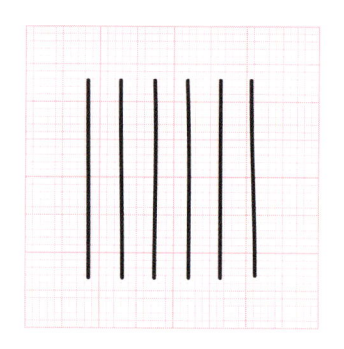

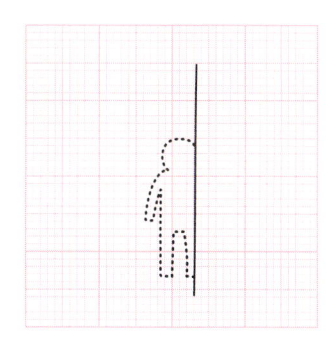

142 ｜ 気配の家

部屋の中の電気が付いていたり物音がしたりすると、人は、そこに人の気配を感じたりする。気配がしないと逆に不安になったり、なじみのない気配があると警戒したりもする。人それぞれがもっているバリアのようなものかもしれないが、同じ屋根の下で生活しているときは、お互いの距離感なども重要になってくる。そんなときに気配は、距離感を緩やかに埋めてくれる。建築設計では、この気配という言葉は、特に住宅などでは重要になってくる要素である。

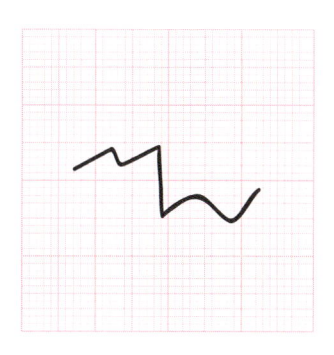

143 ｜ 不連続の家

不連続とは、数学的には、微分不可能な点があること。つまり曲率が連続していないこと。カタストロフィーを指す。感覚的には、流れが途絶えていたり、つながっていない状態をいう。自然界でも、地層のズレや波が高く、形が崩れる様子など、不連続になる状況が存在する。一見不安な印象を受けたり、うまくいっていない印象を受けるが、意図的にその調子を狂わせるのは、空間に変化を与えるインパクトとして利用できるところはありそうだ。

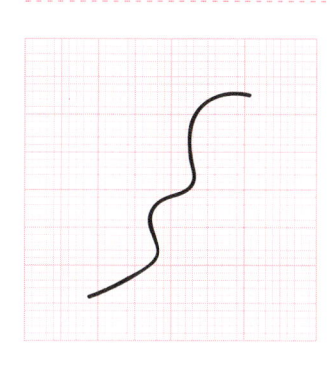

144 ｜ 連続の家

連続しているとは、数学的な意味での連続、要するに微分可能という捉え方と、ただ、つながっているという意味での連続との2種類がある。ここでは、どちらの意味も含めてよいが、物を一連のつながりとして捉えるとみえてくるものもある。たとえば、廊下が連続していたり、開口が連続していたり、天井が連続していたり、何が連続しているかなど、さまざまな状況でその連続性を検討できる。連続性のもたらす効果は、異なるものをつなげる役目と、物事の関係性を定義づけることによって物事を明確化することである。
【実例】ガララテーゼ集合住宅／アルド・ロッシ

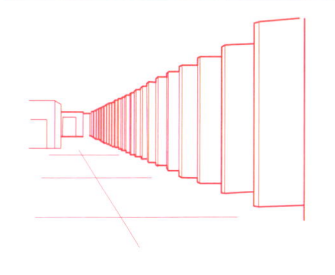

ガララテーゼの集合住宅

設計：アルド・ロッシ

イタリア・ミラノ郊外に建つ集合住宅。その特徴はピロティ空間につきる。2層分の高さをもつ壁柱が連続しているだけではあるが、そこへ差し込む光と影が織りなすコントラストは美しく、とてもフォトジェニックでもあり、絵画のような印象を受ける。特に明確な利用目的があるわけでもない、その無機質な空間がより抽象性を増している。

145 においの家

臭いにはさまざまなものがある。食事の臭い、木の臭い、香水の臭い、ほこりの臭いといったように、心地よいものから心地よくないものまで、さまざまである。臭いは、空気を伝って広がるため、直接その臭いの元が見えなくても、人間はその臭いを頼りにそこに何があるかを推測することができる。臭いは、形のないものであるが、生活のいたるところでその瞬間を印象付け、また昔の記憶を呼び覚ます作用がある。存分に嗅覚を生かしてみてほしい。

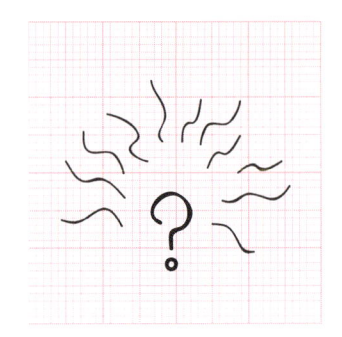

146 気体の家

気体で存在しているものの代表的なものは、もちろん空気である。空気は部屋の中のみならず、壁の隙間から押入の奥まで続いている。気体は湿気を運び、結露など建物に悪さをすることもあれば、空気の流れにより、さわやかな雰囲気を空間に与えてくれることもある。気体がイメージされる形とは、雲のように輪郭があいまいで、輪郭があったとしても、ふわふわしたようなものである。無色透明のものもあれば、白く煙のようにうっすらと見えるものもある。そんなイメージを建築にもたせることができないだろうか。

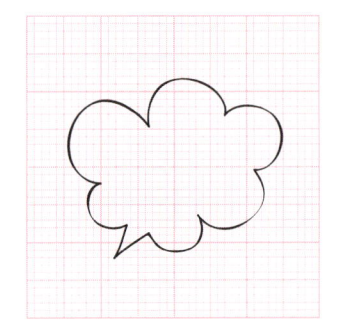

147 固体の家

固体は塊であるが、建築ではコンクリートや石といった塊とは縁が深い。塊には重みがあり、雪に代表されるように、重さゆえに建物を押しつぶすこともある。そして建築はある大きさをもつことから、固体のように塊としてみられることがある。固体がつくり出す形とはどういったものか、さまざまな固体を観察するなかでデザインに応用できないかを考えてみよう。コンクリートのようにドロドロした液体が時間が経つにつれカチカチになる固体もある。

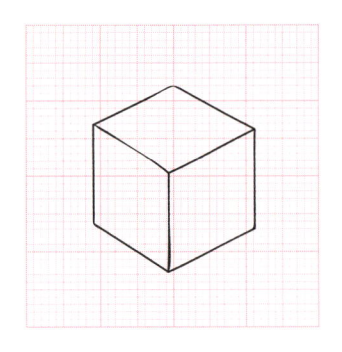

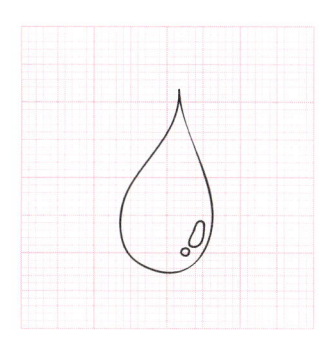

148 | 液体の家

建築が液体のような振る舞いをすることもできるであろう。表面張力によってできる丸みを帯びた形は周辺の風景を映し出し、全体が絶妙なバランスにより形をつくる。少し状況が変化すると大きく動き出し、また安定した形をとったりする。液体のような不定形な形は、数学で定義される形の決まった曲線と違い、魅力的に見える。このような複雑でシンプルな曲線も少しずつであるが現代建築のボキャブラリーとして吸収されつつある。
関連：雨

149 | 溶けるの家

物は、固体から液体に変化しようとするときに、角がとれ、形が不鮮明になり、溶けたようになる。それは液体でもあり、まだ形がなんとなく保っている不安定な状況でもある。鉄やガラスのように一度高熱で溶かした後に成形する材料もある。「すがもり」のように、雪が溶けることによって建築に悪さをする場合もある。鍾乳洞や蝋などにみられる造形は、溶けながらまた固まり、つくられた造形である。溶けることによりできる造形もまた興味深い。

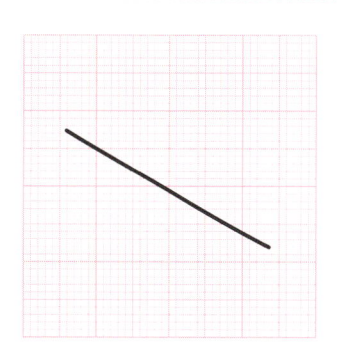

150 | 傾斜の家

傾斜とは傾きであり、屋根の傾斜から、スロープの傾斜などさまざまな角度が存在する。傾きがきつくなれば人が登ることは困難になるし、その上を流れるものの流速も大きくなる。また、傾斜の状況により、建築のつくり方や振る舞い方も劇的に変化する場合もある。傾きにより、玄関を1階から2階にもってくることができたりといったさまざまな利点もある。自然の傾斜もあれば、人口的な傾斜もある。フラットにするべきものをあえて傾斜にしてみるとどうなるか実験してみるのも面白い。
【実例】谷川さんの住宅／篠原一男

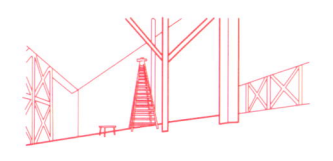

谷川さんの住宅

設計：篠原一男

軽井沢に建つ個人住宅。敷地形状の斜面を生かし、室内に取り込んだ外部空間が特徴といえる。取り込んでいるのは、角度だけでなく、床の仕上げまでも外部同様に土のままとされている。森の中に突如現れる、その大きく深くかぶさった傾斜屋根も、また印象的である。

151 ｜ あふれるの家

容器の大きさに満たされる液体は、ギリギリまで入れると表面張力により盛り上がり、それに耐え切れなくなると、容器からあふれてしまう。建築にもさまざまなレベルであふれることについて考えることができる。収納に納まりきらないものが部屋にあふれてしまったり、あふれた水が建築に悪さをしたりと、いろいろなところでみることができる。建築のさまざまな要素を少しだけあふれさせてみよう。あふれたものがどうなるのか、そんなことも気にしてみよう。

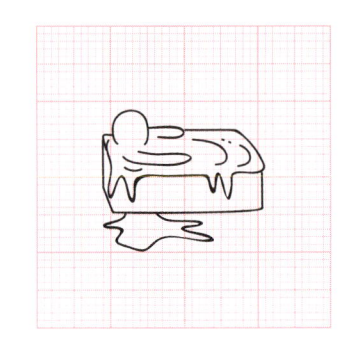

152 ｜ 留めの家

建物や家具の角などで、部材と部材がとりあうとき、どちらかが勝ち、どらかが負けたりするものであるが、その序列をつくりたくない場合には、留めという納まりがある。どちらも生かす方法である。つくり方から考えると、精度を要するし、手間もかかるので、必ずしもつくりやすくはないが、見た目は綺麗で締まりがよい。箱をつくるときにすべての面にこの留めを使うと、厚みがまったく見えなくなり不思議な印象を受けたりする。絵画の額縁などはこの留めでできていることが多い。

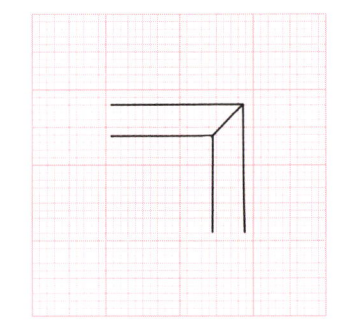

153 ｜ プルプルの家

プルプルしたもの。例えば、ゼリーやこんにゃくといったもの。世の中にはゲル状のものは結構あるのに、建築には導入しづらい表現である。もし、建築がゼリーのような素材でできていたならば、扉はどうなり、窓はどうなるのか、机も椅子もすべてがプルプルしている空間で果たして人間はうまく生活できるのだろうか。でも、きっと人間は知恵を絞ってその中でも楽しく住む術を実につけるだろう。そして、普通の家では体験できない新しい建築の姿を見せてくれるかもしれない。実際の材料としては、シリコンゴムなどのようなものが考えられるのかもしれない。

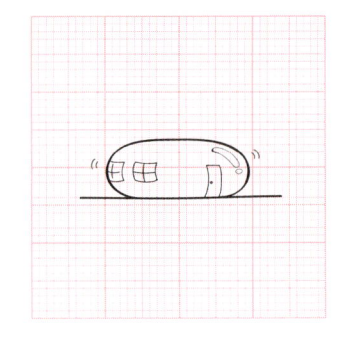

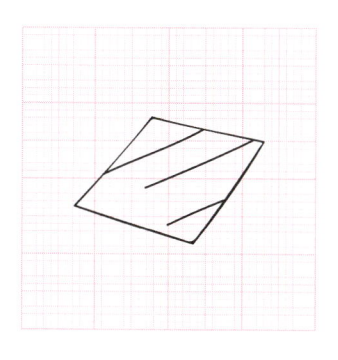

154 | 平滑の家

平らであることは一見当たり前のことのようだが、この当たり前なことが昔の建築にはなかなかできなかった。技術の進歩とともに、次第にこの平らであることが当たり前であるかのようになってきた。**現在の建築の大部分は平らな物でできている**といってもよい。床、壁、天井、たいていの物は平らである。そして外壁のガラスも完璧なまでの平滑性をもっていたりする。建物も通常は、崖地であっても平らにならして建てられることも多い。平らということについて、改めて少し考えてみよう。

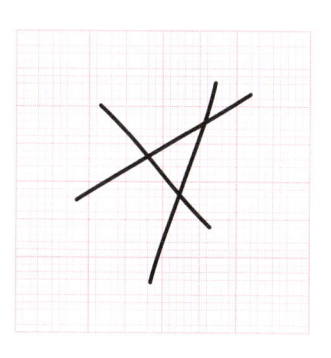

155 | 交わりの家

建築的には、**素材と素材が交わればそこが結節点**になり、構造部材になるかもしれない。さらに交わりを増すことによって、それらが面のように振る舞うこともあるだろう。また建築は、さまざまな素材の積層によりでき上がっていることから、**異なる物同士の交わり**もまた興味深いし、その取合いにもさまざまな工夫が必要だ。また、交わることをアクシデントのようにみると、交わるはずではなかった物が交わることによって、何か新しい発見の瞬間になるかもしれない。

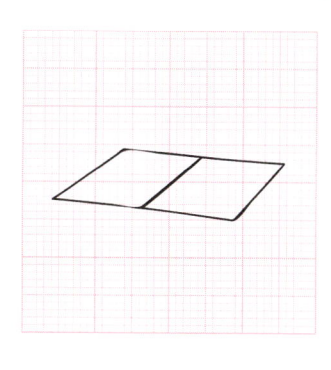

156 | ゾロの家

物と物を隣り合わせるとき、その表面を合わせることをゾロという。表面を合わせることによる効果には、**平滑性や序列のなさ**などの特徴がある。2つの素材を極限にまでゾロにした瞬間、その間に生まれる陰影や奥行が消え、急にその素材感が薄く表面的に見えることがある。このように空間をヴォリュームとしてではなく、囲われた面の見え方から考えることはできないだろうか。近年では、実際に表面を合わせるだけでなく、部材の厚みを極限にまで薄くすることで、開口部から見える物をゾロのように見せる手法もある。
【実例】朝日新聞山形ビル／妹島和世

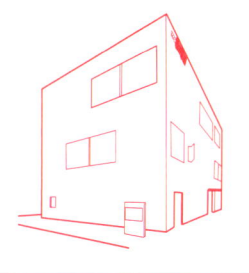

朝日新聞山形ビル
設計：妹島和世

新聞社の社屋ビル。ファサードの外壁とガラス面がぞろで仕上げられており、外観のキューブの表現をよりいっそう強めている。ぞろという納まりは極めてシンプルな考え方だが、一般的な納まりよりも高い施工技術と知恵を伴うためか、その物質としての存在感は高く、繊細でありながらも力強い。

157 | 硬いの家

最も硬い家は、石造りの家だろう。鉄筋コンクリート造もかなり硬い。触ったり叩いたりすれば、その硬さはよく分かる。硬度と呼ばれ、同じ大きさでもその硬さは物質によって異なる。ダイヤモンドなどが代表的な硬い物質といえる。しかし、その物自体を触れない状況にあった場合、人間は、どうやってその硬さを判断するのだろう。エッジのシャープさだったり、面の平滑さだったりするかもしれない。触覚に頼る硬さと目で見る硬さについて、それぞれの特徴を整理してみるのも面白い。

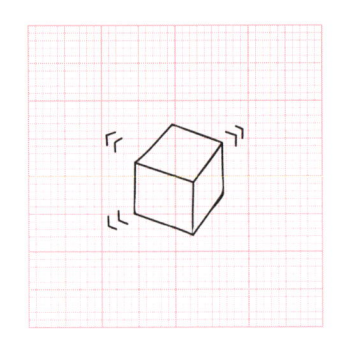

158 | 柔らかいの家

柔らかい素材で家がつくられていることがある。その多くは木造で、屋根は藁などで葺かれていたりする。そういった建物は、多くの場合、あるサイクルで素材を交換する必要がある。建物は軽量化しようとすると、比較的柔らかい素材で形成されることになる。テント生地のようなものや、エアードームのようなものは、建物の中では、とても軽い部類に入るだろう。また、柔らかいものは外形が比較的不明確で、鋭角部のない形をしており、素材自体に空気が含まれていることも多い。

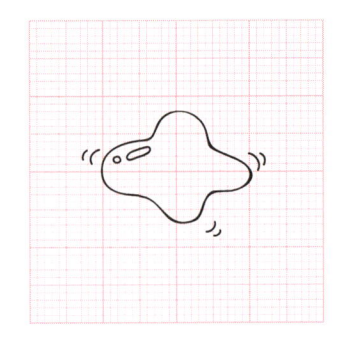

159 | 太いの家

太い柱や、太い手すりなど、太い物はとても安定感があり、人に対しても安心感を与えたりするものである。使い勝手としては、あまり太すぎても都合が悪い場合もあるが、太いものはたいてい立派で、重厚感のある佇まいをしている。太さの認識は、もちろん目視によっても分かるし、手や両腕を伸ばして触れることでも、体で実感することができる。また、相対的に周りの物と比べて、同じ物でも太く見えたり細く見えたりすることもある。

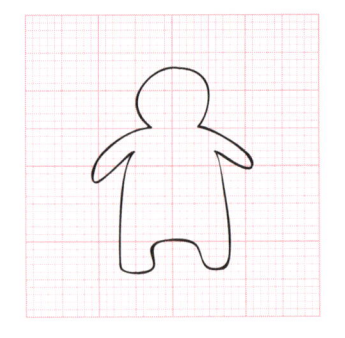

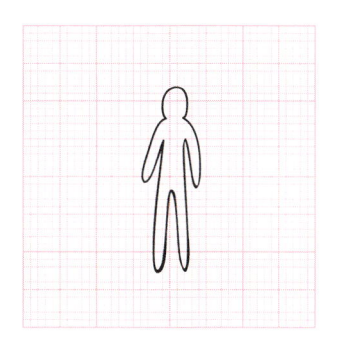

160 | 細いの家

繊細でありながら構造的な役割ももたせる場合、その最小の細さは構造的に決まってきたりする。たとえば細い手すりなどは決して握りやすい大きさをしていないが、空間において非常に繊細な印象を与えるので、機能と意匠のせめぎあいが1つの葛藤を生んだりする。また、柱などの構造部材も、細いことによって空間に軽さをもたらし、その影響は大きい。では空間的に細い空間とはなんだろう。幅の狭い空間が、細い空間なのか？ そんなところに目を向けても面白い。

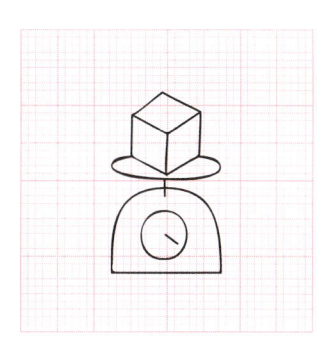

161 | 重いの家

「重さ」は実際に持ってみたり、計ってみたりしないと分からないが、建築の場合とてもではないがもてるわけもなく、かといって「何トンある」といわれてもピンとこないものだったりする。そのため、その建物のボリュームや形、素材、厚みなど、造形的な要素で「重さ」や軽さを表現する。造形によって重さがあるかのような表現をしている事例もある。では重いことが家にとってどのような効果をもたらすか。重量感と生活の関係について考えると、計り知れない重さを持った建築に出会えるかもしれない。

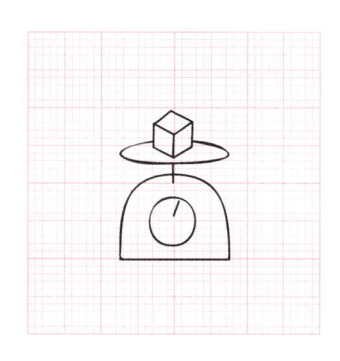

162 | 軽いの家

軽さも「重さ」と同様に、秤で計量する以外は、なかなか分かりづらい。目視によって軽さを想像することもある。多くは大きさに比例するものだが、どちらも裏切られることがある。非常に軽いものは、空気に浮き、宙に浮くことができる。感覚的な軽さは、物の状態によっても感じることができる。たとえば、陰影のない均質な白い空間などからは、軽さを感じる。空気そのものにも、温度によって軽いものがあり、暖かい空気は軽いので、どんどん上昇していく。
【実例】四角い風船／石上純也

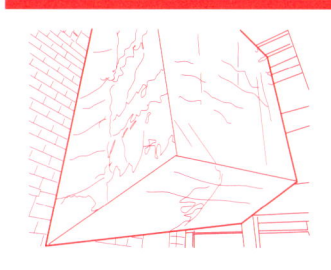

四角い風船

設計：石上純也

美術館のアトリウムに、一時的に制作展示された建築アート作品。重量約1トンのアルミでできた巨大な四角い箱が、風船のように、実際に宙に浮いている。その実重量は目視では決して計り知ることができない、不思議な重量感をもって浮遊している。

067

163 ｜ 特異点の家

この言葉ももともとは数学用語であり、接線や接平面が存在しないような点を一般的には指す。世の中は数学的な関数で表記可能なものだけでできているわけではなく、無秩序なものもあったり、不連続なものもあったり、さまざまな特徴が折りこまれてできている。その1つとして連続な世界のなかに突如現れるものとして特異点というものがある。もう少し広義の意味では、文字通り特異な点である。それは、その場において特徴的、かつ特異な点を指し、そこが場にとって重要なポイントとなることもあるし、逆に遠ざけられる対象としての特異点もあるかもしれない。

164 ｜ 均質の家

均質とは、どこの場においても、変化や差異のない、均一な状態をいう。近代以降、建築が均質な空間を追求していった背景があり、均質さがもてはやされた。無限に広がる連続性や、普遍性に関心が向けられた。建築においてはでこぼこした土地や場所を平坦に「均す」といったり、さまざまな均質の表現がある。ただ、均質を表現するためには、それを相対化させるために不均質な状況もどこかに併せもつ、あるいは、比較対照となるものが同時に必要であることも多い。

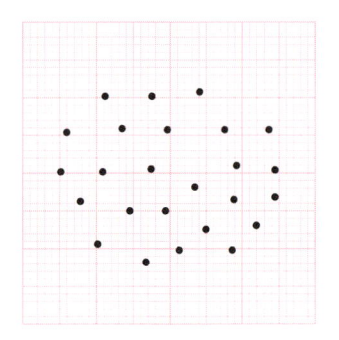

165 ｜ 整列の家

整列とは、規則正しく並べるさまをいう。並べることにより、その整然さから微妙な差異が見てとれたりする場合もある。人はこの整列した状態を見たときに、感覚的に美しいと感じることが多い。建築の場合、特に集合住宅といった大きなスケールで同じ物の繰り返しがある場合、整列という手法は必然的に現れてくる。オフィスビルのように積層した構成をもつものも、整列させることが多い。外観に現れてくる窓などはそれが整列しているか、ずれているかで、その印象は大きく異なる。

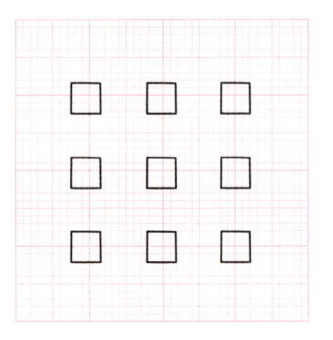

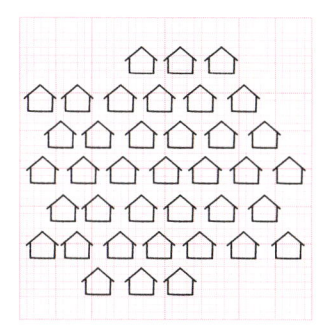

166 | 多さの家

何でもたくさんあればいいというわけではない。現代においては、たくさんの機能が1つに集約されているほうがより好まれる傾向にはあるが、建築ではどうだろうか。数量がたくさん（多く）あること自体が、強い意味をもつこともあるだろう。たとえば大きな窓が1つあるよりも、小さな窓が多くあるほうがよい場合もあるし、大きなワンルームよりも小さな部屋が多くあるほうがよい場合もあったりする。何かを「多く」表現することを考えてみよう。ただし、多さを過剰に表現しすぎると、うるさく感じたり、妙にグロテスクになったりするので、そこはバランスが重要である。

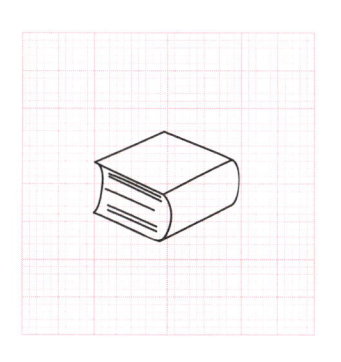

167 | 厚いの家

厚い壁や床の建物は丈夫なイメージをもつ一方で、限られた容積の中で人の空間がいじめられているとも捉えられる。厚さにはムクの物の厚さもあるが、中に何を納めるかで決まる厚さもある。その場合、柱や梁、配管、収納さらには人でもよい。実際の厚さを知るには端部を見たり計ったり、ノックして音を聞いたり、通り過ぎたりとさまざまな方法がある。厚いから薄いに変わる境界線を実感的に検証してみるのも面白い。建築には部位によって適正な厚みがあるので、それらの関係にも着目したい。

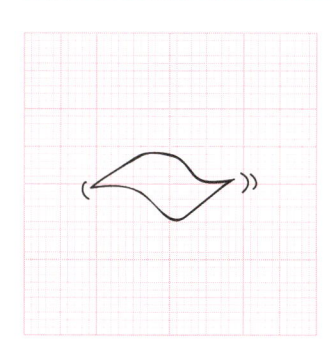

168 | 薄いの家

「もう少し薄くしたいなぁ」と思う場面がある。一概に薄いことがいいわけではないが、建築や空間の印象を軽やかに見せたいときには効果的なことが多い。実際の建築では、部位の小口で実際の厚みより薄く見せるテクニックがある。エッジを尖らせたり、段差を付けたりと眼の錯覚を狙うものである。昨今の木造住宅は、軸組を除けば薄い板材の貼り合わせでできている。その薄さは注意深く隠されて納められる。張りぼてを肯定的に考えてみるのも面白い。
【実例】リスボンEXPO'98ポルトガル館／アルヴァロ・シザ

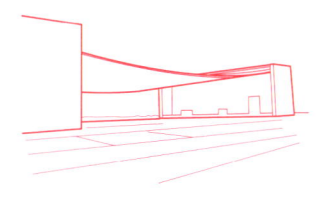

リスボン EXPO'98 ポルトガル館
設計：アルヴァロ・シザ

セレモニアルプラザと呼ばれる広場を覆う大屋根のパビリオン。スチールケーブルで吊られた長さ65mの大スパンで厚み20cmの薄いコンクリートスラブは、遠くから見ると1枚の布のよう。この部分の構造設計はセシル・バルモンドによるもの。

169 ｜ 長いの家

建築の図面では長さ（ℓ）を表記することがしばしばある。廊下やカウンターなどでは、身体を基準にして「長い」を伝える。基準となるものや比較対象物があることによって、長さという概念が生まれている。一方、梁や配管などの部材が長いを示すことで意味するものは力学や勾配であったりと、長さはさまざまなことを連動させる。そして、長い感覚にも程度がある。「えっらい長い」と「ちょいと長い」では、ずいぶんと受け取り方が異なる。あらゆる水準に「長い」は存在する。新たな「長い」を発見できたら面白い。

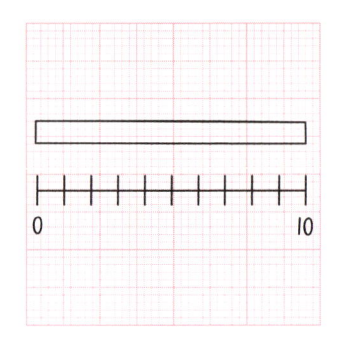

170 ｜ 短いの家

「長いものには巻かれろ」という言い回しがあるが、建築の設計で、短いこと＝足りないこと、と解して長くしたことはないだろうか？　最適かどうかを寸法で判断するときに、短い側への判断が鈍るのは、余裕や成長を望む人間の性と考えると「短い」は長いものに巻かれない強い意思の現れといえる。一方、時間で考えても短いことより長いほうが好まれることが多い気がする。建築において想定期間が短いだけでさまざまなアイデアが浮かぶのは、もともと建築は恒久的な物だからだ。

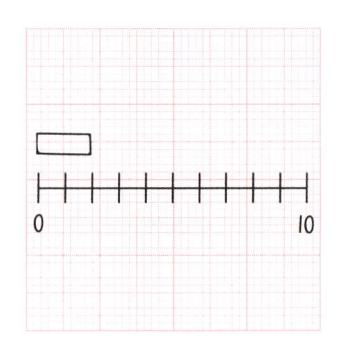

171 ｜ グラデーションの家

モノの濃淡を表す言葉の1つ。一方向または放射状、波紋状に、色や濃度が徐々に変化していくさまをグラデーションという。グラデーションには、モノクロもあればカラーの場合もある。温度を色で示したサーモグラフなどは、よく見かけるカラフルなグラデーションの例だ。そうした目に見えないところでグラデーションが発生するような操作をするのか、それとも目に見えるグラデーションの、移り変わる美しさをグラフィカルに取り入れるのか。グラデーションの状態を再評価して考えてみよう。
【実例】ラバン・ダンス・センター／ヘルツォーク&ド・ムーロン

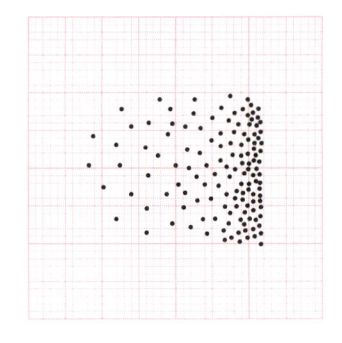

ラバン・ダンス・センター
設計：ヘルツォーク&ド・ムーロン

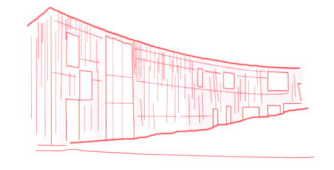

イギリス・ロンドンに建つ、練習スタジオやホールをもつダンスセンター。淡いパステルカラーでグラデーションになったファサードは、緩やかにカーブした外壁面とも相まって不思議な効果を見る人に与える。

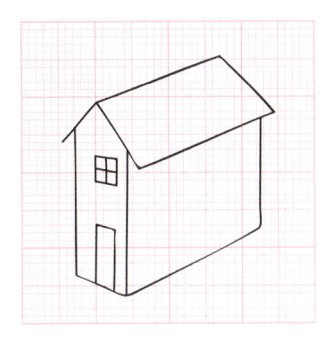

172 | 長細いの家

江戸時代、家の間口の広さに応じて課税されたことがあり、税金を安くしようと考え、間口が狭く奥行きが細長い町家が各地にできたそうだ。ネガティブな発想から生まれた長屋型式は現代の視点でみてみると、その圧倒的な奥行きや、暗がりをもつ中心部や、廊下がなく部屋だけが連なっていたりと興味深い空間ができあがっている。平面的なイメージをしがちであるが、幅と高さの比率に着目して、断面的な「長細い」についても考えてみたい。

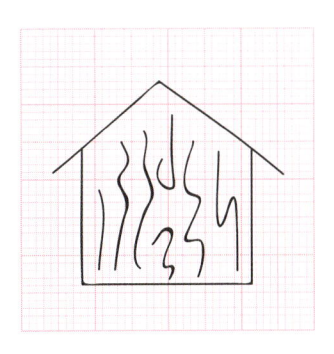

173 | 汚れの家

建築は汚れる。人が汚すこともあれば、雨風などの自然が汚すこともある。年月が経つことによって生まれる汚れもあるだろう。もちろん一般的に、汚れは否定的な意味でとられることがほとんどだが、なかには、それを「風合い」や「味」と読み替え、積極的に建築のデザインに取り込まれることもある。何十年もそこに建つことになる、長いスパンでの時間を想定した、汚れの家を考えてみよう。

参考：リコラ倉庫／ヘルツォーク&ド・ムーロン

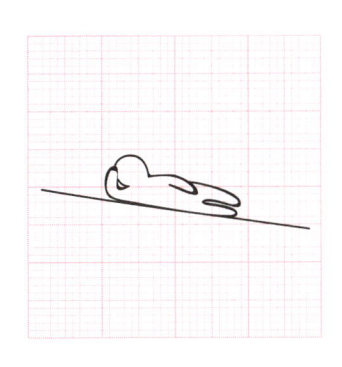

174 | 緩やかなの家

レベル差のある場所同士をつないだり、土地の地形を生かしたいときに現れてくるのが「緩やかな」である。人の性格を形容する「おだやかな」に近いニュアンスで、建築に優しい印象を与えてくれる都合のいい言葉でもある。緩やかに傾斜している丘や広場が落ち着いて感じられるのも「緩やかな」効果の1つといえるし、それを積極的に空間に取り入れた建築の例も多く見られる。「緩和」という言葉も1つの建築が緩やかになる瞬間といえるかもしれない。建築や空間が「緩やか」になる瞬間について考えてみよう。

【実例】カンポ広場

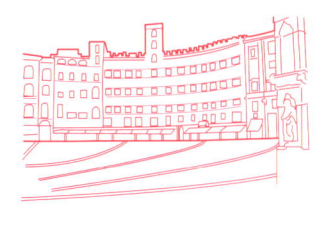

カンポ広場

イタリア・トスカーナ地方にある都市シエナにある、世界的にも有名な広場。丘陵状の地形を生かし、すり鉢状に広がるこの広場は、人を迎え入れるうつわのような振る舞いを見せている。日が沈むにつれ、そこには多くの人が集まり、夕食を楽しむ。緩やかに傾斜した地面に、普段、丘の上でそうするように腰かけたり、寝転がったりする人も見受けられる。

175 ｜ しみこみの家

液体がある面に浸透していく様子が「しみこむ」だ。水を含んだスポンジの状態もしみこみであるといえるし、テーブルクロスにこぼしたコーヒーも、しみこんでいる状態といえる。液体と下地の関係が図と地の関係だとすると、しみこみは、その図と地の中間的な部分と捉えることもできるだろう。しみこんだ後にも注目したい。染物の1つである「藍染」は、しみこんだ状態を視覚的に楽しませてくれると同時に、生地そのものを丈夫にする効果があるともいわれている。いろんなしみこみの状態を観察し、その効果について考えてみよう。
参考：ステイニング技法（絵画）

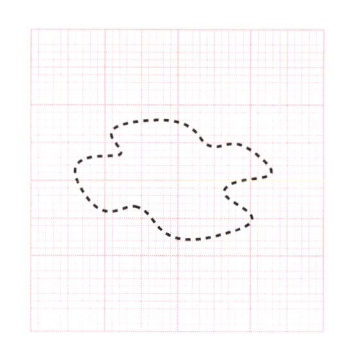

176 ｜ 新しいの家

「新品」のシャツや「新鮮」な野菜、「新築」の建物は、確かに「新しい」が、これまでに例をみないという意味で「新しい」かというと、そういうわけではない。そう考えると、一般的に新しいというのは、いずれは古くなったり汚れたり、傷んだりすることを前提とした、一時的なフレッシュな状態と捉えられるのかもしれない。ここではさまざまな側面から、建築がもつ「新しい」の意味について考えてみよう。すごく古い建物や場所、街並みから、新しい発見につながることだってきっとあるはず。

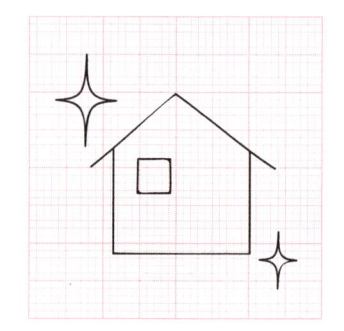

177 ｜ 抑揚の家

抑揚とはイントネーション、空間においてはメリハリともいえるだろう。人の会話においても抑揚は重要で、同じことを話すとしても、声の抑揚で与える印象は大きく異なる。またその抑揚が相手の想像するリズムとズレていることで違和感を覚えさせたり、逆に強く印象を与えたりするものである。建築に抑揚をもたせるということはどういうことだろうか。空間や建築の部位で抑揚をつける方法を探ることや、あえて抑揚のない感じを建築に取り入れることも考えられるだろう。
【実例】港北の住宅／トラフ建築設計事務所

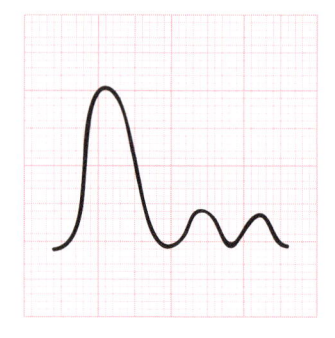

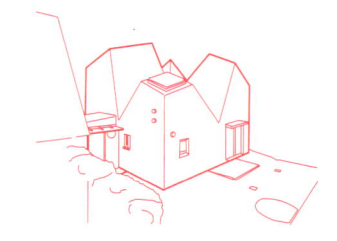

港北の住宅

設計：トラフ建築設計事務所

多面体の外観をしたRC造の住宅。ワンルームの空間の中に、山と谷の空間が連続して豊かな内部空間をつくっている。同じワンルームでも、フラットスラブの均質な空間とは大きく異なり、そのアップダウンした屋根に覆われた空間は、まさに抑揚のあるワンルーム空間といえるかもしれない。

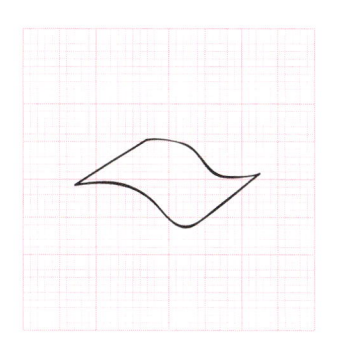

178 | 滑らかの家

人にやさしく、造形的にも美しい印象をもつフレーズである「滑らかな」について考えてみよう。普段よりもシャッタースピードを遅くして見つめ直すと、たいていの動いている物は滑らかに見えてくる。家という基本的には動かない定着した物に対して、どのような滑らかな家が考えられるのだろうか。滑らかな動線計画、滑らかなフォルム、滑らかな手すり・ドアノブなどなど。建築の中で起こりうる動きや運動に目を向けると、ヒントがありそうである。

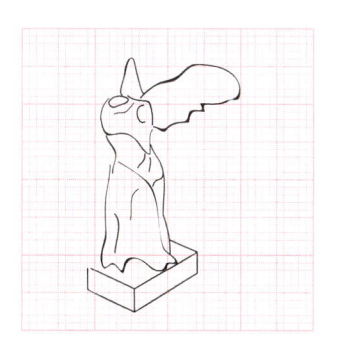

179 | 肉体美の家

人の骨は皆だいたい同じようにできているが、体型はさまざまである。建築も同様に、壊れないとか倒れないといった「構造」はみんな同じように持ち合わせているが、仕上がった姿、建築の体型はさまざまである。石積みでつくられた空間と、新建材で石積み調につくられた空間はまったく違うし、壁の厚い空間と、壁の薄い空間とでは、それぞれ空間体験が異なる。表層をすべて剥ぎ取って裸にしたときの建築の肉体美について考えてみよう。構造やプロポーションが大きく関係していそうである。

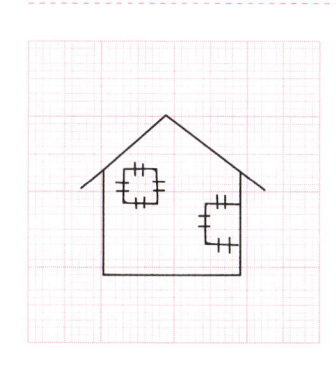

180 | 古いの家

「古い」について考えてみよう。建築はときおり好んで「古く」見せたくなることがある。今の空気に早く馴染ませたいのかもしれない。ステンレス材にヘアライン加工して傷を付けたり、ギラギラの溶融亜鉛メッキ仕上げにリン酸処理をして腐食させたり、真っ白のカーテンよりは生成りの布を選んでみたり。すべてが新しいものに囲まれる状況はなかなかつくれないため、人工的な新しさを敬遠してしまうのかもしれない。おろしたばかりのスニーカーが少し恥ずかしく、早く汚れないかなぁと考えてしまう、それと同じかも。

【実例】カステルヴェッキオ美術館／カルロ・スカルパ

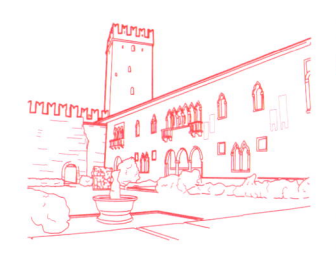

カステルヴェッキオ美術館
設計：カルロ・スカルパ

イタリア・ヴェローナに建つ、城を一部改修して美術館としたコンバージョン（用途転換）。改修によって手を加えられた部分は一見するだけでは、分からないほど新旧の要素がなじんでいる。古いものなかに新しい要素を加えて対比させる手法ではなく、細部にわたり、職人芸の集積のようなディテールを多数盛り込む手法が、空間の新旧を感じさせない。

181 ｜ ゆがみ・微小変化の家

感覚が鋭い人であれば、古い建物の中にいて、経年変化による床や壁のゆがみや傾きをすぐに感じることができるだろう。ゆがみや微小変化を設計に取り入れている例では古代ギリシャ人のパルテノン神殿が上げられる。完全な水平であっても人間の目にはそれがゆがんで見えるため、立体物の人間の感覚的な処理に合わせてゆがませている。円柱は一様に細く見えるように中央部を少しだけ膨らませ、柱の台座は直線に見えるように中央部が数cm高くつくられている。感じられるか、感じられないか。そんな繊細な、ギリギリのところに気づくことができれば少しうれしい。

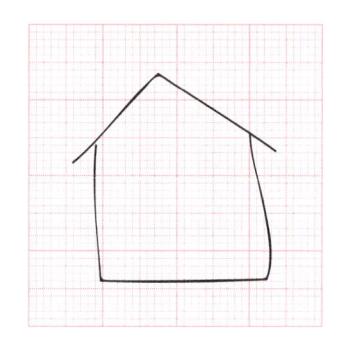

182 ｜ おおらかの家

はっきりとした形があるわけでもなく、定義があるわけでもない。また、どう感じるかも人それぞれなのでとても扱いづらいテーマではあるが、その境界線がどこにあるのか探ってみるのも面白い。必要としている以上にたっぷりあり、品があって心地よい様子にはおおらかさや優雅さを感じる。十分に広いワンルーム、光をたくさん取り入れられる大きな窓、気持ちを高揚させてくれるような内装の装飾なども考えられる。おおらかや優雅を無駄と考える人もあれば、おおらかさが足りないと不満に思う人もいる。どのような状態が、おおらかで優雅であるのかと考えよう。

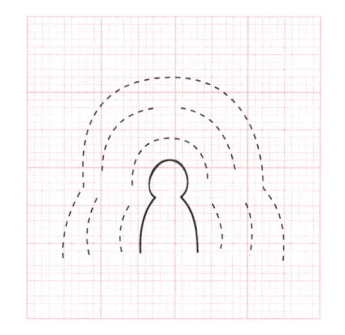

183 ｜ 接する・接しないの家

建築の構成を考えるときに、様々な部屋を1つの空間に配置すると、一体感のある開放的な場所ができる。または、そのつながり方を操作することもできる。また、部屋ごとをボリュームで分け、敷地や大きな空間にバラバラに配置すれば独立性は高い場所になる。さらに開口やボリュームの形態を考えることで、ひとことではいえないような繊細な関係もできる。あえて接したり、接しないことや、接し方、離れ方の度合いでどんな空間が生まれるのだろうか。
【実例】EPFLラーニングセンター／SANAA

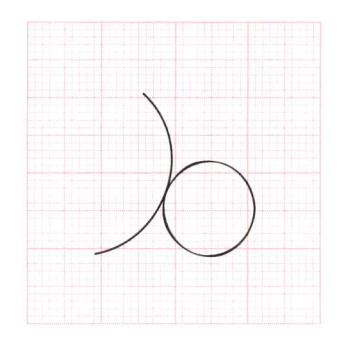

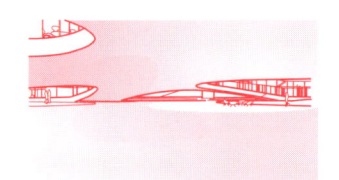

EPFL ラーニングセンター

設計：SANAA

スイス・ローザンヌ地方に建てられた大学の学生会館。大きな2枚のスラブが一定の天井高さを保ちながら、緩やかに起伏している。建物と地面の関係に目を向けると、スラブが地面に接する場所・接しない場所をつくり出している。そこに生まれる緩やかな起伏の隙間に、人々が潜り込んでいくようにアプローチする。

D

部位・場所
Part, Place

184 | トップの家

屋根をもった建物であれば、トップがある。高いところは特別な場所であり、空に最も近いところでもある。そんなトップを見たり、登ったり、触ったりできるかもしれない。よい景色の広がる場所かもしれない。風も強いし、少し怖いところかもしれない。アンテナが立っていたり、鳥が止まったり、雷が落ちたり、いろいろな風景がある。
トップという言葉は、テーブルトップなど、天端という意味でも使う。上面として考えてみるのもいいだろう。
同義語：てっぺん、頭、頂上　**反対語**：ボトム、底

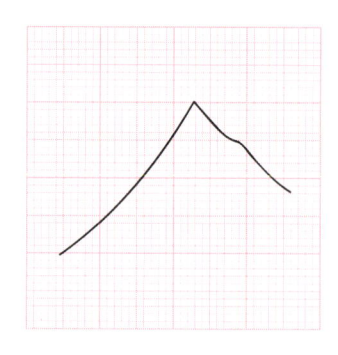

185 | プラットフォームの家

駅のホームをまず連想すると思うが、建築では「基壇」といわれるものもプラットフォームと呼ぶ。基壇は台座のようなものであり、その上に物をつくると立派に見える。この基壇をつくるという行為はどこか、自然の地形から一度建物を切り離し、新設されたプレーンな大地に建てるというイメージがある。効果的な側面がある一方で、地面と縁が切れて失うものもある。さらに、広義の意味では規格やルールという意味もある。うまいルールづくりは、建築を設計するうえで大きな助けとなる。こうした環境づくりにも興味をもってみよう。

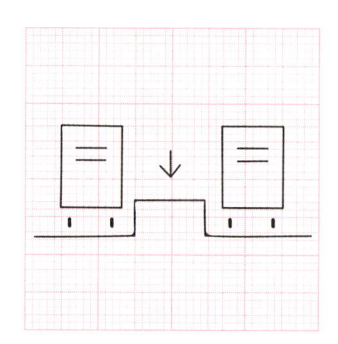

186 | 端っこの家

端っこ好きには、たまらないテーマである。部屋の端、デッキの端、がけの端など。端っこはなにか特別な場所であり、1人しか立てないであろう特別な部分である。隙間に手が届くような感覚があり、端っこはおおいに研究する価値がある。いろいろな「気持ちいい端っこ」について考えてみよう。普段はないがしろにされそうな部分にも建築的な面白さ、可能性があるのは心強いものである。また、建築の全体を決めるうえで、端っこのディテールのつくり方で全体の意味が全然変わってきてしまうこともある。
類義語：隅、端部

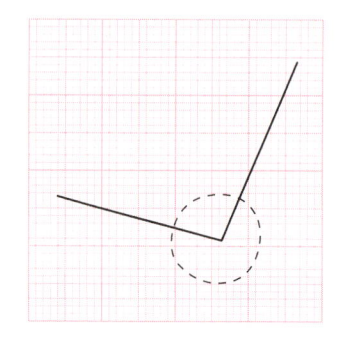

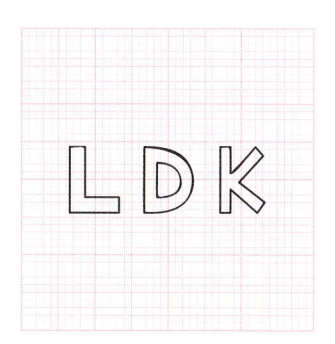

187 ｜ LDKの家

リビング、ダイニング、キッチン。この3つの空間は独立している場合もあれば、LD＋K、L＋DKのような組合せもある。小さな家では、LがなくDがLの機能も兼ねていることもある。もともとこの考え方は、西洋のもので、きちんとL、D、Kと分かれていたものを合わせて使うという発想からきている。それぞれの部屋が分かれていると、臭いの問題が少なく、リビングでくつろいでいる間に食事の用意ができるといったようにもてなしのため部屋の区切りがうまく機能していた。一方、それぞれが見えないことに対しての提案としてLDKの発想がある。この3つの空間の組合せ方、区切り方で家の印象や部屋同士の関係はずいぶん違う。

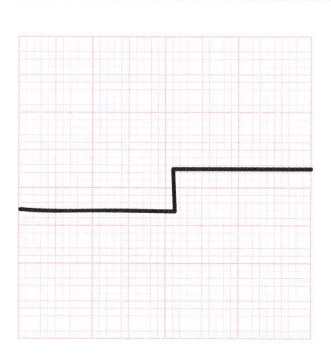

188 ｜ 段差の家

段差とは、階段とは別の意味をもつ。1段上がるだけでそこが違う領域のように感じたり、少し段差を付けるだけで、その空間をゆるく仕切ることができる。これは敷居を越える感覚に近い。心理的な領域や境界として用いられることもある。また、段差があると、そこに座ったり、腰掛けになったりもする。意外と使い道のあるこの段差をうまく応用するのも面白いだろう。もちろん、いいことだけではない。気をつけて使わないと、足を踏み外したりするおそれもある。

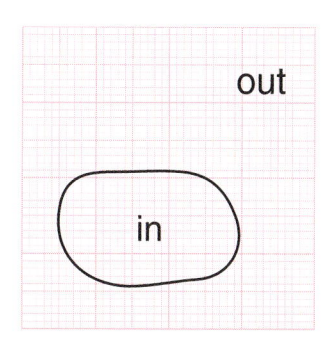

189 ｜ 内部外部の家

内部とは、建築でいえば、室内に相当する部分をいう。外界とは閉ざされた世界であり、窓などを通じて外とやり取りができる。それに対して外部は、それ以外の部分、要するに建築の外側を指す。建築の外皮を境界面にもち、無限に広がる外側の空間とつながる。この内部・外部という空間の様相によって建築が特徴付けられる。たとえば、中庭などをもつタイプの家では、内部空間の形はドーナツ状の形状をとり、外部は、中庭部分にもおよぶ。

【実例】住吉の長屋／安藤忠雄

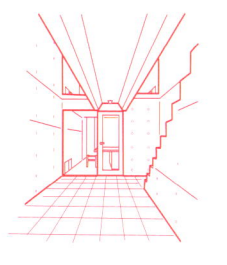

住吉の長屋

設計：安藤忠雄

内外の仕上がコンクリート打放し仕上げでできた長屋住宅。間口は2間、奥行き8間と細長い。外観は閉鎖的ではあるが、奥行きを3等分したうちの1つが中庭となっており、そこから降り注ぐ光が室内に採光をもたらす。光だけでなく、雨・風・雪などの厳しい側面も含めたすべての自然を受け入れた果敢な住宅。自然と人の関わり方について、深く考えさせられる。

190 | 敷居の家

「敷居を越える」といわれるように、敷居とは、部屋と部屋との間の床にある帯状の材料のことをいう。空間を仕切る性質があり、またぐものである。実際は、引き戸の溝であったり、扉の下枠であったりするが、なんとなくこのような材料のみによっても、意識として空間を分けることができる。「門の敷居の上には決して乗ってはいけない」とよく小さいころに怒られたものだ。また、ある人の家に行きにくいことを「敷居が高い」と表現することもある。

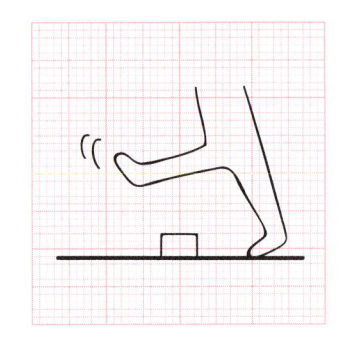

191 | 中間領域の家

建築には、中間領域という言葉がある。これは、内と外を扱ったときに、どうも、それだけでは説明のつかない領域があり、そのため、便宜上それを中間領域と名付けたらしい。似た言葉として、「半内部、半外部」という言葉もあるが、境界があいまいであることから、このような言葉が当てられた。この中間領域とは、劇的に環境の変化する領域でもあり、その劇的な変化を緩やかに扱うためにできた緩衝区間なのかもしれない。具体的には、縁側や軒先などの空間を主にそう呼ぶことが多い。

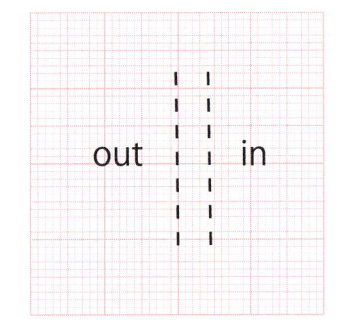

192 | ラーメンの家

食べるラーメンとは違い、建築における構造用語。柱・梁の部材が剛接合によって構成される構造形式のこと。特徴としては、ピン接合であるトラスなどと異なり、よけいな斜材がいらない。剛接合であるから、曲げの力をうまく伝達できる強固な接合部が必要不可欠であるが、その代わりに自由なファサードや平面が可能である。ラーメン構造は近代建築にはじまり、特に鉄骨造で多くみられる構造である。鉄筋コンクリート造では、壁式構造と併用される壁式ラーメン構造もある。

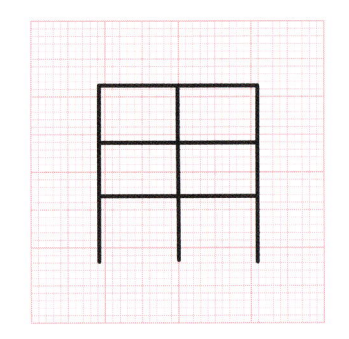

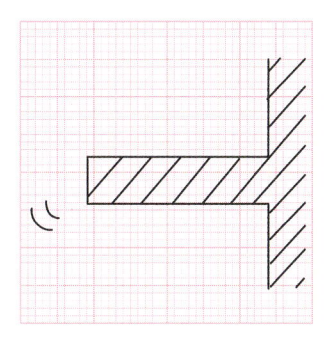

193 | キャンチレバーの家

キャンチレバーとは、片一方から張り出した物を支える形式である。いわゆる名作にも、キャンチレバーを用いたものはかなりある。無柱空間を擬似的につくることができるし、まるで建物が浮遊しているかのような演出が可能だ。キャンチレバーの価値は、その張り出した大きさによる。いっぱい張り出せば出すほど人間は興奮するが、もちろん、揺れなどの副作用もあり、いたずらにやるものではない。空中に建物を張り出させることのできる、特別な形式である。

参考：WOZOCO／MVRDV

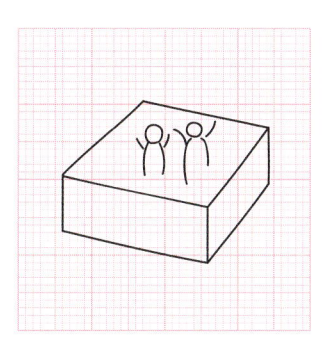

194 | 屋上の家

人が「屋根に登れたら」と思ってできたのが、屋上というものである。都市の中では逃げ場のなくなった設備スペースが屋上に追いやられたりすることもあるが、ここでは積極的に屋上を建築に取り込もう。屋上は、まるで地面が建物の天辺にできたようなもので、景色も地上とは異なり、なかなか楽しい場所である。屋上に友達を呼んでパーティーをしたり、屋上で日焼けをしたり、外部にもかかわらず、プライバシーの確保が可能な外部空間でもある。家庭菜園を屋上でやってみたり、どんどん可能性を膨らませてみよう。

参考：サヴォア邸　／ル・コルビュジエ

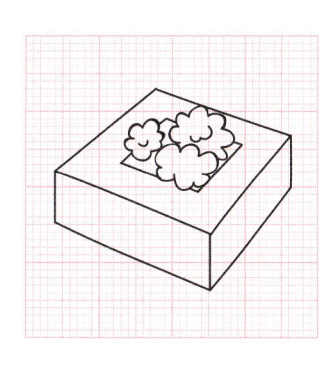

195 | 中庭の家

中庭は、内部空間の中に外部空間をもち込む方法である。そしてそのできた庭は外界から閉ざされているためプライバシーが確保される。ただ、ロの字型プランになることから動線空間が多く必要で、大きな家でないと窮屈であったりする。坪庭も同じようなものであるが、規模はかなり小さいゆえ、廊下の脇や部屋の隅などで展開する。中庭をつくると空間的には、さまざまな部屋から臨むことができることから、見る・見られるという関係に気づくことができる。

参考：見る見られる
【実例】津山の家／村上徹

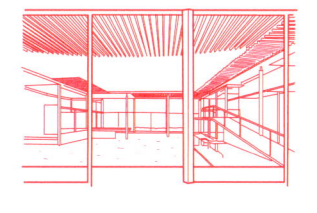

津山の家

設計：村上徹

郊外に建つコートハウス形式の専用住宅。外観は閉鎖的なコンクリートの壁で囲われているが、内部空間は、中央に設けられた中庭に対して、全面的に開放されている。水盤が張られた中庭は、静寂な空気感を醸し出し、日常的に生活が拡張される中庭いうよりも、より非日常的な特別な場所として振る舞われている。

196 | すきまの家

建築には、さまざまなところに隙間ができる。扉の隙間であったり、壁の隙間、床の隙間。隙間の特徴は、緩衝空間であったり、奥が覗き見ることができるところであったり、役目はさまざまだ。緩衝空間としては、外壁の空気層であったり、床下の換気スペースであったりするし、扉の隙間などは、隣に空間があることを保証するものであったりする。都市にもたくさんの隙間はある。建物の間にもある。これらは、区分を明確にするための隙間であり、責任の所在を区分するために設けられたりしている。

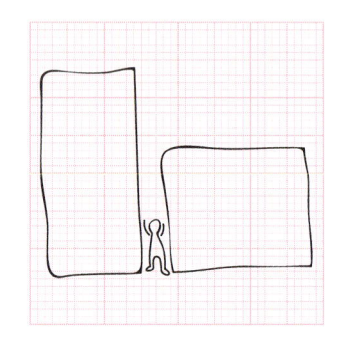

197 | 平面の家

平面図は、建築をつくるうえで最も基本的な図である。不動産の情報でも、添付される図面は平面図でそれ以外の図面は登場しない。いってみれば平面図というのは、建物を説明するための言葉のようなもので、さまざまな情報がそこからは読み取れる。設計者は、クライアントの要求や周辺環境などから、平面を決定したりする。そんななかで、少し本来意図とは違うが、図面が図として綺麗かどうかが気になりだす。それがいわゆる図式建築の入り口みたいなものであるが、平面図が綺麗だから空間もきれいかというのはどうも別問題である。ただ、名建築の平面には綺麗なものが多いのは事実である。

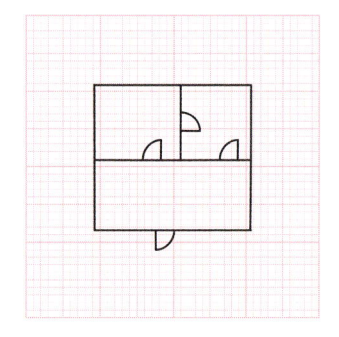

198 | 屋根の家

建物には、雨や雪から内部を守るために屋根というものがある。これは、建物固有のものであり、形や素材も地方によってさまざまである。大きくて美しい屋根もあれば、ほとんど見えない屋根もある。屋根をどういったプロポーションでどのような高さにどのような表情でつくるかは、建物の印象を決定づけるのにとても重要なポイントである。実際の目線の高さから見え方を確認するのも重要であるし、屋根並みの美しい地方では景観としての屋根並みを意識した設計も重要となってくる。
【実例】屋根の家／手塚貴晴＋手塚由比

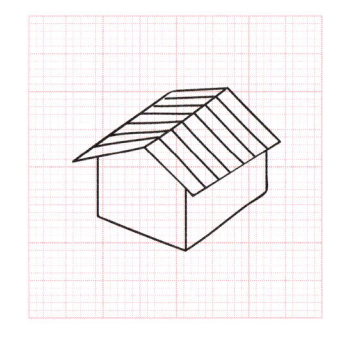

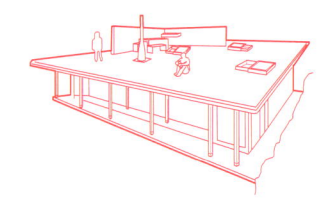

屋根の家

設計：手塚貴晴＋手塚由比

見晴らしのいい立地条件を全面から許容した、明快で清々しい構成をした個人住宅。屋根の上を、積極的に生活の一場面として取り込んでいる。そこは屋上パーティーができるルーフガーデン的な設えではなく、あくまで屋根の上に登るという感覚が意図的に残されている。

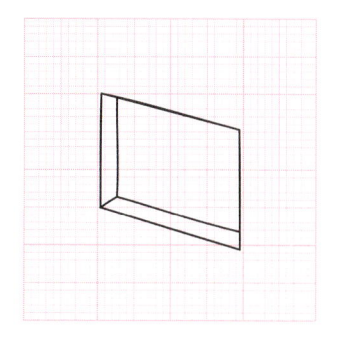

199 | 開口部の家

一般的に開口部というと内と外の間にある窓などを指すが、部屋同士の開口や外と外をつなぐ開口なども含めるとかなり幅が広い。開口部は、2つの空間の連結部分として機能し、開口部の形状、仕様などによって、空間における開口の意味も異なってくる。開口部を通過するものとしては、視線、景色、風、音、人の出入りなどがあり、開口部によって機能も異なってくる。また、扉やガラス戸などに開閉機能が付属すると、閉じているときと開いているときでは、その機能も異なってくるし、カーテンブラインドなどがあると、より多様な表情をもち合わせる。
類義語：窓

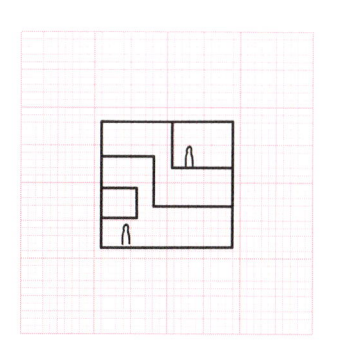

200 | 断面の家

不動産屋の図面では平面図しか見かけないが、建築を設計する場合、断面のほうが平面よりも空間をよく説明している場合がある。また断面を生かした設計をした場合、平面図は、吹抜けの記号などと使っても分かりづらい場合がある。構造や下地、仕上げなど組立て方を示すほか、屋根との取合いなど、断面図は詳細レベルで非常に重宝される面もある。平面も言い換えれば水平方向の断面であるし、物の断面を考えることはすなわち建築のつくりを考えることともいえる。

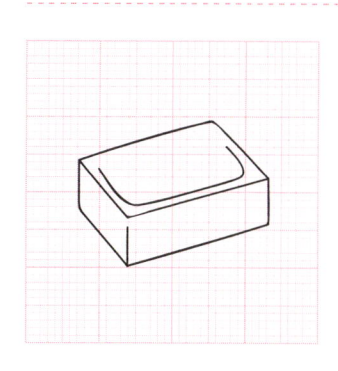

201 | 風呂の家

風呂は、お湯を溜めて入るくつろぎのひとときを演出してくれる。日本には、ヒノキ風呂をはじめ五右衛門風呂など、さまざまなお風呂がある。また、陶器の風呂からプラスチックのものまで素材もさまざまである。日本人は、風呂に入るのが好きな民族である。西洋のようなシャワーを中心としたお風呂の入り方とは異なり、お湯をためて比較的長い時間浸る。大浴場から露天風呂まで本当にいろいろなお風呂がある。お風呂のあり方、またその時間の過ごし方は、建築の癒しの空間として大事にしたい。
【実例】ヴァルスの温泉施設／ピーター・ズントー

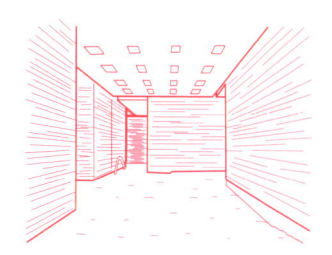

ヴァルスの温泉施設

設計：ピーター・ズントー

スイス・ヴァルスに建つ温泉施設。石でできたいわゆる露天風呂をもち、アルプスの絶景を十分に取り込みながらも閉じる所は閉じ、開放的な場所と閉鎖的な場所が同居している。天井のスリットから差し込む光は、風呂というよりも教会のような神秘的な佇まいをしている。

202 | 囲いの家

囲いは、牧場で牛を囲むように、柵や塀などを使うのが一般的だろう。空間とは異なり、内部と外部を明確に物理的に仕切るわけではなく、平面的に領域を確保し、その外には出ないようにすることをいう。囲いは、中の条件によって振る舞いはさまざまであり、求められる条件によって囲いの高さは変わる。柵のように中が見通せる場合もあるし、足元がすいている場合もある。ポケットパークなど、建物によってなんとなく囲まれた場所を心地よく感じ、憩いの空間にすることもある。もちろん、中が見通せない物もある。

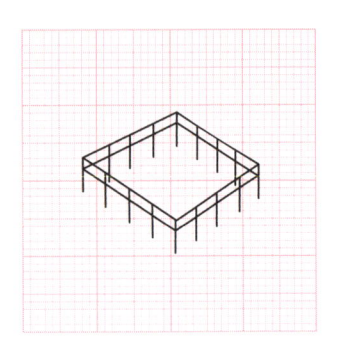

203 | 廊下の家

廊下とは、建築の中で部屋から部屋を移動するためにできた長細い部屋である。基本的には、廊下は、移動することに特化され、そこで生活などはしない。しかし、廊下も、少し幅に余裕ができると、本が読めたり、何か小さなテーブルが置けたり、部屋でもあり通路でもあるような振る舞いをする。廊下は通路とも似ているが、通路は若干ニュアンスが異なる。たとえば、オフィスなどで家具などによって仕切られたものは通路と呼ぶが、廊下とは呼ばない。しかし、渡り廊下のようなものは、連絡通路とも呼ぶことから、その使い分けは少しあいまいである。回り込んでいる廊下は、回廊と呼んだりもする。

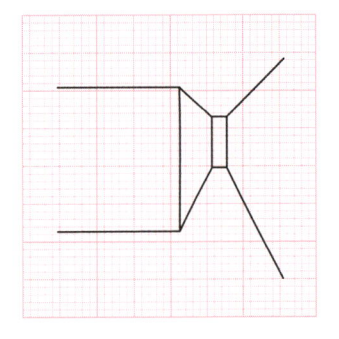

204 | 地盤面の家

地盤面は、建築を建てるうえでおおもととなる部分なので、非常に重要な面と認識しておこう。断面図でも、最も力強い線で描かなければならない。そして高さ方向の寸法の基準となる部分でもある。地盤面を強く描く理由は、まず地球の断面線であること。それは、建物の断面線よりもオーダーの高いものであるから、太く描かないといけない。また、地盤面は、地形の起伏を断面としてしっかり押さえる意味もあり、非常に大事なところである。

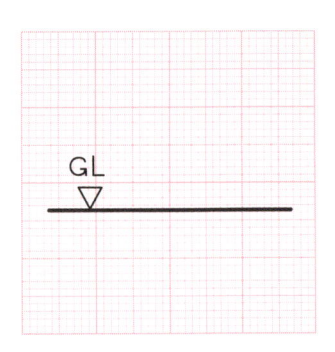

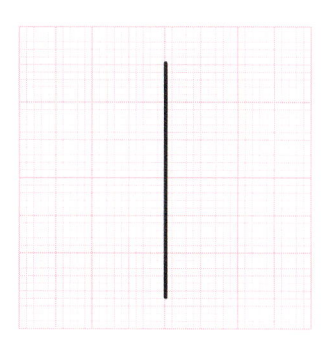

205 | 境界の家

境界には、さまざまなものがある。線状の境界もあれば、面状の境界もある。2つの物があれば、その間に境界ができる。境界は、一般的には厚みをもたないが、段階的な変化が必要なときには、厚みをもっていたり、境界自体があいまいで、おおよその場所しか定まらないこともある。また、仮想の境界線のように、目には見えないが、概念上存在するものもある。建築では敷地境界線、外壁の境界線、部屋同士の境界線といったようなものだ。境界そのものに視点を向けるのも設計の突破口となりうる。また、逆に敷地を分割していく手法、つまり新たに境界線をデザインしていく方法もある。

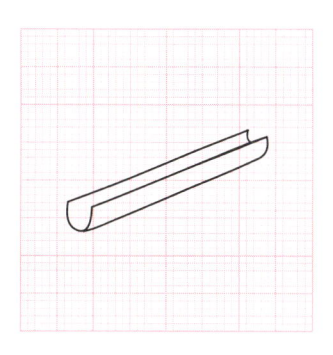

206 | 樋の家

樋とは、屋根から流れ落ちる雨をいったん受けて、竪樋に流すためのものである。大きな面積の屋根の水を受けるわけだから、それなりの大きさも必要で、軒先のデザインとしても、建築的には、かなりディテールを左右する個所である。また、滞りなく水が流れることが必要で、どのように樋を配置し、デザインするかは、屋根をデザインするうえで切っても切り離せない話である。樋は、雨の排水設備である。もっと積極的にデザイン要素として考えてみてもよいのではないか。

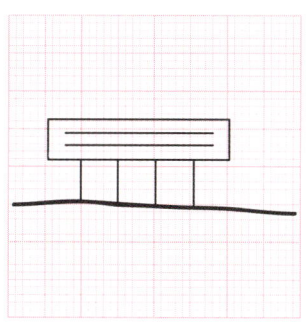

207 | ピロティの家

ピロティは、近代建築の発明でもあるが、ピロティの本来の意味は、「杭」である。なんとなく、ピロティというと建物がもち上がり、その下が解放されたスペースと捉えがちだが、どちらかというと、地盤面が下がり、建物の杭が地面から見えてしまった状況をいう。であるから、ピロティに見える柱は、本来は柱ではなく杭を指す。ピロティの魅力は、建物の下が透けて見通せるところであり、風が抜け、日を遮り、魅力ある半外部空間を建築につくり上げてくれる。

【実例】広島平和記念資料館／丹下健三

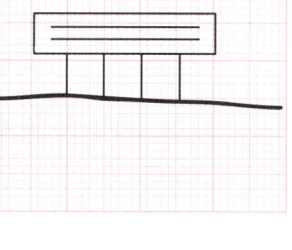

広島平和記念資料館
設計：丹下健三

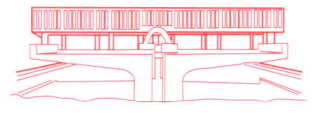

通称ピースセンターと呼ばれる広島原爆記念資料館。約6.5mの高さまでもち上げられたピロティには建物の下という閉塞感は皆無。ピロティとひとくちにいっても、さまざまな形式があるが、そこに用途はなく、訪れた人が通り抜けるために建物をすっともち上げたというのにふさわしい。

208 | 延べ床の家

建築には、延べ床という考え方がある。要するに、すべての床の面積を足した合計を指す。建物は、要求された延べ床面積を目安に、何階建てにするとよいのか、建物のボリュームと使い勝手などを総合的に判断し、決定されていく。また、吹抜けなどをつくると、少ない延べ床面積に対して比較的大きなボリュームをつくれたりする。建築の形は、延べ床の扱いから始まるといっても過言ではない。ただ、多くの場合、最大の延べ床は法律によって制限されており、効率よく納める必要がある。

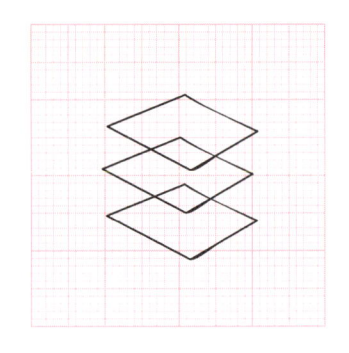

209 | 建築面積の家

建築面積とは、建物を敷地に投影した面積をいう。投影された面積は、地図でいうところの建物の建ち位置を示す。地域ごとに建蔽率という名前で、敷地に対してどれだけ建築面積を設けていいか決められているので、そのなかで計画する必要がある。建蔽率が高くなればなるほど、視線の抜けは悪くなるし、庭などとして機能していた外部空間がただの建物の隙間のように振る舞ったりする。このような高密度な状況では、建築面積だけでなく、延べ床面積、また建物の建ち方など、総合的に合理的な解をみつけていく必要がある。

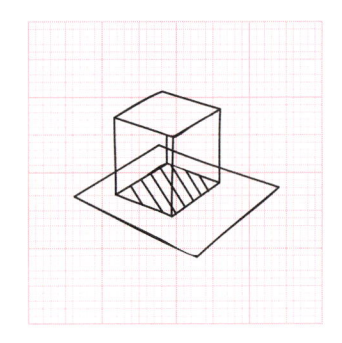

210 | 道路の家

敷地は、たいてい道路に接道している。また、接道していない敷地は、建築できない場合もある。そんな状況から、敷地は必ずどこかの1辺が道路と接続していることから、建物をどう建てたらいいかの大きな手がかりとなる。また、道路が小さな生活道路なのか、大きな幹線道路であるのか、2面に接しているのか、袋小路なのか、などなど。道路の性質によっても、道路に対しての接し方が変わってくる。建築に人が出入りするための導入部として、建物、敷地だけでなく、そこまでの道について注意深くみてみよう。

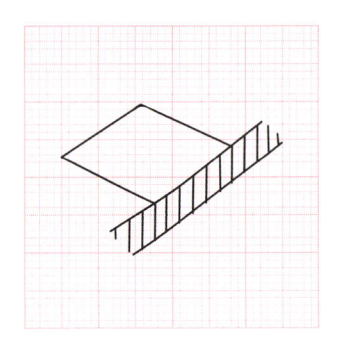

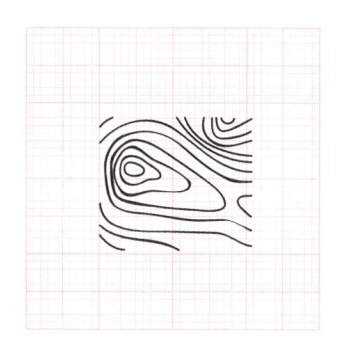

211 | 等高線の家

等高線は、敷地を読み解くうえで大変参考になる資料である。敷地内の等高線のみならず、周辺も含めて、その敷地がどういう土地の起伏に位置しているか気をつけて観察してみよう。高いところ、低いところ、なだらかなところ、くぼんだところ。等高線の図だけでなく、実際に足を運んで、その等高線から抱くイメージと実際を比較して地形に対する感覚を養おう。建物の良し悪しは、敷地の高低さとどれだけ仲良く付き合えるかにあるといってもよい。間違ったことをすると、大きな仕返しとなって戻ってくるから気をつけよう。

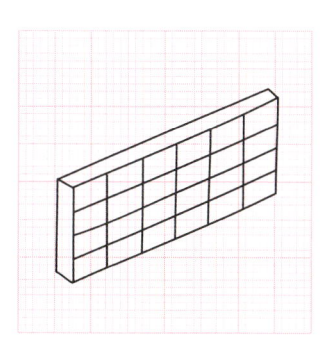

212 | 塀の家

塀には、隣地との境をつくる目的と、外からの視線をさえぎる役目などがある。特に密集した住宅地では、塀は、隣り合う家同士のプライバシーを成立させるためになくてはならない。塀の種類もさまざまで、石を積んだものからブロック塀や万年塀のような既製品を組み合わせたものまであり、日本の街並みの風景の一部となっている。一方、建築の空間をつくるうえで、高い塀を建てることがある。空間を強引に切り取り、外界と縁を切ることによって、空だけが見えるような切り取られた外部空間を演出したりすることができる。

類義語：柵

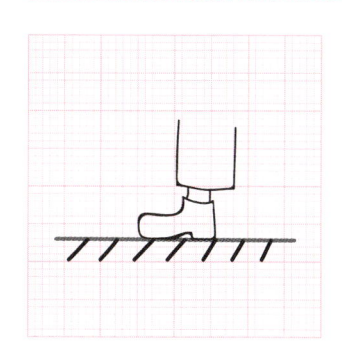

213 | 床の家

床は人間が直接建築と接する唯一の部分で、足元を支える重要な部分である。土足や素足などの条件で仕様も変化してくる場所であり、素材感が空間の中で最も現れる部分でもある。床は建物の中にある人工の大地のようなものだ。素材には木や石、柔らかいもの硬いもの、冷たいもの温かいものまで、多彩な表情の物が使われる。建築の歴史では床に勾配を与えてみたり、壁と連続させてみたりと床の概念を拡張しようとしてきた。しかしこの世が重力で支配されているかぎり、床という概念は揺るぎない存在としてあり続けるだろう。

【実例】ボルドーの住宅／OMA

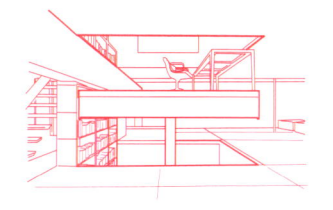

ボルドーの住宅

設計：OMA

フランス・ボルドーに建つ個人住宅。住宅の中心に設けられた床は、それが生活の中心にもなるエレベーター式の「動く床」である。まさに建物を縦断している大胆な空間構成は、独創的な家具デザインとも相まって斬新なインテリア風景をつくり出している。家具はマールテン・ヴァン・セーベレンの設計。

214 | 収納の家

建物の中には、必ず収納スペースというものが必要である。しかしその収納スペースは、空間の中でどのような位置づけであるかは、あまり議論されることはない。建築の内部に潜む、物が押し込められる空間をどう扱えばよいのかは、意外と難しい問題である。純粋に空間の組合せだけの話をすれば、収納はいらない。しかし、空間に人が生活する以上、この収納は無視できないし、たくさんあっても意外と困るものではない。ウォークインクローゼットのように、収納が大きくなり、収納のような部屋のようなものも存在する。

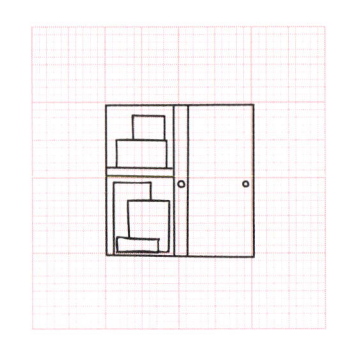

215 | 畳の家

畳は日本の伝統的な床の素材であり、畳のもつモジュールは空間に規律正しさをもたらしてくれる。また、独特ない草の香り、そして畳の目、表面の輝きと柔らかさなどさまざまな表情を空間につくり出している。日本人であれば、畳の心地よさは、決して忘れられない感覚だろう。畳の敷き詰め方も独特で、四畳半など独特な割り方が存在する。また畳の形も地方によっていろいろな種類があり、琉球畳のように四角いものもある。日本の住宅でも、畳の部屋を見ることが少なくなってきたが、今こそそのよさを見直す時期かもしれない。

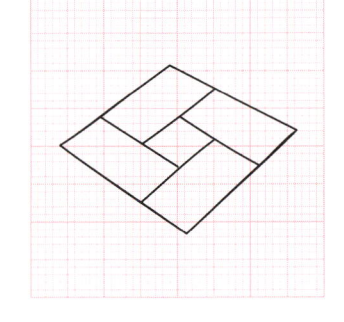

参考：清家清／私の家、移動畳

216 | 顔の家

建築のなかには、顔建築というものがある。簡単にいうと、立面が顔のかたちに似ている。目があり、鼻があり、口があったりする。そんな一見おかしな顔建築もなぜか人は、それに親近感を覚えたりしてしまう。人間の奥底にもつ、何かに顔を認識しようとする能力は建築としても無視できないものである。平面図がなんとなく作者の顔のような形になっているものも過去にはあり、深層心理として現れたものなのか、それとも意図したものなのかは分からない。

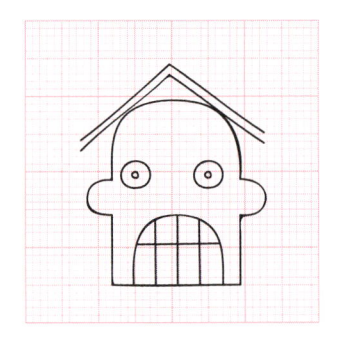

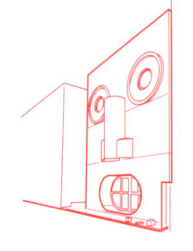

【実例】顔の家／山下和正

顔の家

設計：山下和正

1974年竣工。京都に建つスタジオ併用住宅。建物が擬人化された操作はしばしば見かけるが、これはまさに建物のファサードが顔そのもの。口は入口玄関、丸い目は窓になっており、右耳はベランダとなっている。外壁は黄色の肌合いで、鼻はしっかりと換気機能を担うという徹底ぶり。

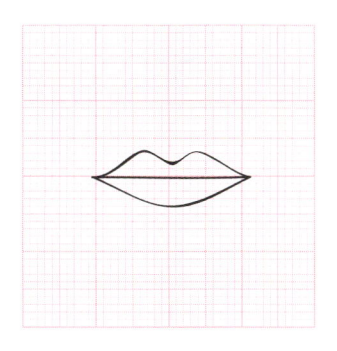

217 | 口の家

口は、物が出入りするところ。食物を分断し、保持し、取り込むための構造が備わっている。建築でいえば、入口／出口といったところだろうか。口は大きく開いたり閉じたりすると、口の周りの筋肉によってさまざまな表情をつくり出すことができる。建築にも、似たようなことが応用できるかもしれない。単に開ける／閉めるの行為だけではなく、たとえば、あ・い・う・え・お、と口にしてみるだけで、まったく別の開口部に見えてくる。また、うれしさや悲しさ、怒りといった感情によっても口はさまざまな形に変容するので、おもしろい開口部である。

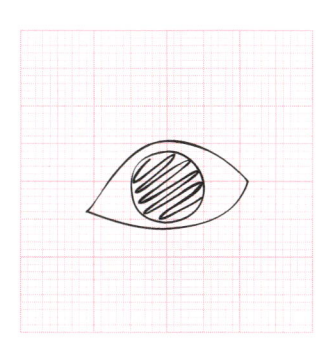

218 | 目の家

目は非常に動物的であり、遠くからの視線でもその気配を感じたりする。建築には直接目に該当するようなものはないが、窓先から人が外をのぞく風景はまさに目のようなものである。今まで建築の世界では、立面に目のようなものを描いたり、平面図に目のようなものを描いたりもされた。目は手と同様、絵画の世界でも大きな存在感をもっている。また建築を見る側、体験する側に立つと、目が唯一空間を把握し認識できる器官であり、それがもつ特徴や癖なども建築のデザインに取り入れていくことはさまざまな時代で行われてきた。
参考：映画『ぼくの伯父さん』／ジャック・タチ監督

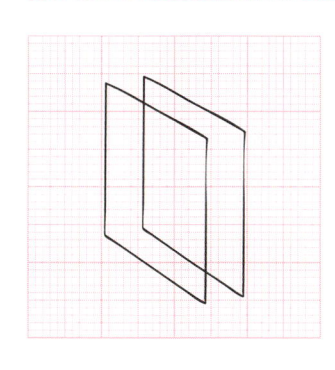

219 | ダブルスキンの家

90年代後半、建築の表層に関心が移ったときに、世界中でダブルスキンは流行した。外装のデザインと環境的性能から、高度な建築の表皮として現れた。ダブルスキンによって境界はあいまいになり、輪郭が層をなし、厚みをもったものとして表現された。内部と外部の緩衝空間として、また、表層に奥行き感をもたせる表現として、ここには、内部と外部のせめぎ合いがある。建築の表面は、地域性や時代性を超えて関心をもつべきテーマである。
類義語：表層、境界面
【実例】 S-HOUSE／妹島和世

S-HOUSE

設計：妹島和世

密集した住宅地に建つ個人住宅。ポリカボネートに包まれた透過性のある外観と、ダブルスキンを生かした回廊型のプランが特徴的。部屋と外部に中間領域ができ、奥行きのある境界をつくり出している。2階の外周には、開閉可能な木製建具がルーバー状に設けられている。

220 | 門の家

神社の鳥居や寺の南大門のように、門には象徴的なイメージがあり、もともとはゲートとしての役目をもっていた。門型フレームとしての構造体は特別な意味をもつ。門型は非常に古典的なモチーフであり、象徴性の高い造形である。性質としては、人間と神の空間をつなぐものであったり、住宅でいえば敷地と外部や道路を区切ったり、塀や垣に通行のための出入口であり、何かの境に位置するということが多い。どうつなぐか、どう区切るか、外部なのか、内部なのか、もしくは、とてつもなく大きなものを取り込んでしまうのか。さまざまな形態、構成が期待できるのではないだろうか。

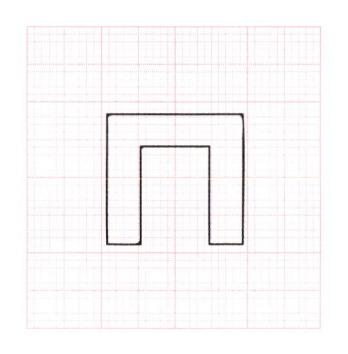

221 | いろりの家

室内において、火を囲むような形式をとるのは、いろりならではであろう。人は、いろりのまわりに集まって暖をとり、立ち上る煙は天井に届き、食事や団らんもそこを囲むように行われる。日本的なこの風景を建築的に捉え直してみよう。また火をおこすものとして、七輪、火鉢など大きさや用途によってさまざまなものがある。現在では、換気や安全性から次第に姿を消しつつあるが、人が集うという空間の根源的な部分に大きく寄与していただけに残念である。

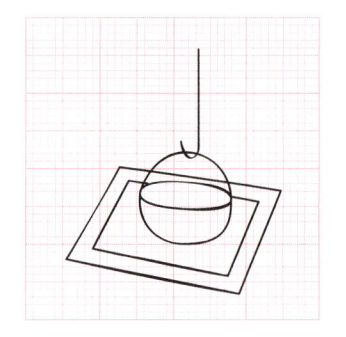

222 | 暖炉の家

いろりが壁付けになったようなタイプの暖房器具である。レンガなどの熱に強い素材で覆われており、リビングの雰囲気を演出するとともに、大きな熱源となっている。特に寒い地方では多く見受けられ、人気も高い。都会では、煙突から出る排煙の問題もあるので設置には注意が必要であるが、自然とみんなが暖かい場所に集まってくる、そんな家族団らんの風景としても、暖炉はとても魅力的である。素敵な暖炉がある家について考えてみよう。

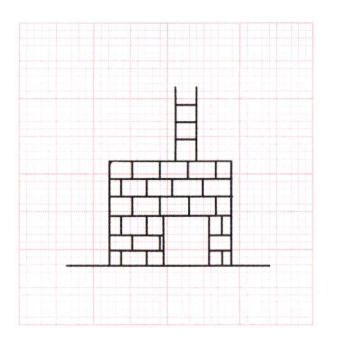

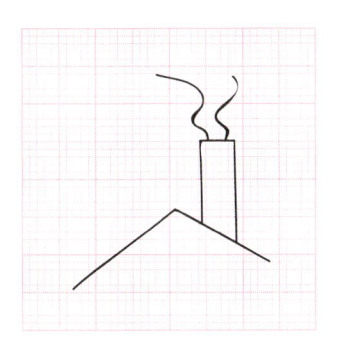

223 | 煙突の家

建物には、さまざまな機能からなる煙突がある。多くは、**排気や換気のため**であったりする。建築としては設備的な要素であるが、その存在感は意外と記憶に強く残る。街の風景としても、**煙突はある象徴性**をもっている。古い街並みを見上げたとき、たくさんの煙突を見たことがあるだろう。今では見ることの少なくなった銭湯の煙突も懐かしいかぎりである。子供に家の絵を描かせると、多くの子供が切妻の建物に煙突を描く。日本にはそれほどない煙突も、建物を特徴づけるためにはかなり重要な存在のようだ。

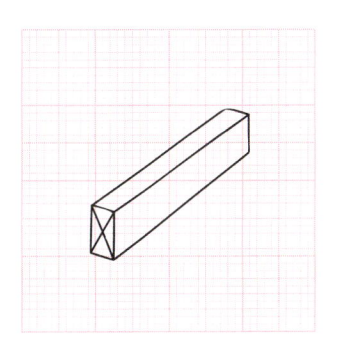

224 | 梁の家

梁は、2階の床を支えたり、屋根を支えたりするうえで柱と同様に、**非常に重要な構造部材**である。頭上に出てくるので、その扱いによって空間の印象はさまざまだ。天井内に隠蔽されて見えないこともあれば、露出させることによって天井の表現として現れることもある。木造などではその整然と並ぶ梁材を美しく見せたりするが、鉄筋コンクリート造ともなると、断面の大きさもかなりのものになるので、その存在感との付き合い方は、それなりの工夫が必要となる。

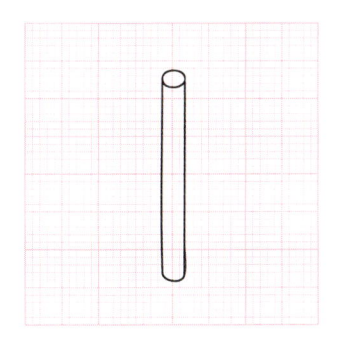

225 | 柱の家

柱は、**建築の屋根や上階の床を支えるためのもの**である。壁の中に埋まって見えない場合もあれば、空間の中で独立柱として見えてくる場合もある。柱の断面は、四角であったり、丸であったりいろいろな形につくることができる。古代では、**さまざまな様式として、装飾が施されたりもした。真ん中を膨らませたエンタシスの柱も有名である。独立した柱には存在感があり、日本の大黒柱のように、強い象徴性**をもつものもある。古代建築によく見られる列柱も同様に、独特の雰囲気をかもし出している。
【実例】せんだいメディアテーク／伊東豊雄

せんだいメディアテーク

設計：伊東豊雄

2000年竣工、設計コンペにより選定された図書館を中心とした複合施設。13本のチューブ状の柱が、50m角の6枚のフラットスラブを支持するという明快な空間構成。その柱の存在は、構造的な役割はもちろんのこと、空間の印象を決定的に特徴づけるうえに、設備や縦動線などの機能も内包されていて、その役割は大きい。

226 | 手すりの家

階段や吹抜け、ベランダなどで、手すりは欠かせない。階段の手すりはどちらかというと動作の補助的な意味をもつのに対し、吹抜けなどの手すりは落下防止という役目をもつ。安全面からも屋外ではその高さなどが定められており、非常に神経を使う建築の部分でもある。手すりは、さまざまなところで存在感をかもし出すものでもある。腰壁として立ち上がった手すりもあれば、繊細な金属製の手すりもある。手すりの見え方、また手で触ったときの感触など、機能面、意匠面いずれからも、細部でも非常に重要な部分である。

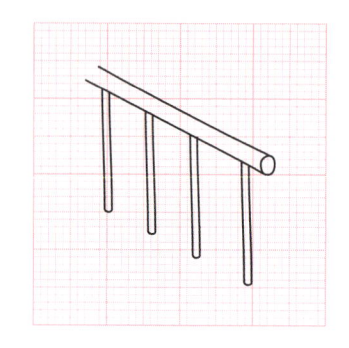

227 | キッチンの家

キッチンは、調理するための家具である。キッチンは住宅の中で唯一、作業場のような場所といってもよい。かなり簡易なものから、部屋によって仕切るタイプの本格的なものまである。基本的には流しとコンロからなり、調理の順番を意識した配置が求められる。皿や鍋、調味料などさまざまな物がキッチンには置かれ、今では電子レンジや炊飯器などの家電機器も数多く置かれる。また、冷蔵庫という大きなボリュームが脇に置かれることから、キッチンを美しく見せるには冷蔵庫の置き方にひと工夫が必要であろう。

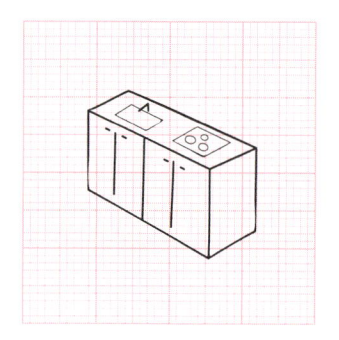

228 | 階段の家

階段は、建築の中で空間を立体的につなぐものとして、非常に特異な存在である。カタカタした形で上階と下階をつなぎ、人が上り下りできるようにしている。その勾配はさまざまであるが、たいていは法律などにより基準が設けられている。踏み面が小さいときには、蹴込みがあることは重要だ。蹴込みは下るときに、かかとがぶつかることを避けるためにある。階段には、直階段、折り返し階段、螺旋階段などさまざまな種類がある。変わった階段では、ハシゴに近いもの、どちらの足から踏み出すのかが決められた階段などもある。
【実例】小鮒ネーム刺繍店／石田敏明

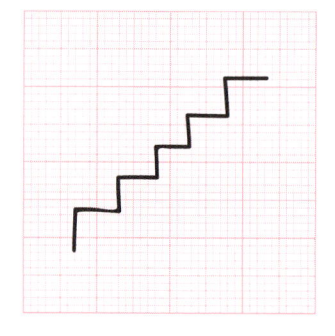

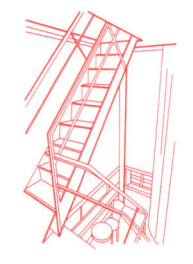

小鮒ネーム刺繍店

設計：石田敏明

大通りに面した、約10坪の狭小敷地に建つ、極小の店舗併用住宅。階段状の空間構成をした住宅や建築はいろいろあるが、これはまさに階段室そのものといえる、そんなスケールだ。通りに面したファサードは、グラフィックによって広告キャンバスとしての効果も担い、狭小敷地でありながらも多様な空間用途が凝縮されている。

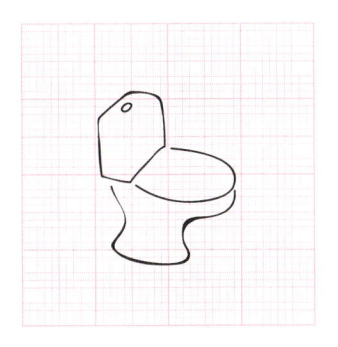

229 | トイレの家

テーマにするにはなかなか難しいかもしれないが、トイレは建築の中に人間が生活する以上、どうしても避けて通れないものである。特に建物が住宅のように小さい場合、浴室を含め、これらの水廻りは、**建築本体の質とはまた別次元で必ず求められるもの**である。これらを設計者はどうにかうまく空間の中に入れ込んでいく必要がある。これらに目を向けて際立たせることもあれば、どことなく箱にしまいこんで、ないものとする場合もある。

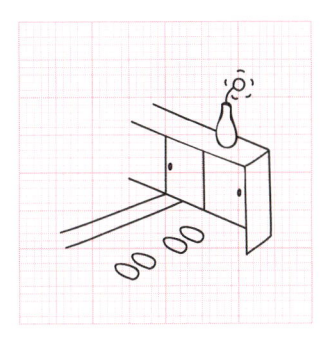

230 | 玄関の家

玄関は**住宅の入口であり、人を迎え入れる空間**である。人によっては、自転車を置いたり、さまざまな道具を置いておくように、日本の昔の住宅にあった土間のような使い方をする人もいる。また、ちょっとした花を生けたりすることがとても大事だったりする。もてなしの空間として大事にしたいところである。建築の計画レベルでは、玄関は、建物に対して大きな口をあけたような佇まいから、建物の外観のあり方に大きな影響を及ぼす。人によっては、窓を玄関にしてしまう人すらいるほど、玄関を表現として嫌っている場合もある。

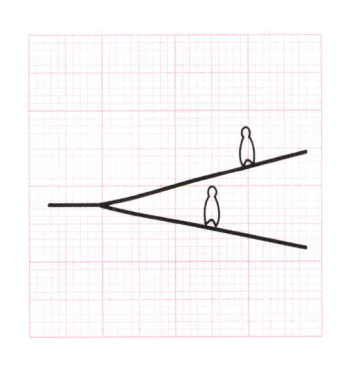

231 | スロープの家

スロープとは、建築の計画上は**1／12〜1／8といった緩やかな勾配をもった通路**をいう。緩やかな勾配から、緩やかな景色の変化が楽しめる。その一方、距離をとることが必要であるため、場所を確保することが求められ、移動するのに疲れることがある。空間の緩やかなつながりをつくるのにたいへん効果的であるため、今でも多くの建築に採用されている。一方、傾いていることで危険性が増すため、細部には注意を払いたい。
【実例】フィアットのリンゴット工場／レンゾ・ピアノ

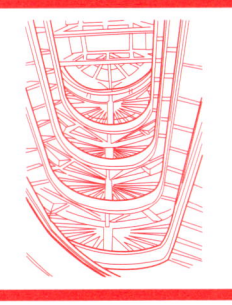

フィアットのリンゴット工場

設計：レンゾ・ピアノ（ジャコモ・マッテ・トルッコ）

イタリアの車メーカー・フィアットの工場。現在は、レンゾ・ピアノの改修によって、複合施設として利用されている。コルビュジエも見学に訪れたという、テスト走行をするための屋上のバンク（斜面になったトラック）は、当時の姿のまま残されている。テスト車を屋上に運ぶために計画された内部の螺旋スロープ動線が特徴的。

232 ｜ 洗濯の家

洗濯する行為は、家の中で欠かせない家事の1つである。現代の洗濯で使われる洗濯機は多くの場合、脱衣室の近くに置かれる。日本では室内に置かれることが多いため、震動や騒音がしばしば問題となる。海外では震動の少ない地下に集約するケースなどがあり、利便性の追求か、静けさを優先するかによって洗濯機の位置は微妙に異なる。また、洗濯物の動きに注目するのも重要である。洗濯機で洗われた衣類は物干し場に運ばれ、乾いた洗濯物は取り込まれ、畳まれ、各自の部屋の洋服タンスなどに戻るわけであるが、どこで洗濯物を畳むのかということは意外と配慮されていない場合もある。

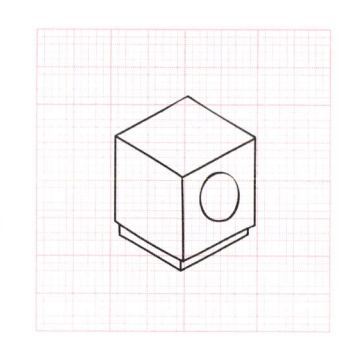

233 ｜ ベランダの家

ベランダは、建物から外部に張り出した空間である。それらの多くは外壁からもち出され、内部から気軽に外に出ることのできる場所である。ベランダは、天気のいい日には休息の場として使われ、洗濯物が干されたり、バーベキューをしたりと、さまざまな利用の仕方がある。ベランダに植物を飾るなど、生活が外部に直接的に表現される場所でもある。生活する人だけでなく、外から見えるベランダとしても、心を配りたいものだ。

同義語：バルコニー

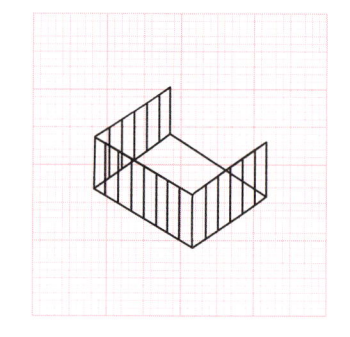

234 ｜ 曲がり角の家

曲がり角には、ドラマがある。少し先が見えない感覚や、劇的に見える景色が変わる変換点であるからだ。人生には寄り道が大切なように、建築もたまに寄り道してみることによって、曲がり角のような素敵な状況が生まれるかもしれない。家の中に実際に曲がり角をつくることを考えるもよし、家そのものを角地に想定してみるもよし。よく考えてみると、街を歩くと曲がり角だらけ。角に立って見渡す風景にヒントがあるかもしれない。

参考：上原曲がり道の住宅／篠原一男

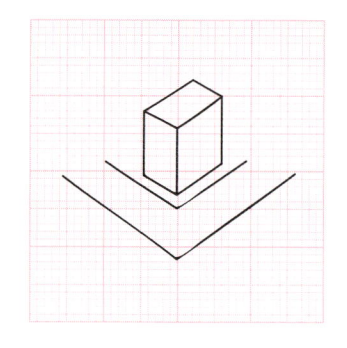

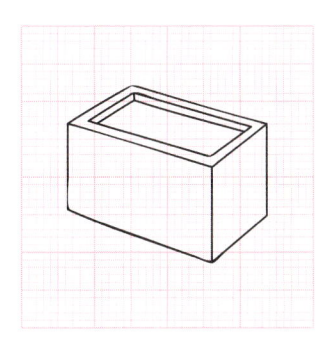

235 | 陸屋根の家

建物の屋根を平らにしたもの。一般的な勾配屋根とは違い、雨水はいったん屋根にためられ、ドレーンによって排水される。屋根を陸屋根にするか、勾配屋根にするかという選択は設備だけでなく、見た目の印象も大きく異なるので慎重に考えたい。建物がブロック状の形状になることから、スマートな印象を受けるものが多い。また、屋上を利用したいときには、この形にする必要がある。雪国では、積極的に雪を屋根から落とす方法と、この陸屋根のように落とさずに雪をためておく考え方がある。

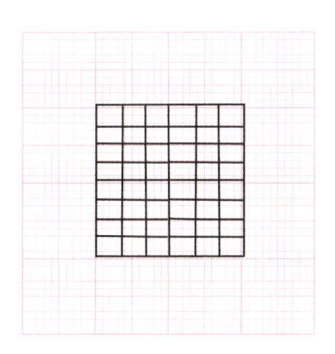

236 | 障子の家

障子は、日本の和室空間を演出するうえで欠かせないものである。木の枠に貼られた和紙が外からの光をやさしく拡散し、穏やかな光を室内にもたらす。窓先に広がるさまざまな風景の中から明るさだけを取り出すフィルター的な役目も果たす。障子の形にはさまざまなものがあり、ガラスの普及とともに、一部がガラスになっている雪見障子もある。

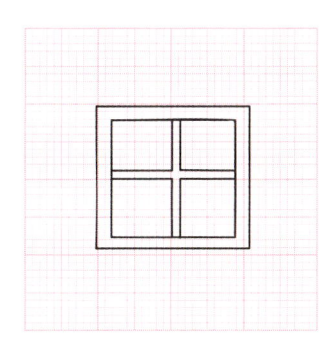

237 | 窓の家

窓は、一般的に枠にガラスのはまったものをいう。開口部といった広義の意味だけでなく、窓自体がある存在感をもっており、建築の中で窓がどういう位置付けであるか、考えてみるのもよいだろう。窓の形状にはさまざまなものがあり、出窓や天窓など、向きや形状にもさまざまなバリエーションがある。一般的には枠を四周にまわす納まりをするが、ときにそれを隠したり、あえて装飾的にしたり、色を付けてみたりするなど、その設え方も多様だ。

類義語：開口部
【実例】ツォルフェライン・スクール／SANAA

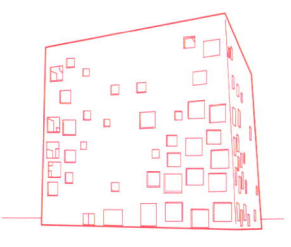

ツォルフェライン・スクール

設計：SANAA

ドイツ・エッセンに建つ学校施設。層の構成を感じさせない窓だらけの外観が特徴的。内部もシンプルな多層構成になっているため、その窓だらけの外観が印象的だが、地中から安定した地下水を汲み上げて、冷暖房機能として建物外壁を循環させるなど、設備的な試みも実践されている。

093

238 ｜ 枠の家

窓の枠であったり、扉の枠であったり、構成する建具に取り巻く部材として枠は存在している。枠はまた絵画の額縁のような意味にも用いられ、枠によって中に見えるものを引き立てたり、和らげたりする効果をもつ。建築の窓枠も同様に、景色を切り取り、借景にしたり、視線をコントロールしたりするのに用いられる。広義の意味としての枠としては、「枠の中だけで」などと、領域として区切る役目もある。枠を設けることにより、そこが外側からは切り離された領域とすることができる。
同義語：領域、境界

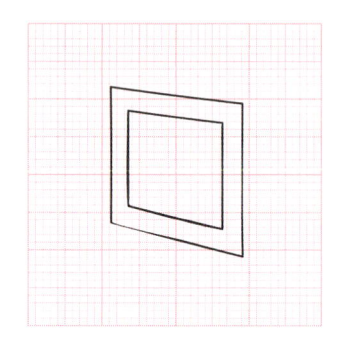

239 ｜ 扉の家

扉は、一般的に人の出入りをするためのものである。外から室内に入ったり、部屋同士の移動の際に通ったりする。開き方・閉まり方の動きはさまざまで、開き戸から引き戸まで多種多様な形状がある。扉はたいてい閉まった状態で維持されるが、ものによっては、ほとんど閉じられることがなく開いていることもある。また、扉は細かく見るとさまざまなデザインがあり、扉に小窓が付いているものや、向こうが透けて見える扉などもある。
同義語：ドア

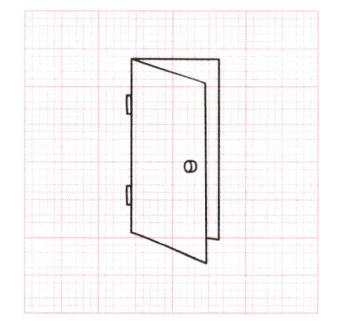

240 ｜ トップライトの家

屋根に設けられたトップライトからは、太陽光が降り注ぐ。壁に当たればその表情は豊かになり、時間の流れとともにその移り変わりを楽しむことができる。大胆にトップライトを設けて、外部空間のような内部空間をつくることもできる。また夜空の星が眺められるように、ドラマティックに空間を演出してみたり。大きなトップライト、小さなトップライト、1つだったりたくさんだったり、使い方によってそこに生まれる空間はさまざまである。新鮮なトップライトについて考えてみよう。
【実例】ブルーダー・クラウス・フィールド・チャペル／ピーター・ズントー

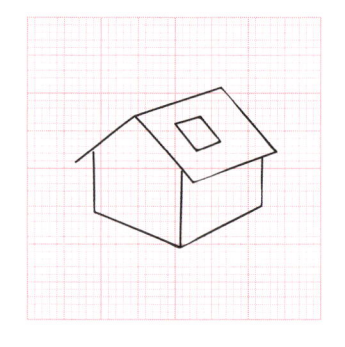

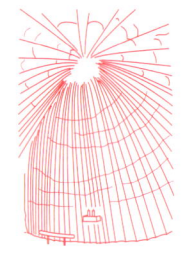

ブルーダー・クラウス・フィールド・チャペル
設計：ピーターズントー

ドイツ・ケルン郊外に建つチャペル。宗教建築にトップライトを用いることは、よくある例だが、このトップライトは施工方法が興味深い。棒状の木材を円錐状に組み上げて型枠とし、何カ月もかけて、地層を成すようなコンクリート打設を繰り返し、打設後は、その木材を焼き払うという脱型手法をとっている。

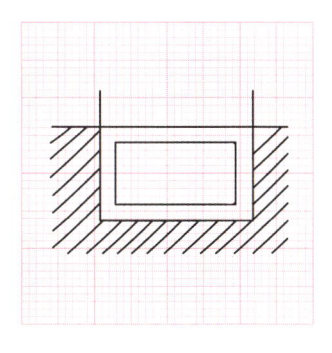

241 | 地下の家

建築はほとんどが地上の話だが、地下を切り離して考えることはできない。基礎や杭の部位だけでなく空間もしかり。地下は建築独自のもので、地面の中に入ってしまった部屋といえる。この部屋はその深さによって、半分地上から顔を出しているような部屋は半地下などと呼ぶこともある。地面と接する、あるいは、地面と直接対面していることから、地面とのかかわりに細心の注意を払ってほしい。風や暑さ寒さにさらされる地上より安定した地下に住むことを考えても不思議ではない。地下の巨大空間に家をつくるとどうなるだろうか。

参考：地の家／篠原一男、黄土高原の窰洞（ヤオトン）

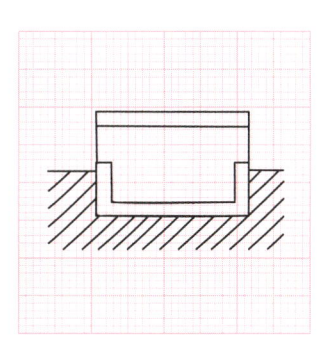

242 | 半地下の家

読んで字のごとく、半分は地上に出ているが、半分は地下に埋まっている状態。単純だが、そこで起こりうる体験や効果はさまざまだ。地下でありつつ地上の採光の恩恵も受けられるし、窓をあければ風も抜ける。地面と目線を揃えるなど、普段はありえない地面との距離感が体験できる。同時に、上階と地面の関係も、普段とは異なり、地面に近いが少し上がっている1階や、地面に近い屋上といったような場所もできたりするので面白い。

参考：2004／中山英之、狛江の家／長谷川豪

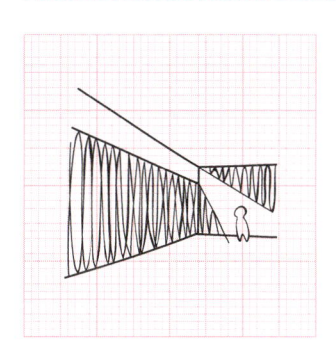

243 | ハイサイドライトの家

横長水平窓ともトップライトともちょっと違うハイサイドライト。少し高い壁面に設けられた窓から斜めに差し降ろす光は、影をスパッと切り裂くような感じがする。シャープでありながらも、トップライトよりも少し優しく、光としては安定していながらも動きがある。室内の壁を有効利用でき、使い道はいろいろと考えられる。外の景色を遮ることで抽象的な空間をつくることもできる。窓というよりも、「壁と天井の間」ともとれるような、ちょっと変わった存在の開口部「ハイサイドライト」に注目してみよう。

【実例】ゲーツギャラリー／ヘルツォーク&ド・ムーロン

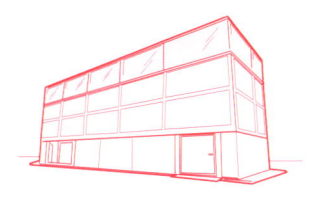

ゲーツギャラリー

設計：ヘルツォーク&ド・ムーロン

ドイツ・ミュンヘンに建つギャラリー。半地下に埋められたギャラリー内部から見たハイサイドライトは、外から見ると、ボリュームの足元になっている。外観はシンプルだが、それに反して明快でありながらも、複雑な内部をつくる豊かな断面構成をしているところも見逃せない。

244 | アプローチの家

敷地外から建物玄関までの道をアプローチという。建物は、外から直接入るだけでなく、そこへのアプローチというものがきわめて大事である。エントランスへの導入部としてアプローチのつくり方は、建物に入ってからの印象までを変えてくれる。都心部の敷地ではアプローチ空間をつくれる機会は多くないが、旗竿敷地の竿部分がアプローチとして使われることが多い。建築にたどり着くまでの道をどのように設計するか、また、建物と調和させるのか、させないのか。塀や植栽、床材などは何を選択するか、などによって、建物の印象をも変えてしまう。

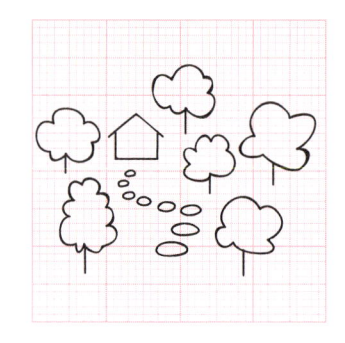

245 | 1階の家

建物には階があり、高層建築は別として住宅程度の規模であれば、その階層ごとに各々の性格をもっているものである。1階は、地上と接しているところで、通常はここを玄関として建物は設計される。しかし実際には、1階は店舗や駐車場でその上から住宅が始まっている場合もあれば、2階も地下もなく、ただ1層の建物として住宅が展開するものまである。1階は特別な場所であるには違いないが、その振る舞いはさまざまある。1階のよいところは、窓先から地面が見えること。これは、建物と周辺環境とのあり方の直接的な接点である。

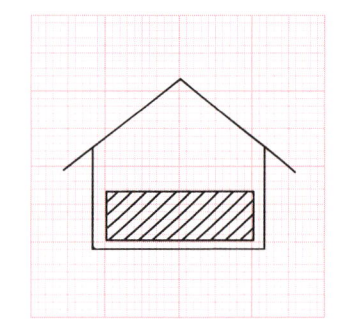

246 | 入隅の家

面が折れ曲がってできた隅っこの内側部分。四角形の部屋であれば、床に4カ所、天井に4カ所、合計8カ所の入り隅ができる。明るさに注目してみてみると、入り隅の角度が狭ければ暗がりとなり、角度が広ければ明るくなる。その性質を利用して、入り隅部をあえて暗がりとしてつくってほかの場所をより明るい印象にしたり、入り隅部を開口部にして開放的な印象にしたり、入り隅をRにして角そのものをなくしてシームレスにしたりと、入り隅部の扱い方で部屋の印象はさまざまな操作が可能である。

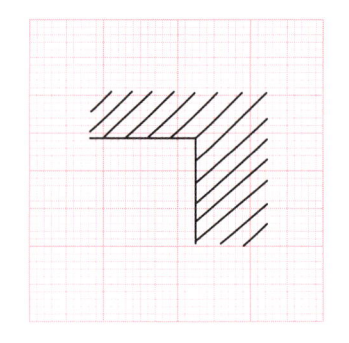

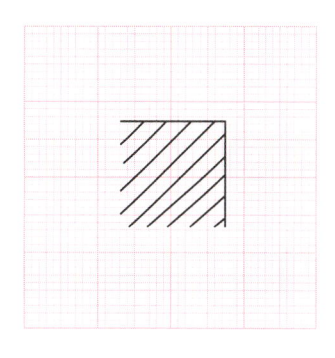

247 | 出隅の家

入り隅に対して、面が折れ曲がってできた隅っこの外側の部分。四角形の部屋であれば、内側からみると出隅の個所は0カ所となる。出隅は90度(直角)が多いが、角度が鋭角であれば、不連続な面として出現し、鈍角であれば連続した面として出現する性質をもつ。たとえば、金沢21世紀美術館のタレルの部屋の天井開口廻りは鋭角な出隅で処理されているため、下から見上げると天井の立ち上がりが見えず、空と天井の関係が平面的に見える。このように出隅の角度を変えるだけでも、その向こう側の見え方をコントロールすることができる面白い要素である。

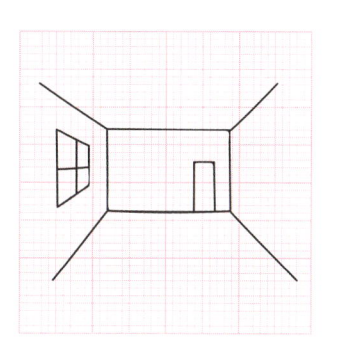

248 | 部屋の家

部屋をつくるために建築をつくるのか、建築をつくるから部屋ができるのか。ニワトリが先か卵が先か、のような話だが、建築と部屋は切っても切れない関係でできている。ボリューム(建築)の中に部屋を詰め込んでいく、ボリュームの中に部屋を割っていく、部屋を集めてボリュームをつくっていく、ボリュームをつくらず部屋をちりばめる、などボリュームと部屋の関係からできるバリエーションは豊富に存在するが、ほかのバリエーションを探してみるのも面白い。

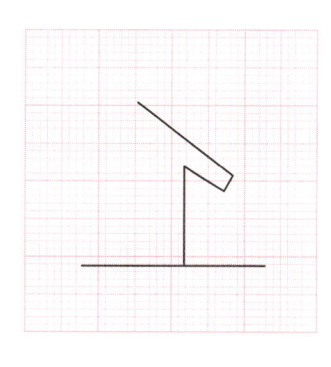

249 | 庇・軒の家

軒は屋根が延長して張り出したものをいい、庇は外壁から付加的に付けられたものをいう。軒の出は、小さいものから非常に大きいものまであり、雨風や日射による外壁の保護、また窓に差し込む日射の調整といった役割を果たす。
軒の出は、建物の雰囲気や様式と大きく関係しており、軒を出すのか出さないのかで雰囲気ががらりと変わる部分でもある。構造的には、張り出している部分で風の影響を受けやすいので注意したい。玄関部分などでは、人が雨ざらしにならないように庇を付けることが多い。
【実例】ルツェルン文化・会議センター／ジャン・ヌーヴェル

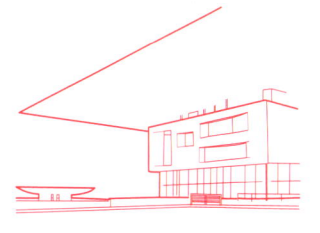

ルツェルン文化・会議センター

設計：ジャン・ヌーヴェル

フランス・ルツェルン駅のそばに建つ、文化会議センター。コンサートホール、会議施設、美術館などを併せもつ。フィーアヴァルトシュテッテ湖岸に面して23mほど突き出た巨大な屋根のような庇は、対岸からも一目瞭然。湖の水平ラインと平行に重なり合うこの庇のラインは、ほかの何よりもこ建物を特徴づけている。

250 | 連続窓の家

ル・コルビュジエにより提唱された「近代建築の五原則」の1つで、水平連続窓としても挙げられる。「近代建築の五原則」のなかでは「自由な立面」とほぼ同義。かつての石造り建築ではできなかったことで、外壁が構造から解放された結果、可能となった要素である。連続窓はリボンウィンドウと呼ばれることもあり、構成によってはぐるりと四周を連続窓とすることも考えられる。部屋をまたがって窓をつなげながら外観として連続させることで、ひとつながりの窓から異なる室内風景が現れたり、といった効果をもたらす。

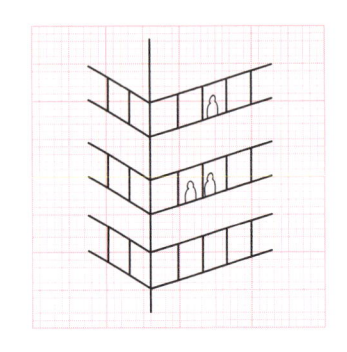

251 | 屋上庭園の家

連続窓と同様、ル・コルビュジエの提唱した「近代建築の五原則」の1つである。近年では地球環境に対する見直しから、建築物の「屋上緑化」が推進されている。「屋上緑化」も「屋上庭園」と同じ意味合いではあるが、「屋上庭園」のほうが「地上レベルだけでなく、屋上にも庭をつくってしまおう!」というポジティブな印象がある。屋根の形状を検討する際には、切妻、寄せ棟、陸屋根などいろいろあるが、その1つのアイテムとして緑にゆだねてみるのもよいかもしれない。

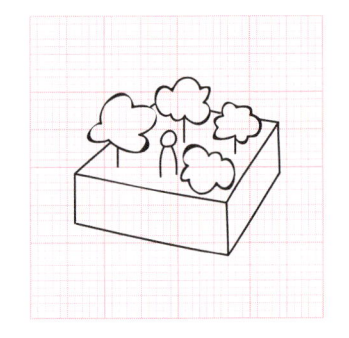

252 | 平地の家

人は平らな場所を求めて移動し山を切りひらき、そこを住み処としてきた。土地を平らに整地し、さらに平らな床を垂直方向に幾層にも重ねていくことで平地を増やしていく。平らな草原にふわっと布をかけただけのモンゴルのパオのように、平地にそのまま住むという方法もある。平地が本当に必要だろうか? 平地と大地は何が違うのか、ならした平地は平地といえるのか、どこまでが自然の平地で、どこからが人工の平地だろうか。そんな視点で敷地を観察し直してみる必要があるのかもしれない。

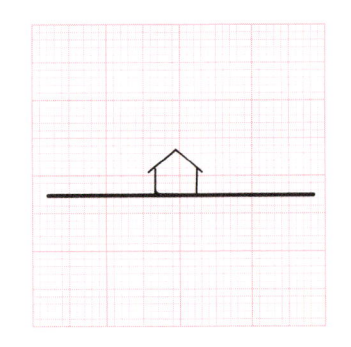

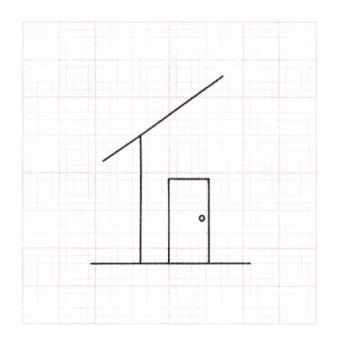

253 | 入口・出口の家

開口部、窓、玄関、扉、ドア、門。いろいろと呼び方はあるが、総じて何かを入れて出す場所だ。換気口は空気の出入口というように、何を入れて出すか明確に決まっている場合もあるし、家の窓のように光、風、景色といった複数の対象の出入口である場合もある。これまで考えられていなかった対象の出入口を考えたり、これまでなかった対象の組合せを考えてみることで、新たな関係性を発見できるかもしれない。

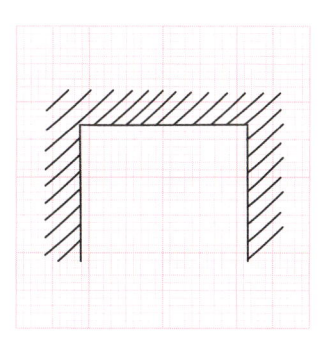

254 | 天井の家

家の中で最も身体に触れない部分といえるかもしれないが、そこをどう設えるかで空間の印象は大きく異なる。「天井懐」というくらいで、通常は設備などの収納場所や配線配管のルートとして扱われることが多いが、積極的に天井のデザインを考えると、その部屋で起こることも違ってみえるし、空間の考え方も変わってくる。また、その天井の上が部屋になっているのか、屋上になっているのか、あるいは屋根になって空があるのかで、天井の考え方も大きく変わってくる。天井について、深く見つめ直してみよう。

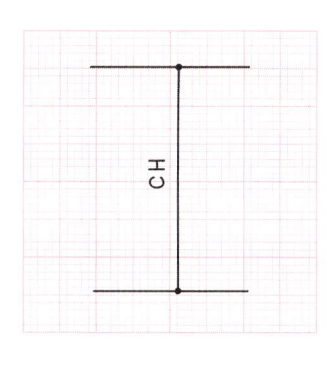

255 | 天井高さの家

「天井の高い空間は気持ちいい」「天井の低い空間は圧迫感がある」と一般的にはいわれるが本当だろうか。その境界はどこにあるのだろうか。天井高さが低くても、ほどよい圧迫感で緊張感のある魅力的な空間もあれば、天井高さが妙に高すぎて間延びするだらしない空間もある。その空間にふさわしい天井高さについて考えてみよう。もちろん高さ方向の話だけではなく、部屋の平面的なプロポーションにも関係があるし、窓などの開口部の取り方とも大きく関係があるようだ。
【実例】彫刻の家／ピーター・メルクリ

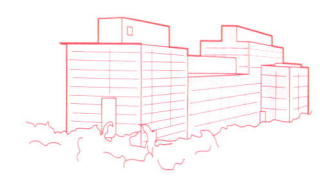

彫刻の家

設計：ピーター・メルクリ

スイス南部のジョルニコに建つ、彫刻家ハンス・ヨゼフソンの作品を展示するギャラリー。天井高さが異なる3つのコンクリートの箱を連結させた明快な空間構成。アルプスに囲まれ恵まれたロケーションのなかであえて閉鎖的で、それ自身が彫刻のような振る舞いをみせている。

256 | 敷地の家

平面形状や高低差など、計画が敷地の影響をまともに受ける場合と、まったく無関係に計画できる場合がある。また、そこに置かれる建物とのバランスによっては、敷地と建物に「地と図」の関係ができる場合もある。建物は必ず敷地に建つわけだが、その敷地を感じさせるのか、はたまた無視して感じさせないのか、その距離感やスタンスは多様であり、その見極めについてはじっくりと慎重に考えたいものである。では迷ってしまったらどうするか…？　答えは1つ。「敷地」に行くべし。

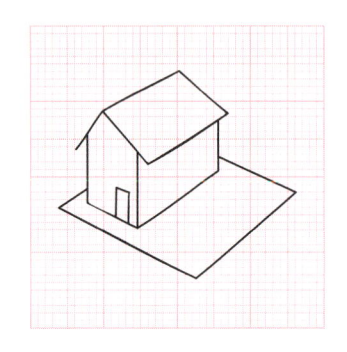

257 | 壁面の家

建築は壁面だらけだ。街を歩くとそこに見えるのは建物の外壁ばかり。部屋の中では見渡すと内壁や間仕切り壁ばかりだ。「壁」というと、ぶつかったり、遮られたり、乗り越えないといけないものだったりするイメージがあるが、実際のところ、建築的には扱い方が多種多様なキャンバスともいえる。絵を飾ったり、時計を掛けたり、落書きしたり。窓をあけて風や光を通したり、きれいな景色を切り取ったり、壁に手を当てて考え込んだり、1人で壁当てのキャッチボールもできる。なんでも受け止めてくれる、そんな壁面についてもう一度考えてみよう。

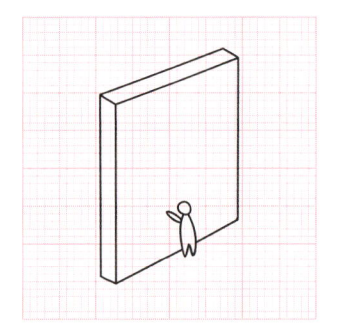

258 | 吹抜けの家

「吹き抜ける」と書くこともあって、建物の中の風や空気が吹き抜ける場所になる。もちろん風だけでなく、光や視線の通り道になったり、狭小空間では吹抜けの垂直方向の抜けは空間に大きな広がりをもたらす効果がある。また、家の壁側に寄せて吹抜けをつくるのと、家の中心側に吹抜けをつくるのとでは印象も大きく異なる。いろんな吹抜けのレパートリーを増やしてみよう。「床に開けられた大きな窓」と捉えるのも面白いかも。
【実例】桜台の住宅／長谷川豪

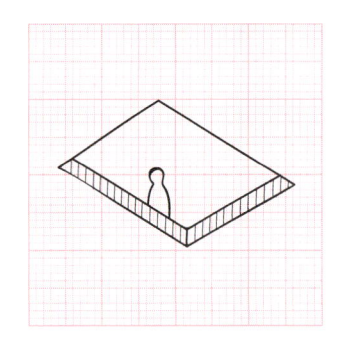

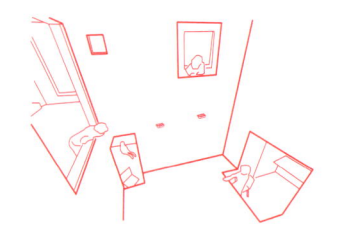

桜台の住宅

設計：長谷川豪

直方体のボリュームに、大きな庇が設けられた外観が特徴的な木造2階建ての個人住宅。個室に囲まれるようにして、テーブルのある部屋が中央に配置されている。テーブル上部は吹抜けの空間になっており、動線的にはつながっていないが、視覚的にそれぞれの部屋を柔らかくつなぐような関係をつくっている。

環境・自然
Environment, Nature

E.

259 | 地震の家

建物の建つ最も安定していてほしい地面が揺れる。これは建物にとっては、とても大変なことである。もともと建物は、厳しい自然環境から人間の身を守るためにできてきた。しかし地震は、人間にとって安全のはずの建築を危険な凶器へと変えることもある。建物は重いゆえに地震の力を直接的に受けてしまう。地震を迎え撃つために頑丈な建築とするか、柔軟で追従性のある軽い建築とするか。地震はデザインの方向性を大きく左右し、建築の構造とバランスを考える必要を生じさせる。地震を自然環境の恵みの1つと考えてみてもよいだろう。

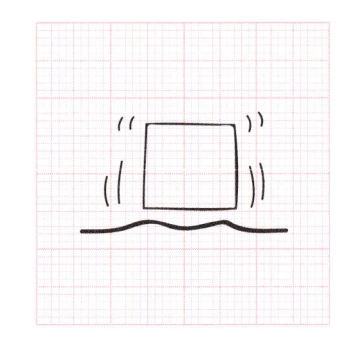

260 | 坂の家

坂は、土が反ると書くように、地面が傾いた状態だ。こうしたところに建てることは容易ではないが、景色がよかったり、自然地形に近いところに生活できるメリットがある。のぼりはつらく、降りるのは楽というように、人間に負荷を与えるし、勾配によっても随分と印象が異なる。見える景色もさまざまで、見え隠れする山岳都市特有の景色や、視線の立体的な抜けなど、魅力的な部分もたくさんある。ゆるい坂からきつい坂まで、それぞれの特徴をよく分析して、坂や勾配を生かした設計をしたいものだ。
類義語：傾斜、傾き

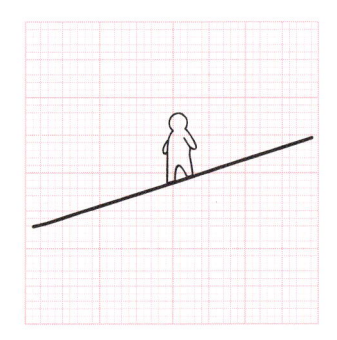

261 | 宇宙の家

宇宙が建築と関係しているかといわれると、あまり直接は関係していないといったほうがよいだろう。確かに星空が見えたり、オーロラが見えたりするかもしれないが、太陽や月を扱うからには、その背後の宇宙について考えるのも楽しい。宇宙はあまりに未知にあふれた世界で、建築の振る舞いなどまだ考えるには早い時代かもしれないが、建築の先駆者はこぞって宇宙建築を唱えた時期もある。今、宇宙と直接関係しうる建築としては、望遠鏡を備えたドームぐらいであろうか。また、建物に取り付くパラボラアンテナも宇宙に向いている。

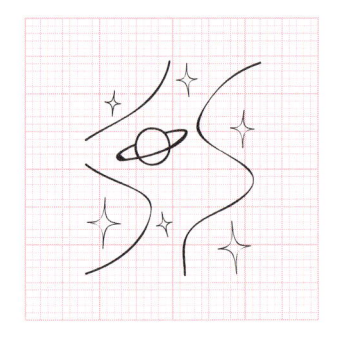

262 | 天気の家

建築の周辺環境のなかで、天気というものは最も建築を左右する。しかも日時によって刻々と変化するものであり、すべてを予測し対応するのは不可能に近い。建築は、そんなわがままな相手を常に頭上に抱えているわけだ。気候風土も国や地域によっても大きく異なり、建物の外形や印象を特徴付ける。旅先などでも、その土地の建築がどのように地域に適した振る舞いをしているかを観察するのもいい勉強になる。日本の国は、南は亜熱帯から北は極寒の地域まで分布しているゆえ、その違いも建築にデザインに反映したいものだ。

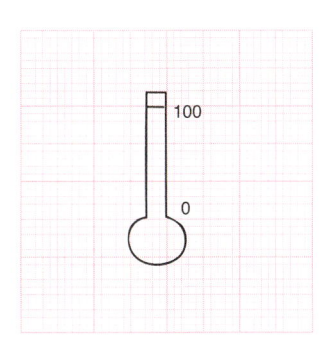

263 | 湿気の家

日本には湿度の高い季節がある。この季節がもたらす建築の特徴、また、気温や湿気がもたらす建築のデザインとはどんなものであろうか。日本の住宅が比較的傷みやすいのは、湿気が大きく関係していて、湿気で朽ちたり、湿気が壁体内に残って結露したり、見えない部分でも悪さをする。それを放置すると、住む人間にも健康被害として影響を及ぼすのできちんとした対策が重要である。ただ、ネガティブなことだけを考えるのではなく、これも日本の風土がつくる恵みと考え、建築のデザインに応用してみよう。調湿効果のある素材であったり、風通しをよくしたり、いろいろな工夫が考えられる。

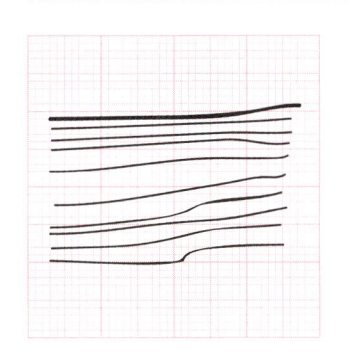

264 | 地層の家

建物の地盤には、さまざまな地層が存在する。弱いものから強いもの、または水分を含むものから貝殻を含むものまで。地層は、その土地の歴史を物語る。そんな歴史の記録の上に建物を建てるわけだが、実際に建物を建てようとすると、これらの地層を理解しているかどうかはその建物の良し悪しを左右する。大地に記録された地層と合わない建て方をすれば、傾いたり、朽ちたりと、痛い目にあう。それは、技術の進歩のみではなかなか克服できないものも多い。長く愛される建物にするためにも、大地との相性も大事にしたいものだ。

【実例】地層の家／中村拓志

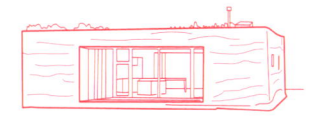

地層の家

設計：中村拓志

緑の山々を背景にする海際に建つ週末住宅。山と海への視線が抜けるように、門型になった平屋というシンプルな構成。RC造で外壁を外断熱としたうえに、現場の土を用いた土壁となっている。屋根面にも同様の土で仕上げられている。住み手と一緒に施工されたという左官壁が掻き落とされた姿は、大地の地層のようである。

265 ｜ 乾燥の家

冬の時期に空気は乾燥する。さまざまな素材も乾燥することで、乾燥収縮が起こる。木は縮み、場合によっては反ったりする。土壁にはヒビが入ったりもする。もちろんある程度予測して設計や施工はされるべきだが、このような乾燥によって起こる微小な変化のなかで、問題となるものとならないものがある。よくできた漆喰の壁などは、無数の小さなひび割れが均一にできることで、大きなヒビを防いぐ。一方、躯体などにひび割れが生じれば、漏水などの原因になったりもする。乾燥がお肌によくないように、建築にもさまざまな心配りが必要である。

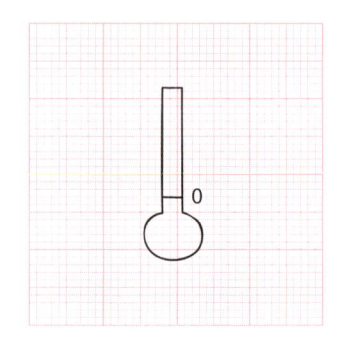

266 ｜ 島の家

島といえば、外界から取り残された陸の孤島というイメージであるが、住宅もとかくプライベートを意識しすぎると、陸の孤島のようになってしまう。そんな家を都市のなかに浮かぶ島のように見立てると、家は島のようなものなのかもしれない。気軽に他人の家に入ることはないし、目的もなく孤島を訪れることはないのに似ている。しかし、島と島、島と陸は船などの交通手段でつながることができる。では、家と家、家と街とでは、どのような手段でつながり合えばよいだろうか。つながり方次第で、陸と遠く離れた孤島にもなるだろうし、群島のようにネットワークを形成できるかもしれない。

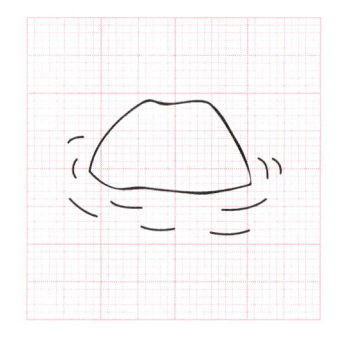

267 ｜ 月の家

夜空には、月がある。その時々で姿を変えながら夜道を明るく照らしてくれる月も、建築にとってはなにか演出の手がかりになるのではないだろうか。水面に映る月を見たり、太陽の光を取り入れるように月の光が入る寝室をつくってみたり、普段はあまり考えないことではあるが、考えてみるととても奥が深い。月の動きや明りを注意深く観察してみよう。円を円によって切り取られてできるこの独特な形状も何かのヒントになるかもしれない。

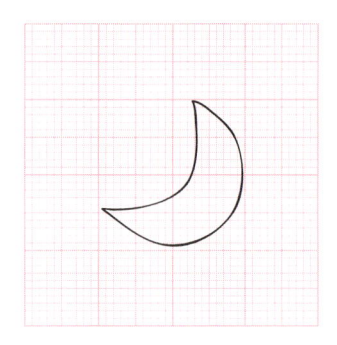

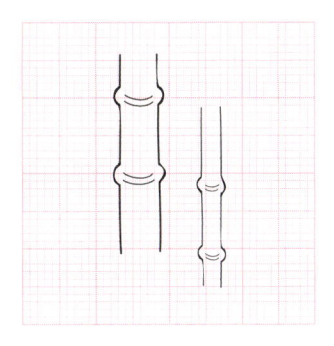

268 | 節の家

木々には節というものがある。成長する過程で枝葉の生え際にもなる。節はリズムを区切る節目ともとれるし、全体に統一した表情をつくる単位ともなる。建築には、層ごとに節目のようなものがある。また長い素材は、どこかで継ぐために切れ目ができる。それらもまた節のようなものかもしれない。自然素材であると、節の間隔はさまざまであるし、人工的なものであれば、均一な継ぎ目が存在する。そういう継ぎ目が見えないように工夫を凝らすことも多い。

類義語：区分、分割、分節

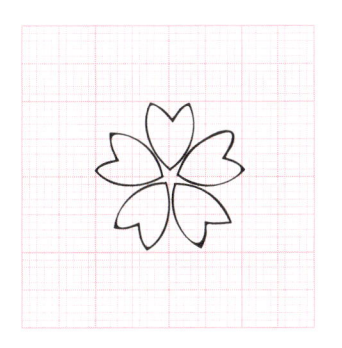

269 | サクラの家

日本を代表する花といえば、サクラである。春先になるとだれもがサクラの木の下で酒を交わす。サクラはとても薄いピンク色をしており、青空との対比も美しく、日本らしい風情をかもし出してくれる。もちろん、ほかにも梅の花や、樹木であればモミジ、また竹などさまざまな植物が日本らしさをつくり上げているが、そうした日本の気候風土に適した木々花々に目を向け、建築がそれらとのように調和していくとよいのか考えてみよう。材料として捉えてもよいし、色や形、大きさなどを参考にしてもよい。

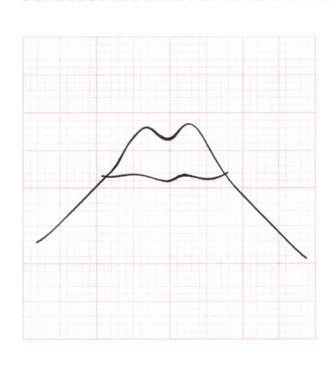

270 | 富士山の家

日本を象徴する富士山。優美な形とその大きさで人を魅了してきた。富士の見えるところに建物を建てるとき、優れた建築は、どこかで富士を望めたり、富士の造形と関係をもったりする。大きな山が建物の背景にあるとき、それは心のよりどころになるし、なんとなく、遠景と近景が結ばれるようで楽しいものである。江戸に住む人々は、浮世絵にある景色のように富士に心をはせてさまざまなところに富士を見た。日本の街の景色でどこか忘れ去られそうな富士、まずは登ってみるとよく理解できるかもしれない。

【実例】 日本武道館／山田守

日本武道館

設計：山田守

1964年開催の東京オリンピック会場の1つとして建設された、屋内競技施設。法隆寺夢殿をモデルにしたといわれる八角形平面に、富士山をイメージしたといわれる大屋根がかけられた外観が特徴的。設立当初は武道の聖地という意味合いが強かったが、現在では音楽コンサート会場としての聖地の意味合いが強い。

271 | 太陽の家

太陽は、建築に光をもたらし、冬は、ここちよい温かさをも運んでくれる。しかし、太陽の光は時として強すぎることもあり、建築に過酷な条件を突きつけてくる。そこで生まれてくる日よけ、庇といったものは、太陽と密接に関係している。季節別の付き合い方も含め、太陽と建築の関係は、建築のあり方を大きく支配している。世界の建築が地域によって形を大きく異にするのも、太陽が大きく関係している。非常に扱いの難しいものではあるが、長い時間をかけて建築はその付き合い方を見つけてきた。

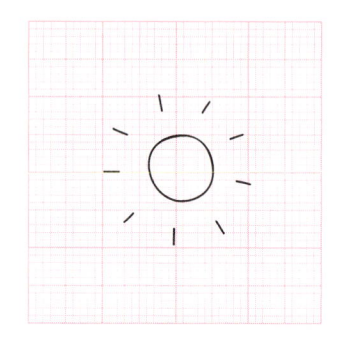

272 | 雑草の家

雑草は油断すると、すぐ建物の足元などに生え出す。少しの隙間でも、そこに場所を見つけて生える雑草の生命力はすさまじいものがある。また、雑草が建築の足元を彩る場合もあり、頼もしい存在と感じることもある。もちろんよいことだけではなく、雑草とはいえ、アスファルト舗装を貫くほどの力もあるため、竹の根が土台をもち上げてしまうように建物にとって脅威になる場合もある。雑草と建築のうまい調和を見出すことが大事なのかもしれない。

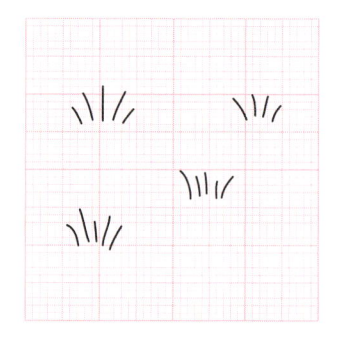

273 | 森の家

森は1本の木とは異なり、独特な風景をつくり出す。森の下には木漏れ日が落ち、小さな草木が育つ。また、鳥の鳴き声や風が吹く音、またそれになびく葉の音など、さまざまな音に満たされている。建物が森のそばに建つとき、または森のなかに建つとき、森の風景をどう生かすかを考えてみよう。森の幹の隙間から望める遠くの景色や、さまざまな動物との遭遇。夜の静けさ、不気味さもある。建物をつくるには、厳しい条件であるがゆえに自然との対話は大事にしたい。
【実例】森のなかの住宅／長谷川豪

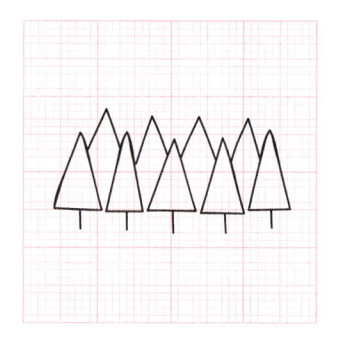

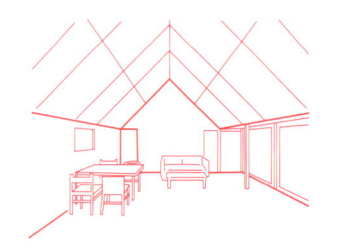

森のなかの住宅

設計：長谷川豪

森の中、緑に囲まれた敷地に建つ別荘。相似形の家型断面を入れ子にしたような構成により、単純な平面計画でありながらも、その部屋と外部がもつ関係は、多様な空間をつくり出している。切妻天井に透過性のある素材を使って生まれたインテリアも印象的。

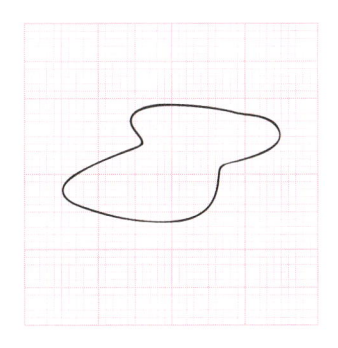

274 | 池の家

池、沼、湖、水溜まり。水の溜まり場も大きさによって建築に及ぼす影響はさまざまである。景色を映し出す水面であったり、波が立つ風景、水がしたたり落ちて綺麗な波紋をつくったりする光景からは、さまざまな記憶が呼び起こされるだろう。また、小さな水たまりなどは、建物の足元にできると性能的にあまりよくないし、ボウフラが水溜まりに湧いたりすると、虫に悩まされたりする。改めて、水面と建築について、さまざまな効果、また問題点などに着目し設計してみよう。

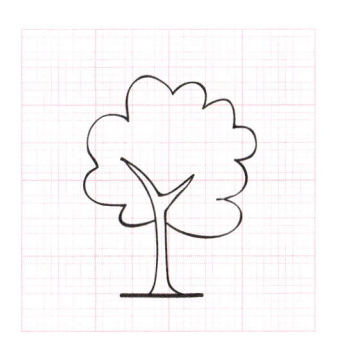

275 | 木の家

木は世界中にあり、またさまざまな樹種で構成される。背の高いもの、硬いもの、太いもの、木肌のしっかりしたもの、枝葉の多いもの、などさまざまな特徴をもつ。木は、建築の近くに存在する場合もあれば、遠くの景色として存在する場合もある。実をつける木もあれば、花が華麗な木もあり、常緑樹と落葉樹の違いもあるだろう。木のさまざまな特徴をつかむことによって、そこにある建築は、新たな振る舞いを獲得できるかもしれない。

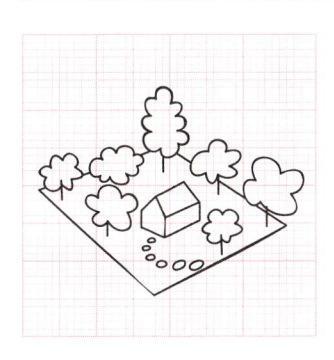

276 | 庭の家

庭を理解するには、おそらく、庭いじりをするにかぎるが、建築と外部環境を考えるときには、庭は欠かせない。与えられた敷地に対して、建物を建てる場所、庭をつくる場所、建物が主役の場合もあれば、庭が主役の場合もある。建物と庭がどう付き合っていくか含めて、いろいろ考えてみよう。庭自身の表現形式も存在し、西洋式庭園から、日本の枯山水まで、さまざまな形を見たり研究してみたりするのも楽しい。
【実例】竜安寺石庭

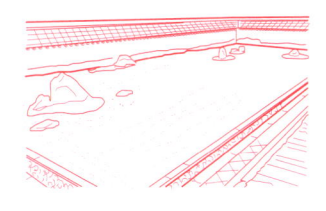

竜安寺石庭

方丈庭園ともいわれる石庭で、日本を代表する最も有名な「枯山水」の庭。22×10mの敷地に白砂を敷き詰め、数カ所に石を点在させただけのシンプルな構成。その佇まいは庭というよりも、もはや芸術作品として扱われているほどの存在感といえる。

277 | 煙の家

空間に煙や水蒸気が充満したときにできる風景は、どこかぼけて見通しがきかず、あいまいで詩的な空間であったりする。そんな空間に光が差し込むと光が1つの筋のように見えたり、幻想的な風景をつくり出してくれる。このような景色が生まれる環境にはどんなものがあるかを考えてみると、湿気に満たされた浴場やタバコの煙で充満したバーなどが思い浮かぶ。外部空間に目を向けると、建物から出る煙としては、煙突から出る煙があり、自然現象では、霧や朝もやのように、見える建物や風景の輪郭を不明確にするものがある。

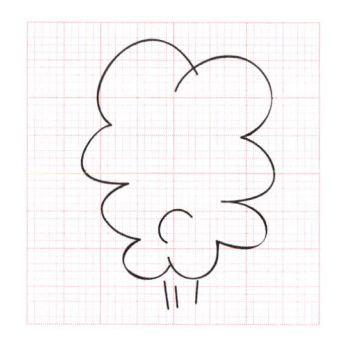

278 | 風の家

建物は、風に耐えうる構造であることはもちろんであるが、風を雨や雪のように建物で完全にシャットアウトしたい存在かというと、そうでもない。室内の換気や抜けをうまくするために、室内にほどよい風が通ることはとても重要なことである。風上から風下に向けて開口をとったり、低い位置に取り入れ口を設け、高い開口から排気するといったように、高低による圧力の差で室内に風を吹かせることもできる。また風は、景色にも作用する。木々や葉を揺らし、ほどよい動きを風景に与えてくれる。風の恵みは計り知れない。

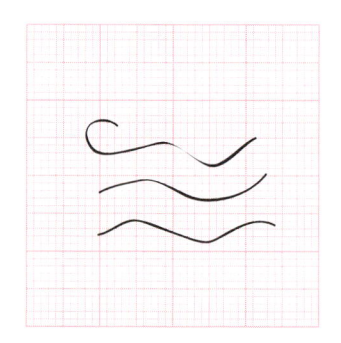

279 | 岩場の家

岩場は、地層の中で、岩の層が地上に露出した部分である。地面の岩盤と硬く結びつき、非常に強い表情をもつ。重量感や存在感から比較しても建築が勝ることは難しい。日常生活のなかで岩場に触れることは少ないかもしれないが、そんな岩場の表情から学ぶことはないだろうか。岩場に、もたれかかると岩の硬さや温度を感じることができる。建築は、岩に対してなかなか根を下ろすことが難しいため、岩に載っかるかたちで建つことも多い。

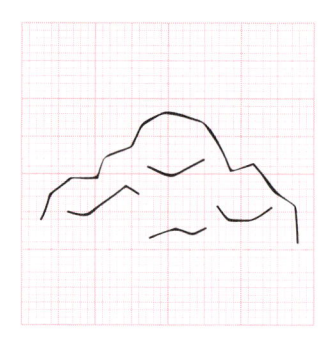

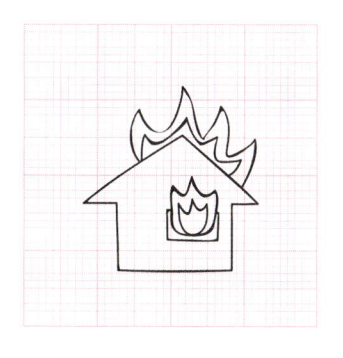

280 | 火の家

火は、人を魅了してきた。炊事場の火や、暖炉の火など、人間は、建築の中にも火を取り込んできた。温かい熱源として、また炎のもつ表情に魅了された。しかし、火は火事の元でもあり、建築においても、火事はおおいに脅威である。建築の中からも外からもこの脅威には常に備えが必要である。そういったことから、建築では、不燃材が多用されるようになってきている。燃え上がる炎を見つめながら、火と建築の魅力的な関係を考えてみよう。

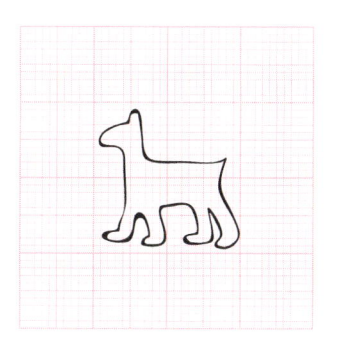

281 | 動物の家

家の中には、人間以外の動物もいたりする。犬や猫、うさぎに亀といったペットである。飼う動物も大きなものから小さなものまでさまざまである。どんな動物と暮らしてみたいだろうか？　動物によっては臭いが問題になったり、家具や絨毯などを傷めたりもする。動物専用の扉を設けたり、専用のトイレを設けたり、さまざまな工夫も建築側で必要になる。人間以外に何か気配を感じたり、生活をともにする動物もまた空間の魅力であるのかもしれない。

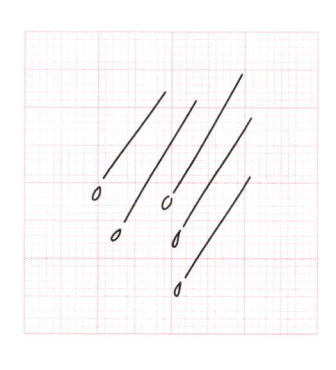

282 | 雨の家

雨を防ぐことは、建築の性能のなかでも最も能力の求められるところである。雨が室内に侵入することは許されないし、雨を防ぐことが建築の屋根や雨樋のデザインを決定しているといっても過言ではない。雨は、建築にとっては迷惑な存在であるが、窓先に見える雨を眺めると、そこには独特の風情が感じられたりする。雨の多い日本、雨の風景も建築の一部として捉えていきたいものである。過去の名作には、雨の処理がうまくデザインされているものも多く、建築の表現の一部であることには間違いない。

【実例】リコラ・ヨーロッパ社工場・倉庫

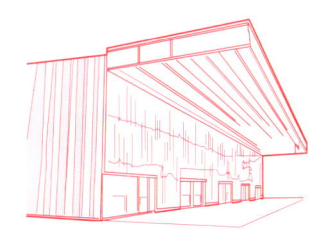

リコラ・ヨーロッパ社工場・倉庫

設計：ヘルツォーク&ド・ムーロン

フランスのミュルーズ・ブリュンスタットに建つ工場・倉庫。葉っぱがプリントされたファサードも特徴的だが、壁を流れ落ちる雨によって残される汚れの跡を、そのまま外壁の風合いにしている手法をとっている。わざわざ汚れやすいように屋根面に錆をためたりという工夫もなされている。グラフィカルなファサードと隣り合う対照的な様子が特徴。

283 | くぼ地の家

くぼ地とは、四周が高くなっており、逃げ場のないくぼんだところをいう。すり鉢状といえるかもしれない。そこには、何かがたまったり、よどんだりしていることもある。また、くぼ地は、周辺に対して低くなっていることから、水やさまざまなものを呼び込んだりする。月のクレーターも自然がつくり出したくぼみといえる。さまざまなくぼみに着目して、そこに何がたまってくるのかイメージしてみよう。また、くぼみはランドスケープの世界でも多く用いられる手法である。

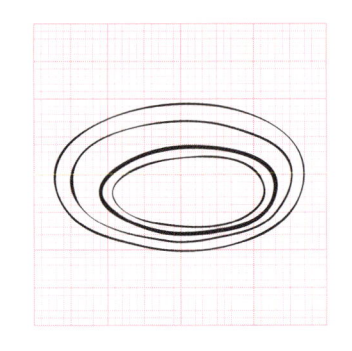

284 | 雲の家

空に浮かぶ雲は、見ていて飽きない存在だ。その雲のつくる形は非常に多様で、さまざまな空の風景をつくり出してくれる。動きが速いときがあれば、止まっているようなときもある。夕暮れ時には、真っ赤に染まることもある。そんな雲も、建物のファサードに映し出されたり、ときには地面に影をつくったり、空以外の部分に現れたりもする。また、抽象的に雲の形を描き出したときのイメージも、グラフィックの世界や漫画の吹出しの世界では馴染み深い。

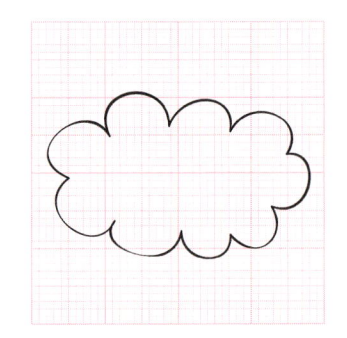

285 | 山の家

山並の見える風景の中に建築がある場合、山という形に対してどう建築が関係しあってよいのか、考えるものである。山にも、非常に険しい形から緩やかな形まであり、それぞれの状況によって建築の振る舞いもさまざまであろう。また、山に対してどのぐらいの距離に位置しているかによってもアプローチは異なる。遠くであれば、山単体としてではなく、山脈として見えてくるであろうし、逆に山の麓に建つ建築であれば、もはや建築は山の一部のように振る舞うかもしれない。

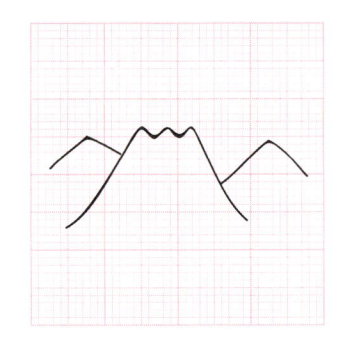

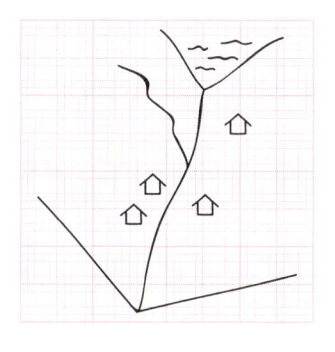

286 | 谷の家

山奥では、集落は通常は沢のまわりにできる。沢は、谷底をつくり上げた張本人であるわけだが、谷に建つ建物についてみてみると、山の陰になって日照時間が短かったり、冷たい風が通り抜けて寒かったり、いろいろな特徴がある。また、景色は両側が山々、そして谷の方向にのみ視線の抜けるといった景色的な特徴がある。谷には、またU字谷やV字谷といった異なる形をもった谷が存在し、大きな視点でみるとそれらは合流を繰り返し、次第に大きな谷に成長していく特徴をもつ。

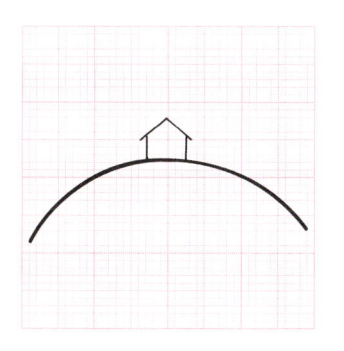

287 | 丘の家

山でも坂でもない丘。山との違いは高さや勾配だろうか。ゆるやかな隆起でできた場所。丘というと「丘を越えて行こう」と明るいメロディが思い浮かぶように、心地よさが連想される。ゆったりとした勾配をのぼっていくと徐々に視界が開けていき、のんびりとした丘の上に出る。劇的な変化ではなく、連続したわずかな見え隠れする変化。丘はなぜ心地よいのか？　その答えをみつけてみることで、自分なりの心地よさがみつかるかもしれない。

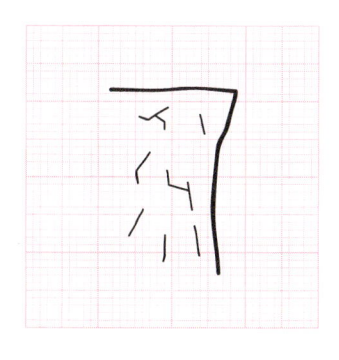

288 | 絶壁の家

岩場で目にする絶壁は、人を魅了してきた。下から見上げた迫力もさることながら、上から見下ろす恐怖感もすごい。足をすくませながらも覗き込んでしまう。このようなスリルある高低差や、絶壁のもつ荒々しさに、建築はどう向かいあっていけばよいだろうか。あえてそんな厳しい環境に身を置いた時に、そこから見えるものはなんだろうか。絶壁に建つ建物。そして、絶壁の間に建つ建物。そんな場所に建つ建築を考えてみよう。
【実例】三徳山三佛寺・投入堂

三徳山三佛寺・投入堂

　百聞は一見にしかず。まさに絶壁に建てられたお堂。絶壁であるうえに硬い岩盤の上に建てられ、今もなお建ち続ける姿は圧巻である。国宝に指定されており、創建年は849年とされている。参拝者は堂を見上げるところまでは立ち入ることができるが、堂に近づくことは滑落死した者もいるほど危険ため禁じられている。

289 | 水の家

水が身近にある暮らしは気持ちのよいものだ。小さな小川が流れていれば、せせらぎの音を聞くだけで心地よい環境かもしれない。それが湖や海のほとりであれば眺望もよいだろう。どんどん水辺を想像してみよう。橋のように対岸まで架け渡すように建っていたり、水の中、船のように水の上に浮いている住宅も考えられる。噴水を取り入れたり、水盤を張ってみたり、家の中に水の場面をつくることも考えられるだろう。面白い水と家との関わり方を考えよう。

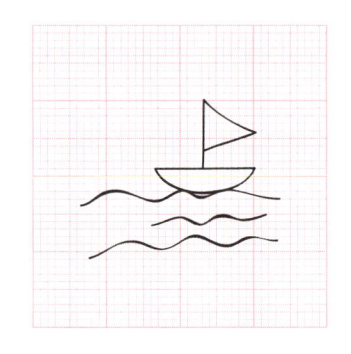

290 | 景色の家

家を考えるときに「景色」といわれると、窓から見える眺めのいい「景色」とか、借景のように視界を制限してトリミングされた「景色」などをイメージする。少し視点を変えてみると、そうやってできた家も、街の中では景色の1つといえるし、高台から見下ろす夜景の一部だったりするわけだ。内側からの景色をどうコントロールするかを考えながらも、その建物が今後どのような景色をつくることになるのか、そんなこともイメージしながらアプローチを試みてはどうだろう。

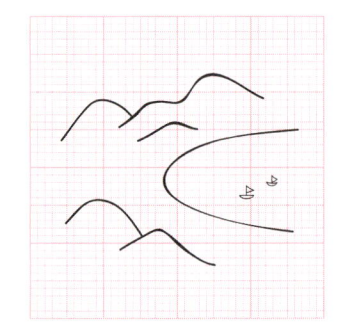

291 | 方角の家

方角を考えながら設計することは、1日、1年を通しての光の入り方や季節によって風の向きを考慮することでもある。昔からの住宅などであれば、寝室は朝日の入る東側に、リビングは明るい南面に、また工場などの作業スペースでは終日安定して採光できる北向きの間接光を取り入れるなど、方角による性格の違いを考えて配置する。計画された都市では東西南北のラインに合わせて道がつくられ、建物の向きにも強い影響をぼしている。そのため、都市のグリッドと建物の関係についても考えを進めることができないだろうか。

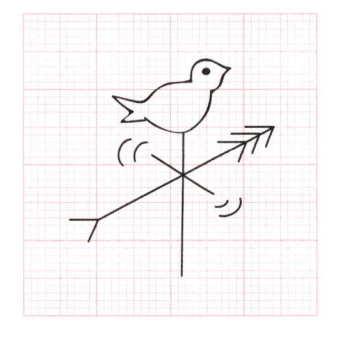

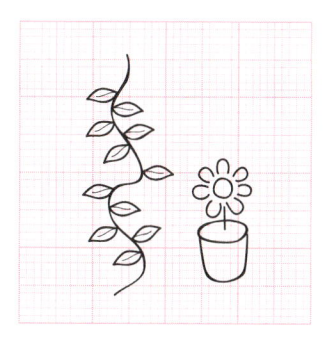

292 | 植物の家

どんな建物でも、隣に木が1本生えていると心地よく感じたりするものである。植物がすくすくと育つ環境は人間にとっても心地よい。緑と人間は密接な関係にあるのだろう。ひとことに植物といっても、その樹種はさまざまで、建築やランドスケープにおける使われ方もさまざまである。緑の絨毯のように平面的に芝生をしつらえたり、アイビーのように壁面に緑の遮光スクリーンをつくったり、藤棚を広げて視界を遮ってみたり。また、ツリーハウスのように、植物そのものが構造になった家も考えられるだろう。新しく生き生きとした植物と家の関係について考えてみよう。

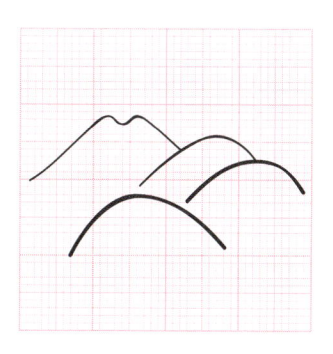

293 | 地形の家

建築がつくられるシチュエーションは、なにも平らな敷地に限られるということはない。平らでないと、アプローチの方法、まとまった平面を確保することが難しくなるなど、計画が複雑になるため多くの場合は避けたいと考える。しかし、地形が平らなものばかりではないということはデメリットばかりとはいえない。小さな起伏があれば、もたれかかったりインテリアの1つのような役割を果たすかもしれない。また、建物がある程度に密集する場所であれば、自分以外の建物は大きな岩や山のように地形のように捉えられるかもしれない。そんな地形とのうまい関わり合いを設計してほしい。

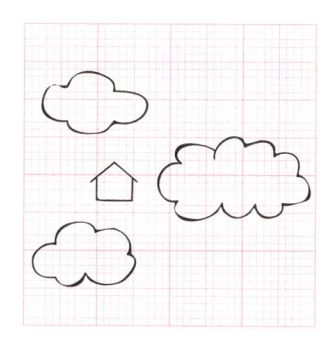

294 | 空の家

バベルの塔のように、空へ近づいていくことで空との関係を密にしていく。トップライトを設けて、家の中に空を取り込む。中庭をつくり、空を切り取る。空に浮いたような建物。空の扱い方1つで、断面、平面、開口、構造などは変化していく。太陽との関係も密接で、南側より北側の空のほうが綺麗だったり、太陽を背に写真を撮ると空は青く写ったりする。採光や景色に注目して設計しているつもりでも、空は建物と切っても切り離せない関係だったりすることを再認識してみよう。

【実例】スカイハウス／菊竹清訓

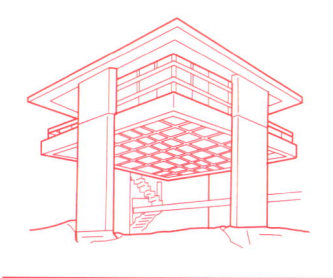

スカイハウス

設計：菊竹清訓

東京・文京区音羽のがけ地にせり建つ建築家の自邸。約10mの正方形平面のワンルームが4枚のRC壁柱でもち上げられ、空に浮かんだような外観が特徴的。ワンルームの居住空間が、空中にもち上げられている。屋根は、フラットルーフに近い緩やかな方形屋根となっている。現在はピロティ部分に個室が増築されている。

295 ｜ 影の家

光があるところに影はある。「影」は住宅地では嫌われ者として扱われ、日影規制によって、隣地に影が落ちすぎないような配慮が必要となる。それに対して「木陰」となると、影は人気者となる。垂直面から生まれる影は嫌われ、水平面から生まれる影は好まれるといった性質があるのかもしれない。例えばキャンプで使用するタープは雨を防ぐためというより、影をつくるための役割のほうが大きい。部屋をつくる要素、壁・天井も、影をつくる要素として捉えてみると異なる扱い方ができそうだ。

296 ｜ 空調の家

一般的には冷房設備のことを空調といったりするが、定義としては「空気を調和すること」となっている。そうした意味では、いたずらに部屋を冷やすことは空気調和とはいい難いのかもしれないし、暑がり寒がりの個人差だってある。では本当の意味での空気調和とはどういうことなのか。温度センサーで室内のコンディションを察知し、効率的に空調をする機能も増えたりしているが、そんな空調設備の進歩に対して、建築はどのように変わり得るのか、改めて見つめ直してみよう。

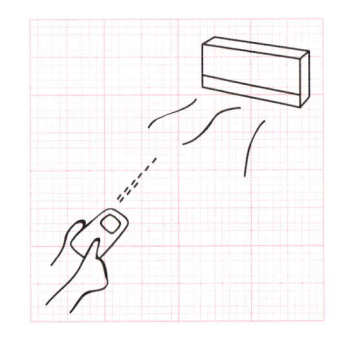

297 ｜ 環境の家

環境とつく言葉はいろいろあり、地球環境もあれば、生活環境、労働環境、家庭環境などさまざまで、その意味合いも広い。「環境」と聞いてエコロジーを連想することも大切だが、ここはひとつ、もっと身の回りの、自分を取り巻く身近な「環境」に目を向けてみてはどうだろう。自分を取り巻く1つの状態が、あるサイクルで繰り返されるとき、建築に何が起こるのかシミュレーションしてみよう。

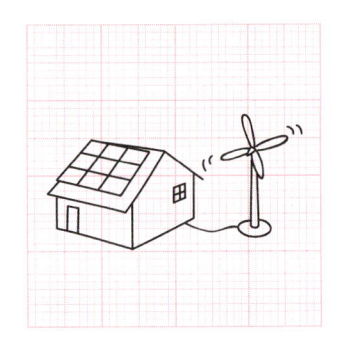

298 | 夜の家

夜になると、明るいところと暗いところが逆転する。昼の間は窓から光が差し込み、そこに影ができるのに対して、夜は部屋に灯された光（明かり）が外に漏れ、夜景をつくる。内外の明暗関係はガラス面の透過と反射の関係も逆転させる。明るい場所では透けて見えていたガラス面が、闇夜では真っ黒の反射面に変わる。闇に包まれることで視界に入る余分な情報が遮断されるのも1つの特徴といえる。昼から夜に変わることで変化する事象に着目して、夜の家を考えてみるのも面白い。

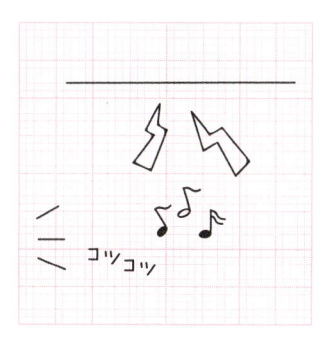

299 | 音の家

建築において、音は否定的に取られることが多い。道路を通る車の騒音、隣人のピアノの音や生活音、床がきしむ音、間仕切壁の防音性能、遮音性能などなど、生活には受け入れがたいものとして扱われる。しかし、無響音室のようにまったく音がない空間に立つと、人は妙に不安な心理が働いたりするので不思議なものである。音をもっと肯定して建築に取り入れることはできないものだろうか。ししおどしのように、もともと動物への威嚇を目的につくられたものが、風流となって文化となることもある。チリンとなる風鈴の音色なども、自然の要素を音に置き換えることで空間を演出していると考えると面白い。

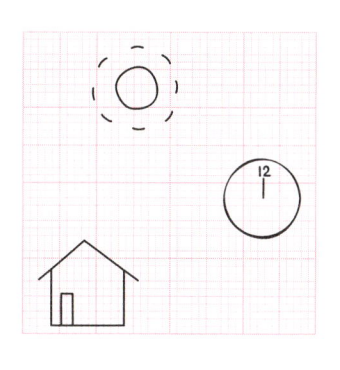

300 | 昼の家

バタバタ出かける朝でもなく、暗くなり少し疲れた夜でもない。そんな中間的な時間帯である「昼」の家とはどういうものか。昼下がり、昼休憩、昼寝、ランチタイム、などなど。なにやら昼に関係した言葉は、日常的でどこかのんびりしていて心地よい空間やゆっくりと流れる時間を連想してしまう。ここは少し脳みそを休ませて、そんな昼の家について、のんびりと考えてみよう。リラックスした状態から生まれる新しい発見だってあるかもしれない。
【実例】日没閉館 織田廣喜ミュージアム／安藤忠雄

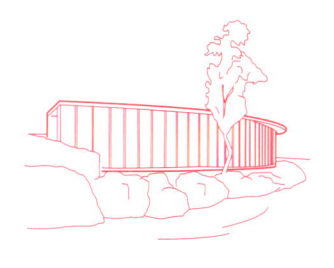

日没閉館　織田廣喜ミュージアム
設計：安藤忠雄

滋賀県に建つ美術館。画家の織田廣喜の「日のある間はひたすら絵をかき、沈んだら寝る。」という言葉に合わせて計画された、日没閉館の美術館。その名のとおり、日が暮れると施設は閉館する。画家がその画を描いていたときと同じ状態をつくるべく、展示室には人工照明がなく、トップライトからはさんさんと自然光が降り注ぐ。

301 ｜ 周辺の形を直接読み込むの家

「トレース」という言葉があるが、それは平面に限らず立体にも使えるはずである。周辺の形を詳しく読み込んで、まずは鋳型をつくってみよう。トレースする解像度を上げて、リアルにつくりこんでもいいし、逆に解像度を下げて抽象的につくり上げてもいいだろう。鋳型ができたら、さあ、あとはそこに生活を流し込むだけ。周辺の形を直接読み込んだとき、内部では何が起きるのか？　型をとるのが楽しみになるような、期待にあふれた家を考えよう。
参考：もうびぃでぃっく

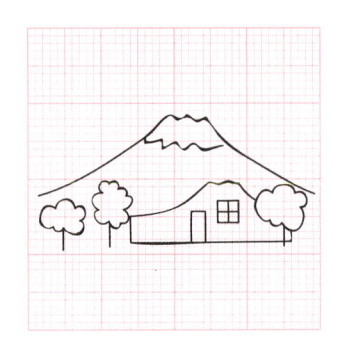

302 ｜ 季節の家

四季折々といわれるように、日本には特徴的な4つの季節がある。「春夏秋冬」をテーマにした歌や映画はよくあるが、建築においてはどうだろうか。季節を楽しむというよりは、夏は暑く冬は寒い、という気候の厳しさのほうが気になったりするものでもある。満開に咲き乱れる桜のように、辺り一面が紅く染まるモミジのように、建築を季節によって彩り鮮やかにつくることができないか考えてみよう。どこか1つの季節に絞って考えてみるのもよいだろう。

303 ｜ 水滴の家

流れ出たりする水の「動」の部分というよりは、水の「静」の部分を現す「水滴」。外的に雨や水がかかった状態ではなく、どちらかというと蒸気が液体化したような、内側からにじみ出るようなイメージに近い。ポタポタと水面に落ちて波紋をつくる水滴などはまさにやさしい水のイメージといえるが、それを建築に置き換えるとどうなるのか。結露や漏水など建物の劣化につながる消極的な水滴もイメージされるが、ここは静かで情緒溢れる水滴について考え、優しい波紋を住宅の中に広げてみよう。
【実例】豊島美術館／西沢立衛

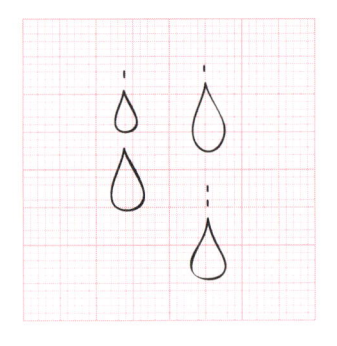

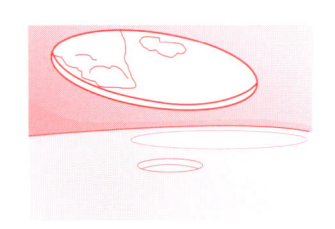

豊島美術館
設計：西沢立衛

瀬戸内海に浮かぶ島々の1つである豊島に建つ、水滴をモチーフとした1つのアート作品のための美術館。自然の中に置かれた形は、まさに水滴のような自由曲線で形づくられ、水平に広がる極めて緩やかなアーチ空間は厚さ250mmのコンクリートシェル構造で実現している。

操作・動作
Operation, Behavior

F.

304 | 見る見られるの家

建物では、見る／見られるの関係がある。近隣から覗かれることもあれば、空間を豊かにする人間同士、空間同士の見る／見られる関係もある。さっきまで見られる側だったのに、見る側になる場合もある。複数の人間が空間にいるときに、それは人間同士の気配の話にもなるし、空間の奥行きの話にも発展する。また、物と人間について考えれば、物は見られる側に位置することから、人間と物がどういう形で見る／見られる関係をつくればいいかを考えることもできる。そんな関係から空間の形が決まったり建物の関係が決まったりする。
参考：映画「裏窓」（アルフレッド・ヒッチコック監督）

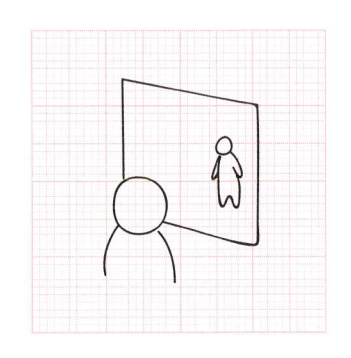

305 | へばりつくの家

建物は、大地にへばりついていると見ると、面白いことが起こるかもしれない。実際、建物は大地に載っているだけでなく、動かないようにある粘着度をもってくっついている。また、草や苔など、庭の中にある物や左官材料のようにへばりついて成立している物もある。今は、何でも接着剤によってくっついている物が多く、へばりついている物だらけかもしれない。昔の建物は、組手のような組み方や縄のような結びつけによって成立していた物もあった。へばりつくからイメージされる日常の物だと、スライムやガムなどがある。その表情も面白い。

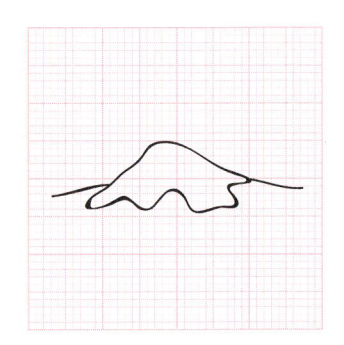

306 | トリミングの家

絵画や写真に代表されるように、額縁によって情景を切り取る手法である。建築の場合、窓などで景色を切り取る方法がある。いずれも、切り取ることによって、物の関係性を際だたせ、ほかの物を排除することによって限定的な見方を可能にする。非常に強力な手法であるが、間違って使うと押し付けがましいものとなる。日本にも昔から借景といって周辺の景色を借りてくることを行っていた。そこでもトリミングが窓だけでなく、周辺の木々や柱、天井、床といった建築の部位などによって巧みに切り取られたりしている。

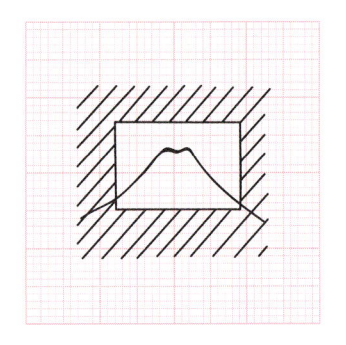

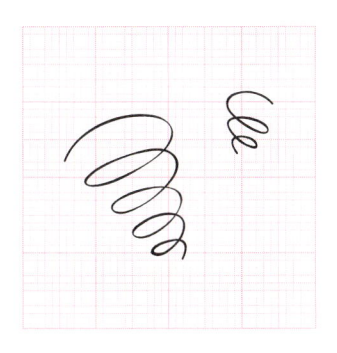

307 | くるくるの家

何かを積極的に回転させてみようというようなテーマであるが、建物の中で回転運動をする物は螺旋階段や扉の軌跡ぐらいで、それ以外はあまり回転運動などはしない。自然界をみると、つる草など回転運動をする物はたくさんある。クルクルさせることは、何か人をわくわくさせる。どこかクルクルが似合うところも建築の中にあるかもしれない。現代建築では、建物全体がツイストしてクルクルするような物も出てきそうだ。

参考：八王子セミナーハウス長期館／吉阪隆正

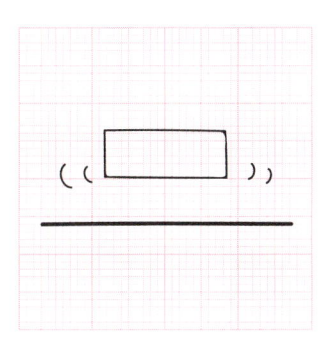

308 | 浮くの家

建築は今のところ、飛行機などのように自力で浮くことはない。ただ、「建築がもし浮いてくれたなら」という欲求は、未来都市のイメージなどにあるように、古今東西いくつも見ることができる。浮くことは重力からの制約を受けないということであり、建物と地面の縁を切る方法でもある。浮くことで物体は雲のように振る舞い、夢に満ちたイメージを帯びる。船は水と空気の間に浮いている、という見方にならえば、建物も地面と空気の間に浮いているのかもしれない。

参考：キャンチレバー、未来都市、サヴォワ邸／ル・コルビュジエ

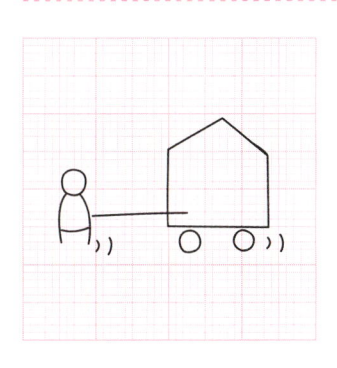

309 | 動くの家

建物は一般的に不動のものである。曳屋（ひきや）で家を動かすことは可能であるが、やむをえず行うことが多い。回転する展望レストランもあり、動いているという意味ではこれに当てはまるだろう。ここで特に取り上げたいのは、スタディ中にいろいろなものを動かしたり再配置することである。最終的な成果物は不動のものであるが、エスキス中は、あちらこちらに自由自在に動かして考えられる。そのときどのような変化が生じるかを観察することも重要だ。これもまた、建築スタディの難しさであり奥深さである。

【実例】ウォーキング・シティ／アーキグラム

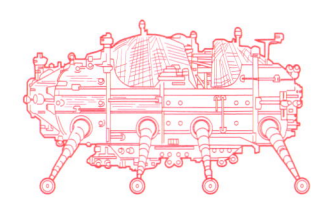

ウォーキング・シティ

設計：アーキグラム

建築・都市そのものが動いてしまうことで、他の都市の日常という概念を破り、新たな日常とは異なるものをつくり出すという発想でファンタジックに描かれた都市像。または「シティ・ムービング」とも呼ばれる。巨大なロボットのような、または両生類動物のような「都市」は伸縮自在の何本もある足で移動可能となり、土地の制約を受けない。

310 | 守るの家

建築は、外界から人を守るという重要な役目がある。そのためには、建築は、頼りがいのあるものである必要がある。雨、風、光、熱、湿気、動物などさまざまな外的要因から人間を守っている。環境が非常に厳しい地域では、建築は内部を守ろうとするあまり、要塞のように硬く閉じた建物になり、比較的安全なところでは、自由で開けた佇まいになる。どのラインを守備範囲とするのかが鍵となるが、守りの堅すぎる家は、見ていてもあまり心地よいものではない。どのようにバランスをとるのか、そこも設計者の腕の見せ所であろう。

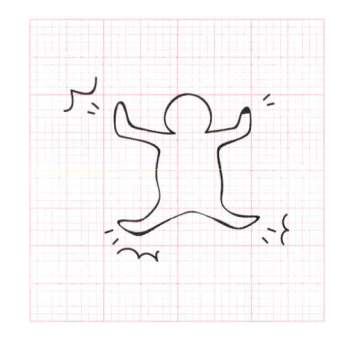

311 | たまるの家

日常の行為として、物をためることがある。飴玉を袋に詰めたり、貯金箱にお金をためたり、といった行為である。建築にも似たようなことはある。建築を計画するとき、設計者は、あるうつわの中に要求される諸室を詰めているようにもみえる。もちろん、詰めるだけでなくその順番や位置も整理するが、意識下でなんとなく詰め物をしているのである。たまに入りきらず外に飛び出ることもあるが、それもまた建築の個性になったりもする。

類義語：詰める

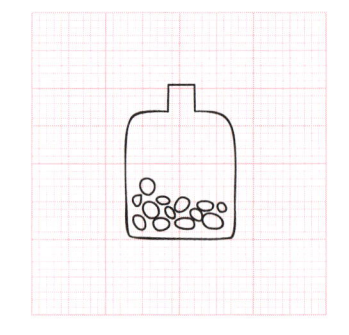

312 | 割るの家

建築の大きな単体を分割することによって小割にし、適度なスケール感にすることができる。そのなかで、いくつに分割するのか、といった計算は、建築の計画のなかで日常的に行われている。面積割に使う場合もあれば、柱のスパン割や階段の蹴上げといった建築の骨格となる部分の寸法を定めるときにも使用する。「素材を割る」というような使い方もある。レンガを割る。ガラスを割る。薪を割る。割れてできる表情なども面白い。

同義語：分割
【実例】ダブル・チムニー／アトリエ・ワン

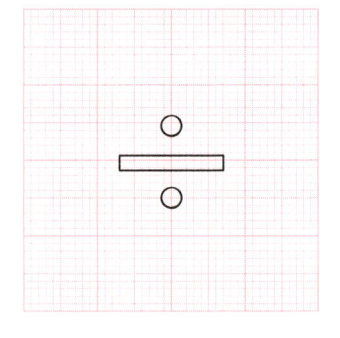

ダブル・チムニー

設計：アトリエ・ワン

軽井沢の雑木林の中に建つ別荘。敷地中央の既存樹木を避けるように、パカッと割れた外観とシンメトリーな三角形立面が特徴的。外周壁は黒く設えられているのに対して、既存樹木に向けられた部分は木質の肌合いのままで仕上げられているのが、割れた印象を強めている。この立面には、鉄骨柱やトラスを組み込み、外部に対して大きな開口を確保している。

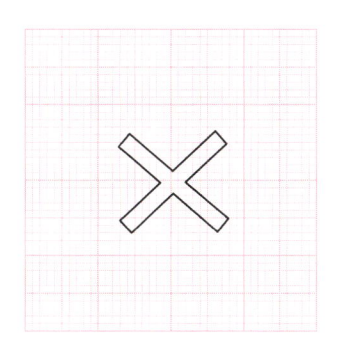

313 | 掛けるの家

掛け算は、**面積や体積を求めるときに使う**のが最も多いだろう。面積は建築を計画していくうえで、一定の制約条件でもあり、全体を決定する重要なファクターだ。また、材料の積算でも、掛け算は活躍する。コンクリートなどの体積を求める場合にも活躍する。**計画から発注作業まで、掛け算は建築にとって重要な計算**だ。モノとモノを掛け合わせる、遺伝子的には違うモノを掛け合わせるといったように、それぞれ単体ではなんでもないものでも、**掛け合わせることで価値を生み出すことがある**。新しいものを生み出すきっかけとして掛け合わせをしてみるとよい。

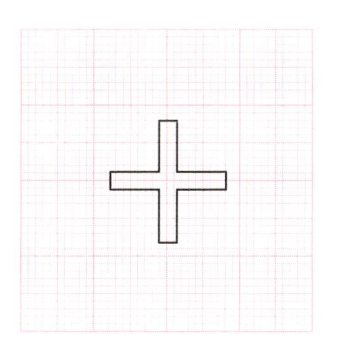

314 | 足すの家

足すという行為は、**物同士をくっつける意味**と、**付加的な追加の意味**で用いられる。実際は、何をどのくらい付加するかが問題となりやすいが、今ある建物に何か付けるだけでとてもよいものになることもあるかもしれない。オシャレな椅子を1つ加えただけで、空間が激変することはよくあることである。ただ、注意も必要で、新築などでは、施主の要求がテンコ盛りになってしまうと、ハリボテのような建築ができてしまう。なんでも条件を満たすために足し算ばかりしていては、なかなかよい建物はできない。**節度と塩梅が重要**である。

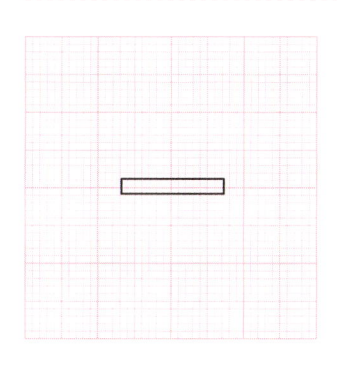

315 | 引くの家

引き算は整理整頓に近い。あれもこれもと**引いていくことによって研ぎ澄まされた空間が現れる**。それは、いわゆるミニマムな空間やものを指すが、こうした引き算によって確実にそこには抽象の世界がある。建築を設計するときに、最後にどれだけ整理できるかも腕の見せどころである。物に**優先順位をつけ、効率よい引き算**をしていこう。やりすぎもよくないが、工事費なども含めて効果の高い作業であることは間違いない。形のスタディでは、ボリュームからボリュームを引き算するといった手法もよく使う。**引き算によって空間や場を発生させることができる**。
【実例】カーサ・デ・ムージカ／OMA

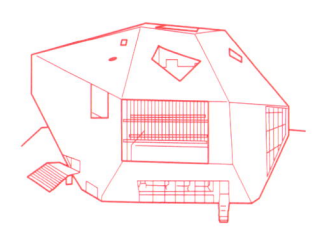

カーサ・デ・ムージカ

設計：OMA

ポルトガルでアルヴァロ・シザの審査によって選出により決定したプロジェクト。1,300席のコンサートホールをメインに、ホールとスタジオを収容する。1つの大きく白いボリュームから内部空間を抜き取ったような構成で、引き算のデザインを重ねて内部空間が構成されているのが特徴的。外観は白くシンプルだが、内部にはさまざまなマテリアルが用いられている。

316 ｜ 重なりの家

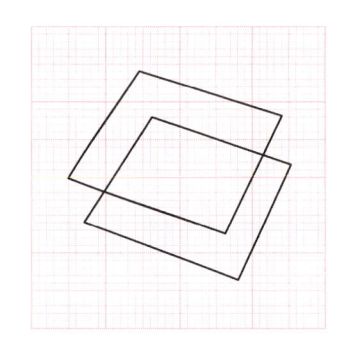

重ねることによってさまざまな効果がある。奥行感が増したり、向こうの景色が和らいだりする。また、色塗りでも、重ねた部分は濃くなったり、色同士が混じったり、さまざまな効果がある。建築をつくる場合、構造部材、下地、仕上げと重なり合いによって壁や床などが構成される。重ねることによって面をなし、ボリュームとなる。借景なども、背景と近くの建物や庭の重なりによって生かされたりする。建築を設計する場合、たくさんの与条件の重なり合いから全体が決定されるし、常にその重なったレイヤのようなものの濃淡によって全体が定義づけられていると考えることもできる。

317 ｜ 分裂の家

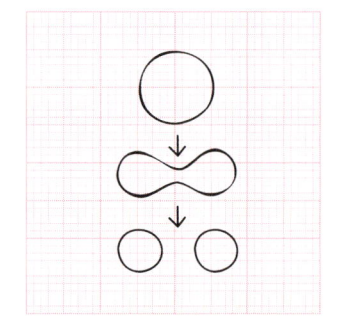

1つの形が引きちぎられるように2つに分裂する。細胞分裂では、まさにそういう変化が存在するが、建築においてはどうであろうか。分裂という言葉は否定的な言葉として用いられることもある。「関係が分裂する」というように、今までうまくいっていたものが破綻をきたして分かれることをいう。建築空間には、相性のよいものがたくさん存在する。仮にそれらに対して引き裂くような操作を施すと、どんなことがみえてくるだろうか。
類義語：分割

318 ｜ 傾くの家

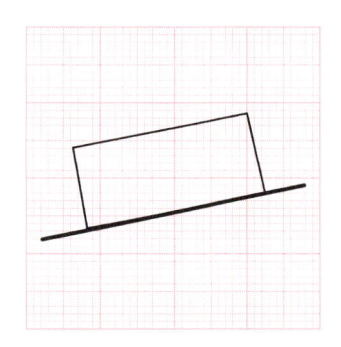

建築は通常、まっすぐ建てられるものである。そんな建物の中で最初から斜めをもち合わせている部分として、屋根面などがある。どちらかという傾かせなくてすむならば傾かせたくないが、性能上どうしても傾かせる必要がある。逆に、現代建築などでは、傾く必要のない物を傾かせることによって空間に変化をもたらし、意図的に安定を壊すことで空間をエキサイティングにすることがある。少し傾かせるのか、大きく傾かせるのかでも、ずいぶん意味は変わってくる。
類義語：斜め、傾斜

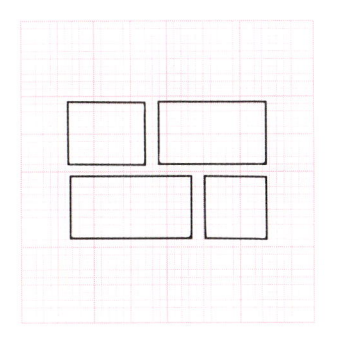

319 | 区分の家

分けて物事を考えてみよう。まとめてひとくくりで考えたい場面はたくさんあるが、それがとても複雑で難しいときがある。そうしたときには、**ひとまず分けて考え、最後にそれらを合わせてみるの**もよい。人間は経験を積むと、同時にたくさんのことを多角的に検討できるようになるが、最初は回り道のような手順を積むことが必要である。また、人に説明するときにも、うまく分けて話すと分かりやすくなることも多い。料理の下ごしらえのようなもので、地道な努力が重要なのかもしれない。

320 | 停止の家

エスキスをしているときに、煮詰まることがある。そんなときには、この言葉がぴったりだと思うが、**やめてみるのも解決方法**かもしれない。なんでも、進めばよくなるというものでもない。引き返す勇気も、やめる勇気も必要になってくる。
また、ある方向に物事を進めているときに今の瞬間に予期せぬ輝きがあったならば、その先の道があろうと進まないでとりあえずやめて、**今の輝きを見直す方法**もある。絵画や音楽には、未完成を完成とした作品は多い。

参考：行き止まり

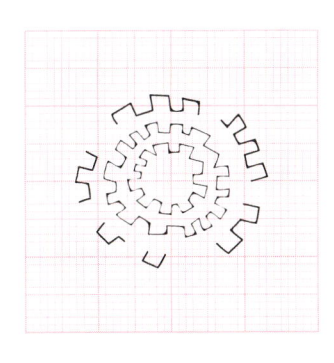

321 | 増殖の家

増殖とは、**あるルールにそって増えることをいう。**うまくルールをつくることで、物を増やす。これは建築に限ったことではなく、**増殖させたときにそれらがどういった振る舞いをするかを見るのも**面白い。建築は、都市のなかで増殖している。その結果できる風景が魅力的になることもあるだろうし、あまりうまくいかないこともあるだろう。単体の建築がよいことに越したことはないが、それらが形成する全体像にも気を配ってみよう。建築が増殖し続けてバランスを崩してしまう場合には、歯止めも大事になってくる。

【実例】中銀カプセルタワービル／黒川紀章

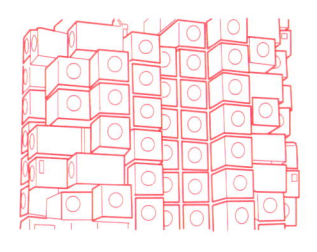

中銀カプセルタワービル

設計：黒川紀章

銀座に建つカプセル型の集合住宅。地上11階一部13階・地下1階。1つのユニットが独立した1つの部屋となり、積み上げられたように、または無限に増殖していくように外観が形成されている。技術的にはカプセル単位の交換は可能になっているが、実現はされていない。1972年完成。

322 | 防御の家

建物は、人間を外的環境から守るという使命がある。また、景色を建物の一部とすることによって景観を含め、外的圧力から守ることもできる。設計側でも、防御が必要な場合がある。さまざまな要求にこたえるべく建築がつくられるときに失われてしまうものも多々ある。しかし、他の要求によってある輝いたものを捨てるのは本当に必要であるか、落ち着いて考えてみることも重要だろう。そして、そんな輝きをもしできるのならば、防御する形で延命させるのも設計の仕方としてはありうるかもしれない。まとまった建物よりも、1つの防御された輝きをもった建物のほうが魅力的に見えたりすることもある。

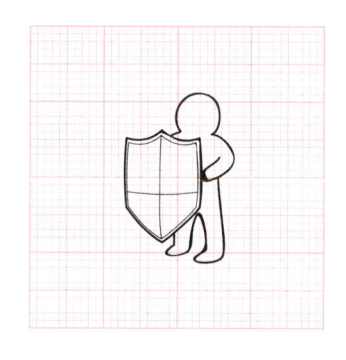

323 | 越えての家

設計だけでなく、さまざまなときに「壁にぶち当たる」ことはある。複雑であればあるほどその壁は大きく見えるものだ。そうした類の壁を越えるという話もあるが、ここでは、違う話をしたい。物事を決めるとき、なんとなく、それぞれの守備範囲というものがある。それらは、壁のような物で仕切られているが、たまには、そこを少し越えてみたらどうなるかと考えてみるのもよい。必要以上に越えることには危険も伴うが、大きな飛躍につながることも多い。まずはどこが壁かを見極め、どのように越えてみると効果的なのかを考えてみよう。また、どうして皆はその壁は越えないのかについても見極める必要がある。

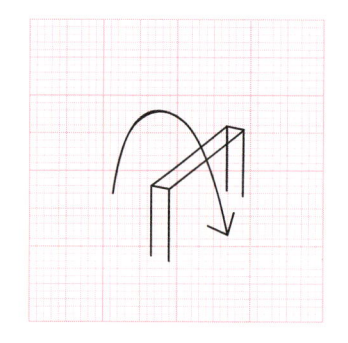

324 | 見せかけの家

見せかけとは、悪い言い方をすれば、だます、化けるといった言葉とも似ている。建築は、ときには見せかけであったりすることも必要である。細い材料を身にまとって繊細そうに振る舞ったり、重厚そうな素材を使って重そうに振る舞ったり、近くにはない大理石を身にまとって岩のように振る舞ったりと、さまざまである。そんな見せかけの方法をさまざまな観点から捉えてみよう。また、見せかけることの良し悪しについても真剣に議論すべきことかもしれない。建築や街並みのあり方について考えたとき、もはや見せかけも無視できなくなっている。

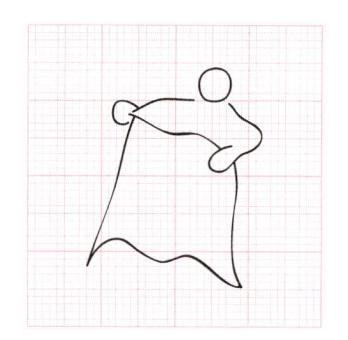

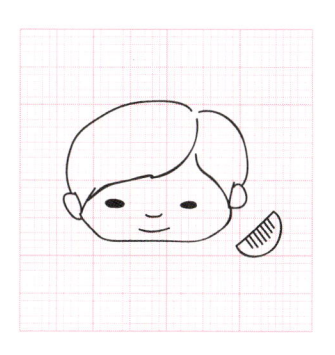

325 | 分けるの家

モノを分けるときに、分け方1つで何か面白いアイデアにならないかを考えてみよう。髪を7:3分けにするように、分け方が特徴的であることによって、周りと調和したり、モノが特徴付けられたりしないか、いろいろと試してみよう。具体的には、建物の分け方にはじまり、部屋の分け方、また分ける数などによって、同じ条件下でも結果は大きく異なってくる。逆にワンルームのように、分けることをあえてしない方法もある。

類義語：割る、分割、分節

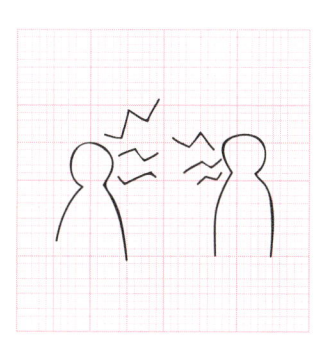

326 | 喧嘩の家

建築の用語に「物の勝ち負け」というのがある。それは、部材の納まりのときによく出てくる言葉であるが、右の材料を勝たせるのか左の材料を勝たせるのかといった具合に、物事には、勝負があり、ルール付けられている。それらがうまくいかないとき、喧嘩が始まるわけだが、痛み分けもあれば、思ってもみなかった物が負けることもある。とにかく喧嘩はよいものではないが、喧嘩しない物同士をあえて喧嘩させることによって、ある突破口が見出せることがあるかもしれない。

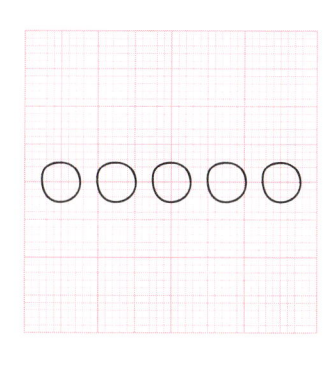

327 | 反復の家

反復されることは、ある特別な意味をもつことがある。それは、何が反復されるかということ以上に、反復している事実が強い意味をもつ。反復は、複製という言葉とも関係しており、ある緊張感やリズム感のようなものを生む。高層ビルのように建物が大きくなればなるほど反復性は現れやすい。建築は部材で構成されるため、同じ物が何度も繰り返される。下地や仕上げは等間隔で繰り返し配置されるし、集合住宅やホテルのように同じ部屋が繰り返されることもある。

同義語：繰り返し
【実例】電通本社ビル／大林組、ジャン・ヌーベル

電通本社ビル

設計：大林組、ジャン・ヌーベル

東京・汐留に建つ地上48階のオフィスビル。パターンを反復させることによって、高層ビルのファサードをとても柔らかい印象に仕上げている例。ガラススクリーンに特殊プリントを施すことによってスラブを消すような表現を用い、それを層の数だけ反復することで、なめらかで柔らかい印象をもつファサードを実現している。

328 ｜ 兼ねるの家

スプーンにもなればフォークにもなるといったように、1つの物が複数の機能を兼ねるような仕組みはなかなか面白い。実際、ダイニングテーブルが書斎になっている家もあれば、椅子が踏み台代わりになっている場合もある。そうした機能を兼ねることが、生活空間をシンプルにしてくれる。特に小さな家では複合的な機能が大いに役立つ。階段が座れる場所にもなったり、外部空間が室内の延長として使えたり、例をあげればきりがないが、さまざまな物がつなげるきっかけになれば、全体をまとめる手がかりになるかもしれない。

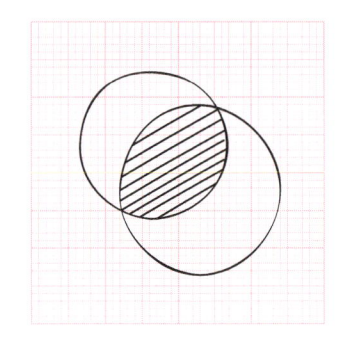

同義語：複合

329 ｜ 触るの家

人間は触覚を用いて、建物や壁、素材などを触ったりすることができる。そこで触って初めて分かることもたくさんある。固さや温度感、手触りなどだ。特に、日常手に触れたりする部分は、建築の部位のなかでも特別であり、その一例として、手摺りや把手などが挙げられる。また、素材についてよく分からない場合には、触ったり、手にとったりすることでよく分かるようになる。素材の良し悪しは頭で考えるのではなく、手に記憶させよう。

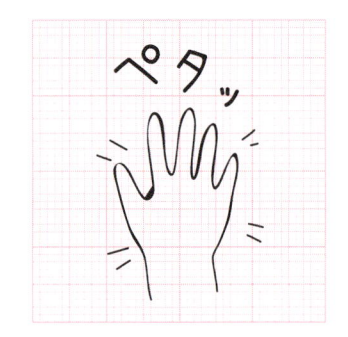

330 ｜ つなぐの家

つながりと同じ言葉であるが、ここでは、物理的につなぐことがどういうことを生み出すか見ていきたい。物の配置などを考えるときに、物理的に2つの物をつないでみよう。そうすると、一方が動くともう一方も引っ張られ、一方が近づくと糸が緩み相手には影響を与えなかったりする。つなぐ物の種類によってその動きや関係も変わってくる。何を使ってどんな風にそれぞれをどうつなぐか、そういったところを詰めて考えてみるのも楽しい。

類義語：つながり

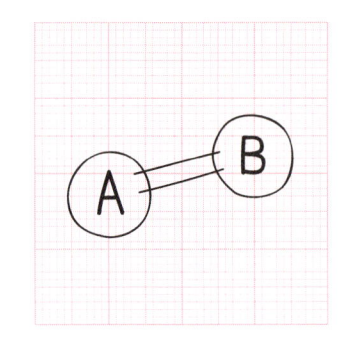

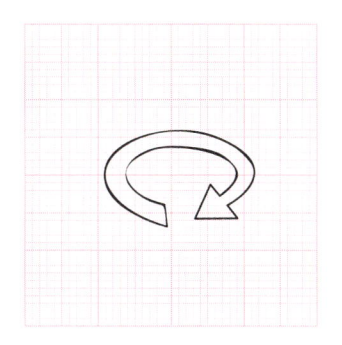

331 | 回転の家

物を回してみよう。ひっくり返してみてもよい。違う見え方がするかもしれない。模型をひっくり返したらいいものができました、という笑い話もある。建物の部品には、動くものがある。そのなかで、回転するものは扉などが代表例。昔はやった、ビルの上に設けられた回転レストランというものもある。部屋自体がゆっくり回転する。建築のまわりを見渡すと、ほかにも回転しているものはある。自転、公転といわれる天体の動きもその1つだ。地球が太陽のまわりを回り、地球自身も回転することにより、太陽の移り変わりや四季が生まれている。

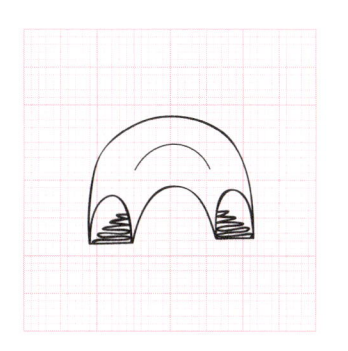

332 | 抜けるの家

トンネルを抜けるというように、シークエンシャルな空間体験を期待するときに、抜けるような空間を設けることがある。ニュアンスとしては、とても開放されるような印象を受け、建築でもきっと積極的に取り入れることができるテーマだろう。トンネルを抜けるように、建物を一度すり抜けてみるのも面白いかもしれない。視線がすっと通ることを抜けるといったりもする。部屋から部屋へ抜けるという捉え方も面白いだろう。行き詰まったら、ぜひよい抜け道を見つけてもらいたい。

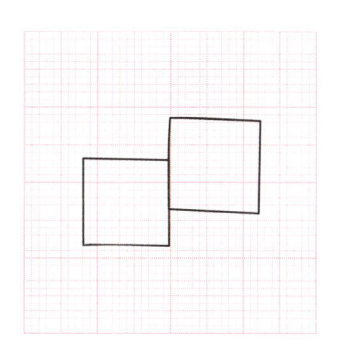

333 | ズレの家

ズレとは、本来そろっているはずのものが、何かの理由でずれたことをいう。ズレを元に戻す場合もあれば、そろっている物を操作してわざとずらしてみることもある。ずらすことによって今まで見えていなかった隙間の面が見えたり、空間に方向性が生まれたりする。自然界ではそろっているほうが不自然で、たいていの物は、多少ずれたりしている。また、ずれる大きさによってもかなり印象は異なり、微小なズレから大きなズレまで、表情はさまざまである。それぞれの違いを比較してみるのもよい。
【実例】シアトル公共図書館／OMA

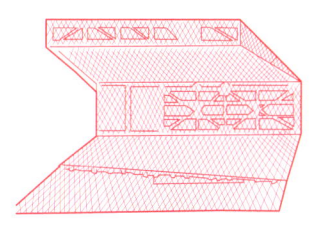

シアトル公共図書館

設計：OMA

アメリカ・シアトルの中心部に建つ公共図書館。各フロアがズレながら積層され、それらをメッシュの外装で覆うことでボリュームが成立している。大きなズレは外装面で大きな斜面として現れ、アクロバットなイメージやダイナミックさをもたらしている。

334 | くっつけるの家

くっついていない物同士をくっつけることによって、何か発見はないか。そんなきっかけとしてこのテーマはある。何と何をくっつけるかは各自が判断すればいいが、くっつきようのない物や言葉をくっつけてみると、新しい発見があるかもしれない。くっつける方法もさまざまで、隣り合わせるというだけの場合もくっついていると呼ぶし、接着剤やマジックテープのように接着や密着する方法でのくっつけるも考えられる。建物を構成する部材は、どんな形であれ、くっつく関係にある。そういった部材レベルで、物の接着関係を捉えるのもよいだろう。

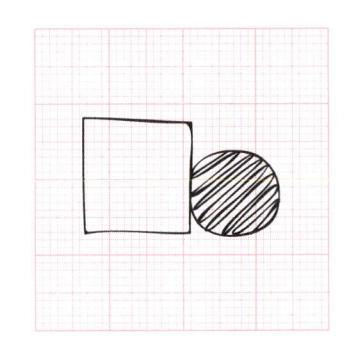

335 | 分割の家

建築の場合、間取りを決めるうえで、部屋の分割という作業がある。計算上の割り算ではなく、見える物や形に対して行われる行為に近い。石を高いところから落として割ってみたり、斧で木を割ってみたり、物理的に力を加えることによって素材を分割することはよくあることだ。また、それによって生まれた素材の断面は、素材の特徴をよく表している場合もあり、それも、分割によって生まれる恩恵の1つかもしれない。また、思考方法として、一見不可分と思われる1つの物を割ってみるのも新しい発見につながるかもしれない。

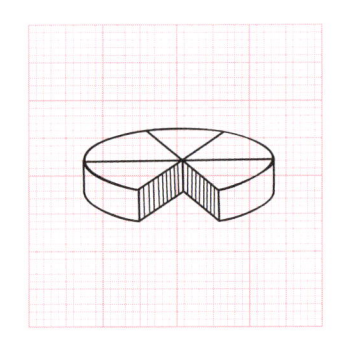

類義語：分節

336 | 劣化の家

素材のなかには、紫外線や凍結などさまざま要因によって劣化するものがある。それらはヒビが入り、形を自ら崩していく。そんな行程のなかで見えるデザインについて考えてみよう。ヒビはどういう規則でできるのか、どのように手を加えるとどんなヒビになるのかなどについて考えてみてもよいし、ヒビによって細分化されたかけらの形について考えてみてもよい。また、劣化によって生じた隙間にはどんな特徴があり、どんなことが起こるのか。小さな雑草が生えたり、苔が生えたり、建物の外壁1つとってもさまざまなことが見てとれる。

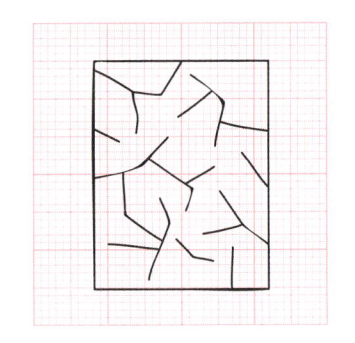

関連：廃墟

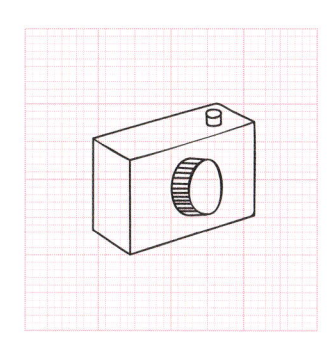

337 | 写真の家

記録をとる、あるいは、相手にイメージを伝えるため、写真はなくてはならない存在である。写真は、建物の外観、内観を1つの写真で捕らえようとするとゆがんだり、局部的に強調されたりする。しかし今のところ、平面に空間を記録する方法はこれが唯一の方法であり、写真のもつ性質、また透視図のもつ性質と仲良く付き合っていかなければならない。また写真は、被写界深度の調整によって、自分が空間の中で何に焦点を当てて見ているかなど再現できることもあり、写真の理解は建築空間を表現していくうえで必要不可欠である。また、時間の移り変わりや人と空間の関わりを捉えるのにも、よいだろう。

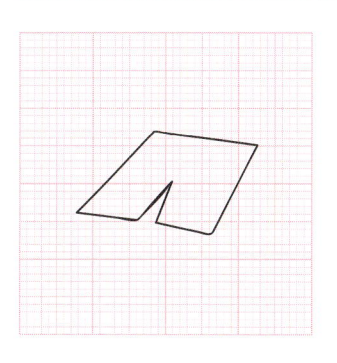

338 | 切れ込みの家

紙にハサミなどで、切れ込みを入れてみる。そうすると、今まで1枚だった面が裂けて2枚の枝分かれした面になる。切り絵のように非常に手の込んだ切れ込みを入れることもできるだろうし、一度切れ込みを入れたところを再度ふさいだりつなげ直したりすることもできるだろう。洋服は、布に切れ込みを入れて形づくるところがある。建築以上によく使う手法かもしれない。建築に直接的に応用できる方法としては、スラブに切れ込みを入れたり、壁に切れ込みを入れたりすることが考えられる。

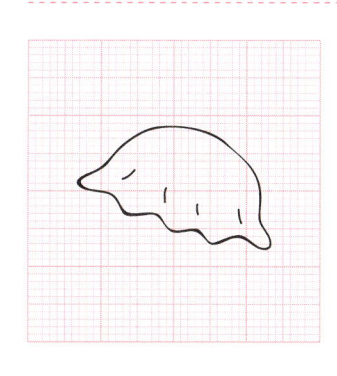

339 | 包むの家

オブラート状の物で何かを包むと、その外形はあいまいになり、それが優しい雰囲気をつくる。固い物を柔らかい物で包むのか、あるいは、柔らかい物を硬い物で包むのか。いろいろな物を包んだり、また包み方などを工夫してみると、さまざまな表情を生むことができる。シュウマイや餃子のように、食べ物の分野では、包むという発想は比較的多く、他の分野では、服などもまさに体を包むものである。建物も、空間を包むものとして捉えることができるかもしれない。

類義語：かぶせる・覆う
【実例】 モンゴルのパオ

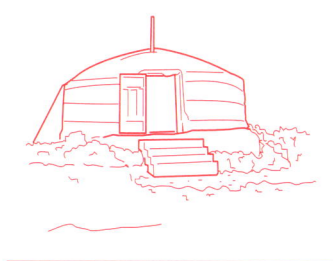

モンゴルのパオ

中国語で「包（パオ）」という。モンゴルの遊牧民が住んでいる円錐形で丸屋根をした組立移動式住居。モンゴル語では、家を意味する「ゲル」と呼ばれる。設営と運搬が容易にできて、過酷な気候にも対応できる簡易な構造が遊牧生活を支えている。内布・外布と、布を重ねてまとい、まるで家が重ね着しているかのような振る舞いが特徴的。

340 | 通すの家

穴があったら、通してみる。通らなかったら、通るようにしてみる。視線が通る、廊下を通す、建物を通す、道を通すなど、さまざまな場面で応用できる行為であるが、基本的に、通すということは線状のものが、ある穴や隙間を横断していくことを指すようである。また道を通すといった使い方では、必ずしも相手となる穴のようなものはいらない。本質的なものをみるために、今まで通っていたものを通れなくしたりすることを観察するのもよいかもしれない。

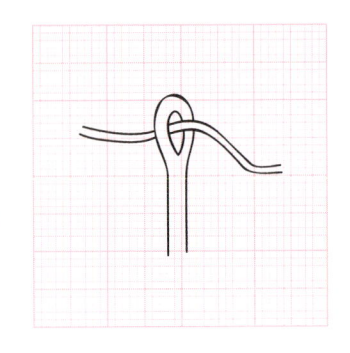

341 | 掘るの家

掘るという行為は建築と特に関係の深い行為である。建物を建てる手始めとして、土をいじる。基礎や地下室をつくるため、地面を掘ることになる。手作業もあれば、重機を用いることもある。住み処として、地面を掘って家をつくることもある。下に掘る場合や横に掘る場合など、その土地の風土を生かしたつくり方がある。竪穴式住居もまた、穴を掘ることによってつくられた。違う漢字で、彫るという字もある。模様や、彫刻などを形づくるときに用いられる。どちらも、塊に対して負の操作をするという意味では少し似ている。

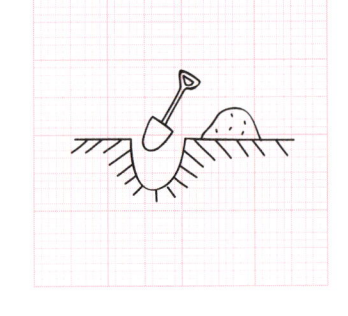

類義語：引く

342 | 縫うの家

布地を張り合わせる場合、縫うという行為によって2つの異なるものをつなぎ合わせることができる。布地などの面状のものに対して穴を通して、糸を互い違いに進めるのが縫うという行為である。面をつなぎ合わせる接着方法の1つとして着目してみるのもよいかもしれない。手術などでも、何針縫ったというように縫うという方法がとられる。別の使い方では、障害物を縫うように進むといったように、物をすり抜けるときにも、同じく縫うという表現を用いる。

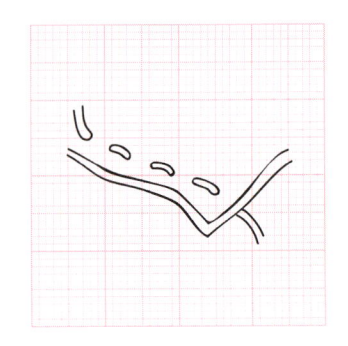

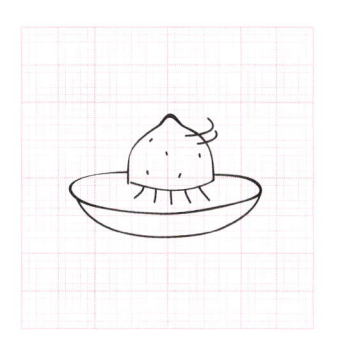

343 | 絞るの家

絞るとは、建築でいえばシェイプアップに近い感じだろうか。シェイプアップすることによって、単純化されたり、機能に破綻をきたしたりと、さまざまな副作用があるが、絞ることによって洗練された事例も数多くある。大切なのはメリハリかもしれない。絞るところはキュッと絞って、そうでないところは少し余裕やゆとりがあってもいいかもしれない。どこを絞るか。シルエットなのか、内面的な機能なのか。そんなシェイプアップ作業を少ししてみよう。

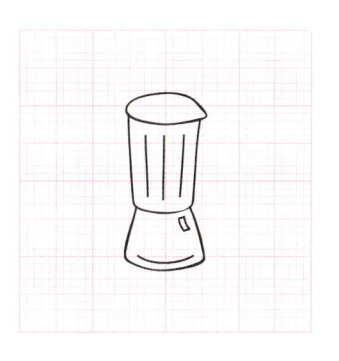

344 | MIXの家

かき混ぜてみる。整然としたものをかき混ぜると、そこには混沌としたものが生まれる。建物や都市の魅力は整然としたものだけではなく、この混沌としたところにもあるのは事実である。ミックスジュースをつくるときのように適度なかき混ぜ方は、素材の粒子を引き立てうまみになる。かき混ぜすぎると均質化し、素材の正確を失っていくこともある。何かを引き立てる手段として、少しかき混ぜてみるというスタディがあってよいのではないか。

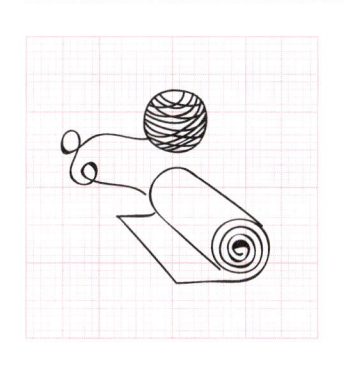

345 | 巻くの家

包むという行為が面によって全方向に対して物体を包むのに対し、巻くとは、一方向に面を丸めたり、糸のようなもので物を覆う手法をいう。布地のように薄くて長いものは、巻くことによって保管される。食べ物でも巻き寿司のように、巻くという行為がみられる。巻いたような形を建築に施すこともある。スラブを巻いてみたり、壁を巻いてみたりという操作である。糸状のものを巻く場合は、筒や塊に巻き付けることが多いが、何もない空気のようなものに対して巻き付くこともできる。
【実例】カーディフ・ベイ・オペラハウス／OMA

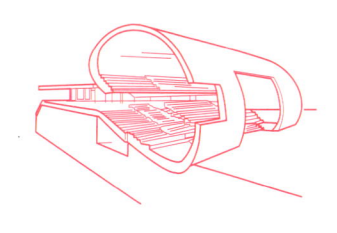

カーディフ・ベイ・オペラハウス
設計：OMA

1994年、ウェールズ・カーディフ湾岸で行なわれた国際コンペ案。OMAは当時、床、壁、天井の建築的要素を1枚のスラブでひとつながりの断面に描く提案を多くしていたが、そのなかでも、より有機的に曲線を描き、ぐるっと巻かれた断面構成が特徴的。コンペは建築家ザハ・ハディドが勝利したが、建築困難などを理由として、コンペ案は実現しなかった。

346 | 換気の家

室内の換気をよくするために、換気扇だけに頼るのではなく、室内をうまく風が通るようにすることはとても重要なことである。風上から風下に向けて開口を設けたり、低い位置に取り入れ口を設け、高いところから排気するといったように、高低差で生じる圧力の差によって室内に風を吹かすこともできる。また、換気の必要性としては、人間が生活するなかでの空気汚染、酸素の濃度、また調理などによる臭気対策、カビや結露防止のためであったりする。
関連：風

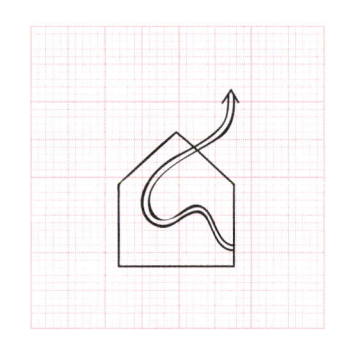

---

347 | 裂けるの家

野菜だったり、チーズだったり、方向性をもつ繊維状の物は、裂ける物もある。木材などでも、その表面が乾燥で収縮し、自然に裂けたりすることがある。裂けるというと、言葉としては、亀裂、分裂、破裂など、とても元通りにならない、そんな意味合いをもっている。一見すると使いづらい特徴があるが、例えば竹細工のように、繊維を割いてさまざまな物に変身できる素材もある。裂けてできるデザインや組み合わせる仕組みなどを考えてみるのも面白い。

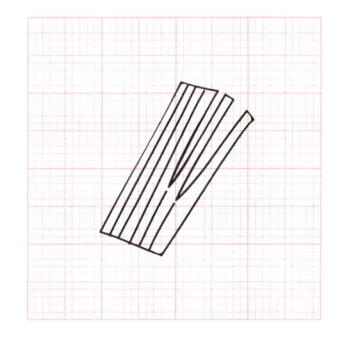

---

348 | ほどくの家

布地をほどくことによって形が保持されないという経験は、誰もがしているだろう。ほどくとは、一般的に結んだり、縫ったり、もつれたりしたものを解き放つことをいう。このほどくという行為も、またデザインを表現するうえで、編み込むとは逆の思考として可能性はないだろうか。建築を考える行為は、結んだり縫ったりする行為に近いかもしれない。そう考えると、ほどくという行為は、いつの間にか当たり前に思っているようなことを今一度考え直すということに該当するかもしれない。それは、プランでもいいし、建築部材でもいいかもしれない。ほどくという行為で、建築を再構築してみよう。

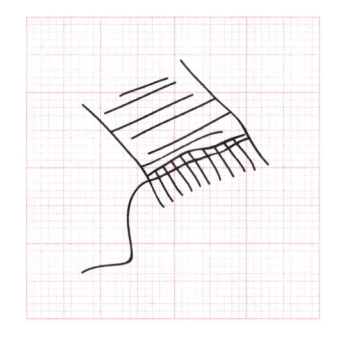

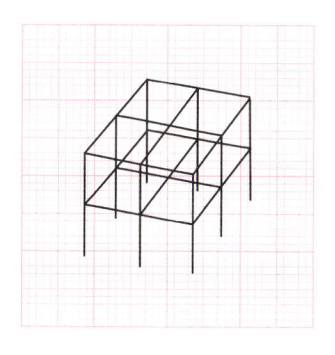

349 | 構造の家

構造は建築と切っても切り離せない関係。これからもずっと付き合っていかねばならない。これまでの歴史で、いろんな人が技術や努力や知恵、そしてチャレンジを積み重ね、現代ではさまざまな構造表現が可能になった。隠すもよし、これでもかと表現するもよし。力強く見えたり、軽やかに見えたり、開放感を与えたり、とても奥深い。人の流れを考えるのと同じように、力の流れをイメージして、重力との新鮮な戦い方を考えてみよう。

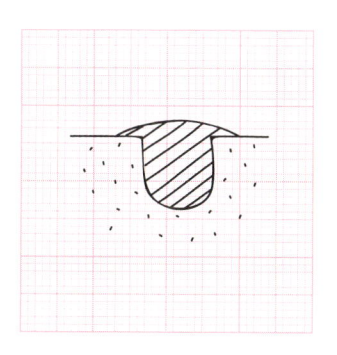

350 | 埋めるの家

隙間を埋める。穴を埋める。埋めるという行為は、不要な穴などを修復するイメージがある。また、埋めるという行為は、何かを隠すことも指す。「埋設」は建築的にもよく使われる用語だ。コンクリートの中には鉄筋が埋まっているし、壁の中には配管などたくさんの物が埋まっている。また埋める材料によってもその性能や仕上がりもさまざまだ。何で何を埋めるのか。埋めるという言葉の使い方は幅が広いが、実際の行為を通じてさまざまな埋め方を探ってみよう。

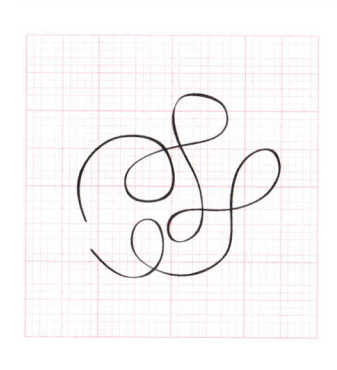

351 | 一筆書きの家

一筆描きとは、よく問題形式で出題されることがある。1つの連なりで、その絵が描けるのか。一見すると建築にはまったく関係ない話のようにもみえるが、空間の流れをもつ建物としては、このひとつながりが可能なのかどうかと、興味のあるところである。図面を描くときにペンを止めることなく描いたら、どんな図面になるのだろうか。一見無駄なトレーニングのようであるが、一瞬一瞬、自分の描く線によって空間が型どられてゆくさまを見ながら図面を描くのは面白い。

【実例】安中環境アートフォーラムコンペ案／藤本壮介

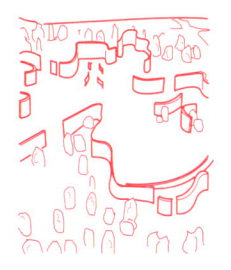

安中環境アートフォーラムコンペ案

設計：藤本壮介

多目的施設のコンペ案。環境をテーマにした施設が、緑に囲まれた自然の環境の中に計画を求められたのに対して、提案されたコンペ案。一筆書き状に自由曲線を描きながら立ち上がる曲面壁によって、緩やかに領域づけられたワンルーム空間。自然の環境の中に、一筆書きで、内外の境界線をぐにゃぐにゃと1本で描いただけ自由でのシンプルなプラン。

352 | ふき取るの家

何かこぼしたときに、それを急いでふき取る光景に出くわしたことがあると思う。そんなとき、ふき取りが遅れると、それは、シミとなり残ってしまうことがある。絵画などでは、ふき取りという技法がある。絵の具を塗り、その後、半乾きの間にふき取ると、ふき取り跡が残り、よい風合いになったりする。一度塗られたものや貼られたものなどをぬぐい取ることによってできる光景もまた建築の一部として考えることもできるであろう。

参考：はがれた跡、ふき取られた跡

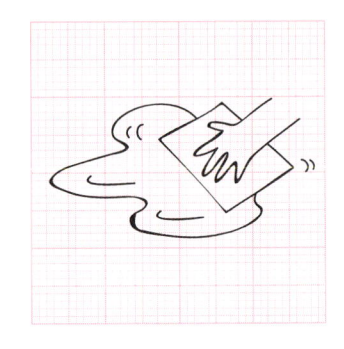

353 | 回り方の家

回り方には、右回りと左回りがある。植物もよく観察するとどちらかに回っていたりし、回転運動をするものは、ある方向性を常にもっている。建物の回り階段などでも、回り方は、右と左の2通りあることになる。ちなみに盆踊りなど、人は、広場で囲むように回転することがある。どちら向きに回るのか観察するのも面白い。建物が建つだけで、人は建物の周りを歩いたりできる。それは意外と幸せなことかもしれない。

関連：くるくる

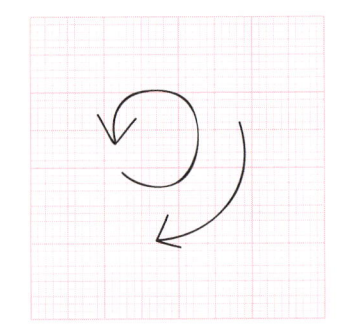

354 | 集まるの家

家は集まることにより、集落として村や街を形成する。それらの集まりは、集まり方などによって、独特な街並みや雰囲気をつくり出す。狭い場所では、かなりの高密度で建物が集まるであろうし、広々としているところでは、集まるというよりは、点在しているのに近い振る舞いをするかもしれない。集まる大きさは、その移動手段にも大きく依存し、歩いてすむ距離、車などを使って移動できる距離でも大きく異なる。建物1つとっても、部屋の集合体として建築を捉えることができる。

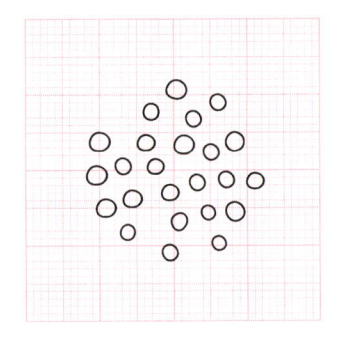

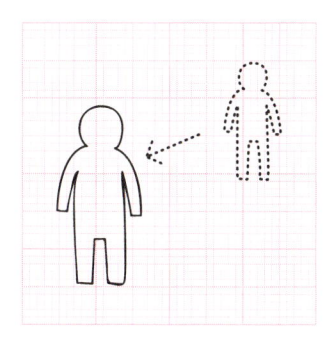

355 | ワープの家

ワープというと「SFではないのだから」という意見が聞こえてきそうであるが、建築にはワープに近いものがいくつか存在する。エレベータ、エスカレータ、動く歩道といったものだ。エレベータは、それぞれの空間同士はエレベータのキャビンでしか接続していないため、空間同士のつながりはきわめて不連続である。エスカレータなどは、通常は人間の負荷としてかかる距離や高度差などを克服してくれる感覚が、どこかワープ感のあるものだ。これらのワープできる機材は、さまざまな問題を劇的に解決してくれるかもしれない。

参考：エレベータ、エスカレータ、動く歩道

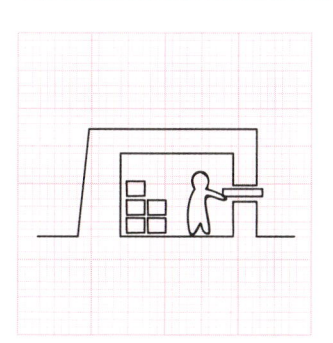

356 | 要塞の家

建築のなかには、要塞のようなものもある。外的から身を守るために頑丈な壁によってつくられ、最小限の開口部しかもたない。もし相手が近くに来ようものなら向かい打つような準備ができている。そういった建築もまた、外的環境、そして相手の位置を把握できるように独特な佇まいをしている。
時には、カモフラージュして自らの存在を隠すようなものまである。戦時中につくられたこういった要塞は今では多くが廃墟化しているが、そこにはある種独特な魅力がある。

参考：防衛的建築

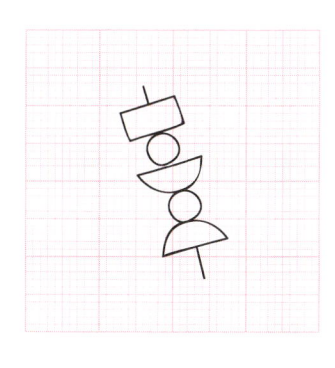

357 | 串刺しの家

焼き鳥やおでんといったように、串に刺して構成される形の食べ物はたくさんある。そんな一見関係ない物同士が串によって隣り合い、個性のある形をつくる。バラバラに食べても同じはずが、串刺しにされていることで、とても食欲をそそったりするものである。物がリニア（直線的）に配置されるのもこの形の特徴であり、それが調和の手がかりになっているのだろう。いろんな物を串刺しにしてみると、意外な組合せが発見できるかも。

【実例】東京工業大学百年記念館／篠原一男

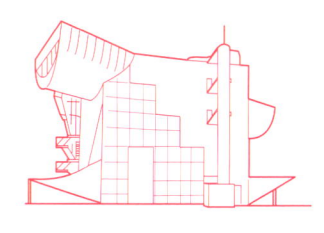

東京工業大学百年記念館

設計：篠原一男

大学の創設100年事業のモニュメントとして計画された、会議室やラウンジをもつ記念館。幾何学的な形態の組合せと、その上部に設けられた、串刺し状態とも見える、直方体ボリュームを貫通する半切りの円筒ボリュームが特徴的。現在は設計者である篠原一男の作品常設展示スペースとしても利用されている。

358 | 転写の家

転写とは、例えば岩肌に紙に当てて鉛筆でこすると、うっすらとその岩肌をコピーするような行為を指す。いわゆる印刷の工程のようなものである。そういった転写の行為も、また建築の操作として欠かせない手法であろう。
あるものを真似たり、よいところを参照したり、建築は絶えず、転写を繰り返し、ある風景をつくっていく。転写があまりに殺風景な風景を生み出すこともあれば、そういった転写のみでできた変化のない風景に未来を感じたりもする。
同義語：コピー

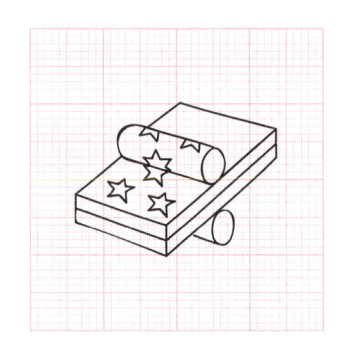

359 | かたどるの家

型をとるには、ある型を材料に押し付けて、その形に切り取る方法もあれば、材料を型に流し込み、硬化したものを脱型する方法などがある。コンクリート造の建物などがイメージしやすいが、これらの方法は一度しか使えないものもあれば、反復して型として使える場合もある。また、型押しのような場合は、抜き取られた形と同時に、反転した形も残ったものとして生成される。アルミの型材に用いられる押出成形なども、1つのかたどる手法といえる。

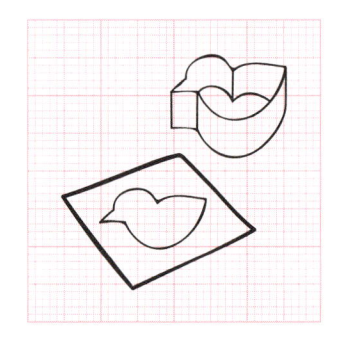

360 | 流すの家

「水に流す」ではないが、流す行為もまた建築の床をつくるときなどに使われる手法である。タイルの床を掃除する場合なども、床の上に水を流すかもしれない。屋根のアスファルトルーフィングを工事するときにも、アスファルトを流したりする。また、コンクリートも型枠に流し込むといったように、液体を流して固まらせたりすることは建築の施工ではよくあるものだ。また、キッチンのことを流しといったり、トイレの水を流したり、水とともに生活する人間にとって、流すとは身近なテーマかもしれない。

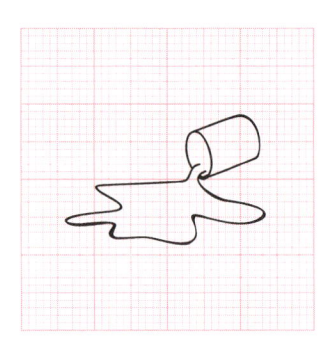

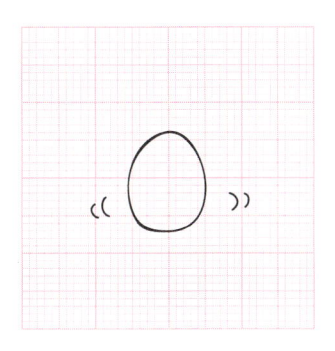

361 | 生まれるの家

建築は、世の中にはじめからあるものではない。いつの時代も人によって建築は新たに生み出されるものである。今まであったものが壊され、新たなものがそこにつくられることもある。生み出されたばかりの新しく輝いている建築も、時間とともに色あせる。周りとなじんでくるものもあれば、時間とともに輝きを増していくものもある。できたてのときは特別なものとして映り、それがうまくいっていないと攻撃の対象になる場合もあり、よくできれば皆から賞賛される対象となることもある。いずれにせよ、生まれる瞬間は非常に神経を使う作業であり、細心の注意と集中力が必要であろう。

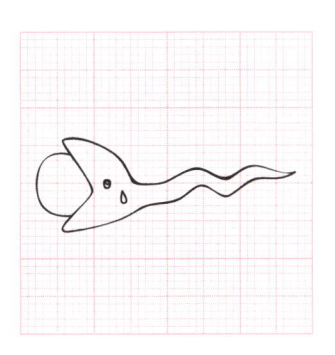

362 | 飲み込むの家

2つの物があった場合、片側がもう片方より勝っていれば、それを飲み込んでしまうかもしれない。飲み込む、飲み込まれるとは、それぞれの力関係でもある。人の例えで、「飲み込みがいい」などというが、それは何かを完全に自分のものとして吸収しているさまを表している。建物が自然に飲み込まれる場合もあれば、都市に自然が飲み込まれることもある。ここでは、飲み込むという行為に着目し、建築がどんな物を飲み込みうるのか考えてみよう。

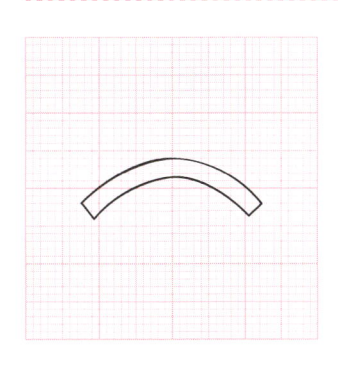

363 | 曲がるの家

数学的には曲率が連続しているものをいい、物性と関係するものでもある。ほとんど曲がらないものもあれば、簡単に曲げることのできるものもある。曲げても戻る形もあれば、曲がったものもある。また、最初から曲がった形をしている形もあれば、まっすぐなものをあえて曲げた形もある。一方向にのみ曲がるもの、さまざまな曲率で曲がるもの。曲がる1つとってもそのバリエーションは数多い。もちろん空間そのものを曲げたような建築も考えられるだろう。
【実例】O邸／中山英之

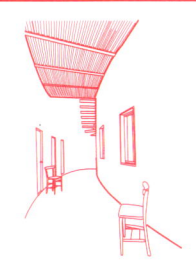

O邸

設計：中山英之

奥に長い敷地に計画された個人住宅。奥に延びる空間が、緩やかに曲がることで柔らかい印象をうける。曲がっている特徴を生かして、突き当たり部分が見通せないのも空間に奥行きをつくり出す1つの要因となっている。

364 | つぶすの家

物の形状をつくるうえで、つぶすということも、また創作の行為として存在する。つぶし方ひとつで、同じ体積のヴォリュームでも薄く平べったいものになったり、デコボコしたものになったりとさまざまな形が生まれる。まるで粘土遊びみたいで面白い。しかし、ここで大切なのは形だけに目を向けないこと。つぶし方によってボリュームの表面積も変わってくるから、面白い外部と内部の関わり方が発見できるかもしれないし、もしかしたら、スケール的な面でも何か発見できるかもしれない。つぶすことで生まれた形が、建築空間としてどんな可能性があるか考えてみよう。

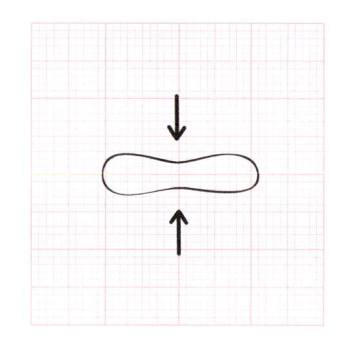

365 | 壊すの家

建物はつくることに大きな労力が費やされるが、壊すこともまた、建築のもつ宿命である。老朽化して壊される場合もあれば、戦争などによって人為的に壊される場合もある。改修のため壊され、再生されることもある。壊してできる形をデザインに取り入れることもあるし、破壊され、廃墟化した建物がまた新たな魅力を放つこともある。
参考：BEST社ショールーム／E.ソウサ＋A.スカイ＋M.ストーン＋J.ワインズ、ゴードン・マッタ＝クラークの作品

366 | はさむの家

ある物に何かを挟むことによって成立しているデザインがある。付箋やしおりのような物や、サンドイッチのようにパンの間に野菜やハムなどを挟んだ物などである。建築をつくる場合も、何かを挟み込むような思考は可能である。完全に隠したり包んだりしてしまうと、挟んでいる感じはなくなる。挟まれた様子が外から見えている状態ということもポイントかもしれない。何を何で挟むか、色々と考えてみると、地と図の関係も見えてきたりする。

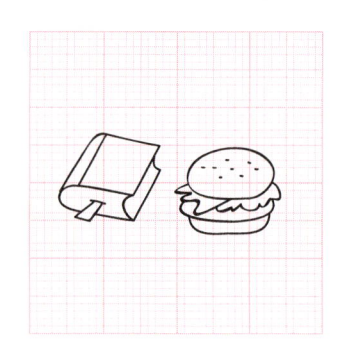

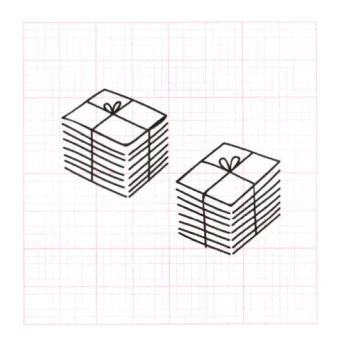

367 | 束ねるの家

薄かったり細かったりする物を、まとめるときに束ねるという。物をまとめるときに、糸や針金などを使い束ねたりすることがある。ワラを束ねたり、新聞を束ねたり、日常にこういった行為はたくさんある。建築も、さまざまな物をまとめてできるところがある。茅葺き屋根もひたすら束ねることで成立する1つの建築の例といえる。束ねるという行為も、まとめる糸口になるかもしれない。空間そのものを束ねてみるのも面白いかもしれない。

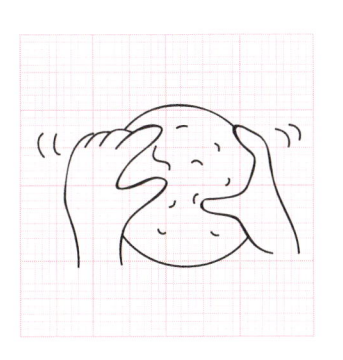

368 | 丸めるの家

さまざまな物を丸めたりするのは、手のもつ根本的な動きである。土を固めて丸くしたり、糸のような物を丸めて糸にしたり。そのなかで、力を加えることによって締め固められて丸まる物もあれば、綿埃のように放っておいても丸くなる物もある。
もう少し大きいものを考えてみると、雪だるまのようなものもある。物理的な特性にとどまらず、どこか動物や人間には、転がし丸める技術をもち合わせているようである。

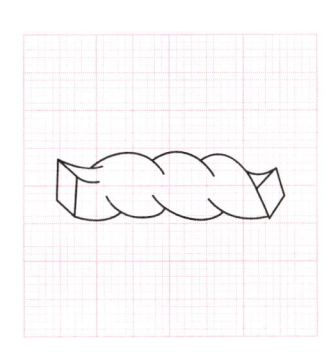

369 | ねじれるの家

ねじれは、身近なところに存在する。たとえば、雑巾を絞ってできる形や、草木などに見られるねじれた形などである。植物は、ねじれながら成長し、その向きは、地球の自転とは関係なく、遺伝的に決定されている。ねじることのできる形の性質としては、粘りと、伸びに対する追従性がある。そうした性質をもち合わせていない物質はねじることができず、ちぎれたり壊れたり、元に戻ったりする。ねじれた状態は、螺旋をさらにぎゅっと絞ったようなイメージともとれるかもしれない。
【実例】スウェー・ハウス／アトリエ・ワン

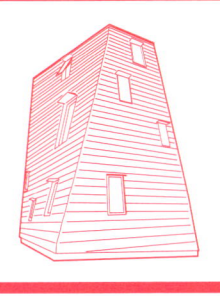

スウェー・ハウス

設計：アトリエ・ワン

都心部、住宅街の角地に建つ個人住宅。道路や日影からかかる規制をかわすように、建物の外壁が頂部にいくにつれセットバックして、かつねじれている。HPシェル曲線となる外壁は、同時に室内にも感じられるような1室空間となっている。

370 | 伸ばすの家

伸ばすとは、空間的に長くしたり、高くしたり、広くしたりする行為である。伸ばすことで、空間は大きく変化する。伸ばすもの、伸ばす方向、伸ばす大きさによって、空間はさまざまな変化を見せる。餅や粘土のように実際にモノを伸ばすことで、長く伸びるモノや途中で途切れるといったモノが生まれ、そこから新しい形を生み出すことができるかもしれない。また、3次元なモノだけでなく、図面といった2次元のモノを引き伸ばすことでも何か見えてくるかもしれない。さあ何かを伸ばしてみよう。
同義語：伸縮

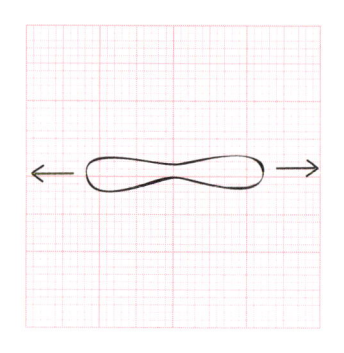

371 | 広げるの家

丸まっているものを広げたり、折り畳まれたものを広げたり。畳んだり広げたりできる形がある。たとえば、くしゃくしゃになった紙などを広げたり、袋に入ったものを出して広げてみたり。いろいろな物や形を広げてみたりすることができる。日本には、風呂敷というものがある。広げたり、畳んだり、結わいたり、と変幻自在だが、広げることができるというのも、また大きな特徴だろう。
物事を考えて小さく縮こまってしまった場合には、意図的に広げる作業も効果的かもしれない。

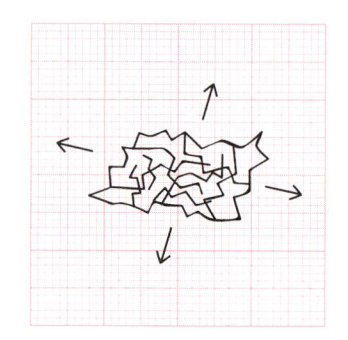

372 | ぼかすの家

物の境が明瞭なものとそうでないものがある。たとえば、雲のようなものは、どこまでが外形であるのか、非常にあいまいである。境界のはっきりしたものでも、境界をさまざまな操作でぼかすことによりあいまいにすることもできる。写真や絵画の世界などでは、対象をよりはっきりみせるために、背景だけを少しぼかしたりすることもある。建築の場合、このような明確さの一方、あいまいにしたい場合、このぼかすという操作は、さまざまなところで役立つことがある。
類義語：不定形

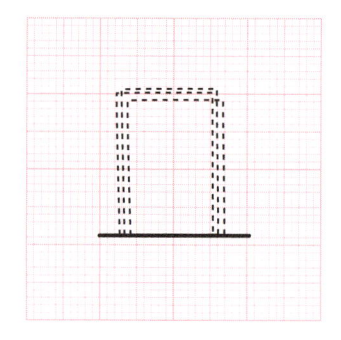

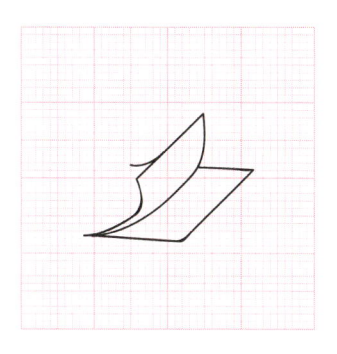

373 | むけるの家

果物の皮を剥くように、剥くという行為もまた建築と関わりのもてそうな言葉である。実際に、外装のなかにも、皮1枚でできているようなものは、剥くような行為によって何か表情をつくることもできるであろう。それが日よけになったり、視界をさえぎる役目をもったりすることもできるかもしれない。また、表皮だけでなく層をなすものも経年変化とともに剥けやすい形をしている。たまねぎのようにどこまでも剥ける形もまた面白い。さまざまな色が層ごとに施されていれば、剥くという行為によってさまざまな色を出現させることもできる。

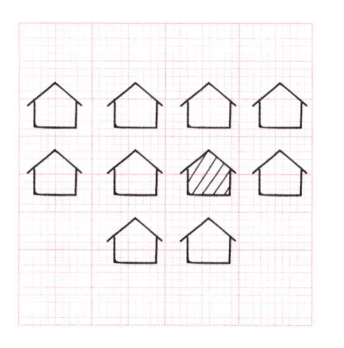

374 | なじむの家

プラン、断面、仕上げなどを迷彩服のように、周辺になじませ同化させる方法がある。建築は果たして、周辺に対して目立つ存在であるべきなのか、はたまた存在を消すようなものであるべきなのか。なじませるのか、あえてなじませないかの方向性は、重要な出発点の1つといえる。同化させる手法として、素材による操作なのか、スケールの問題なのか、時とともにそれがなじんでくるのか、いろいろな切り口から周りとなじんでみよう。

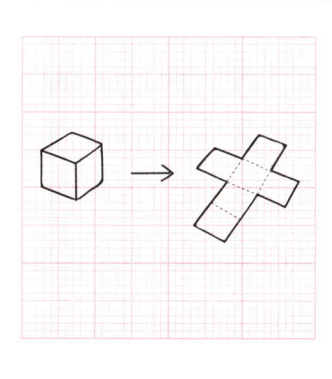

375 | 展開の家

建築や空間は、基本的には「面」で構成されている。建築で展開というと、主に壁のことを指すことが多いが、例えばここでは、1つの四角い部屋を想像すると、そこには壁、天井、床の6つの面で構成されていると捉えることもできる。形が複雑になってくると面の数も増え、展開の方法もさまざまになる。例えば面によって素材や色が切り替わるときに、どこまでを1つの展開として考えているかということよって、その表現が変わってきたりする。一方、展開図の描き方もさまざまだ。立方体では11通りの展開図がある。
【実例】桝屋本店／平田晃久

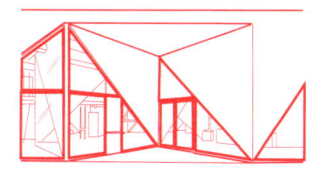

桝屋本店

設計：平田晃久

新潟県に建つ、農業機械の物販店舗。逆三角形の立面をもつコンクリートの壁面が、折り紙が展開していくかのようにバランスをとりながら自立するシンプルな空間構成。三角形の壁と開口部から見え隠れする奥行きのあるインテリアも特徴といえる。

376 | 断絶の家

物と物の関係性を絶つ。関係を断絶することにより通常の関係性が崩れる。それによってそこには大きなギャップが生まれ、そこには、悲惨さなどが伴う。しかし、断絶の方法によっては、そこに新たな状況が生まれ、建築を構築する手がかりになることもある。現代建築の分野では、こういった断絶を積極的に作ることによって建築を再定義しようとした建築家もいる。建築はまとめるだけでなく、どこか否定的な操作方法も時として大きなパワーを秘めていることをこのことから学ぶことができる。

類義語：分節、分ける

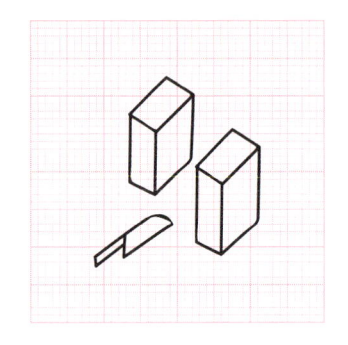

377 | 形の合成の家

重なっている図形を1つの図形にまとめる加工の1つが「合成」である。複数の図形を1つの図形に合成するので、いろんな形を自由につくることが可能である。これを3次元的に考えると、建築はまさに形の合成芸術である。さまざまな形を、とにかく合成して1つの形にしていく。いろんな形を合成してみよう。元の形を残しながら合成を重ねていくのもいいし、元の形が識別できなくなるほど合成を重ねて新しい形をつくり出してもいいだろう。

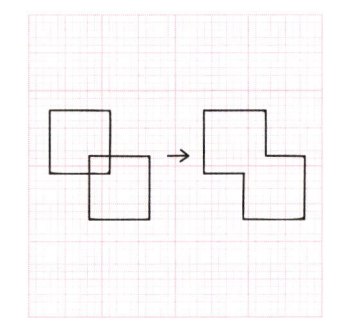

378 | のぼるの家

階段をのぼったり、くだったり、同じ階段でも、のぼるときの状況とくだるときの状況はかなり違う。まず、見える景色が逆であるし、空間の上下方向の移動も逆である。のぼるときは、通常上に空間が広がるし、登るゆえに体力的にも負担がかかる。神社では、鳥居から社殿までのアプローチに長い階段をのぼる行程が用意されていることが多く、一歩一歩神聖な場所に近づいていることを身体的にも知ることができる。のぼる特性や、のぼっているときの身体感覚を思い返しながら考えてみよう。

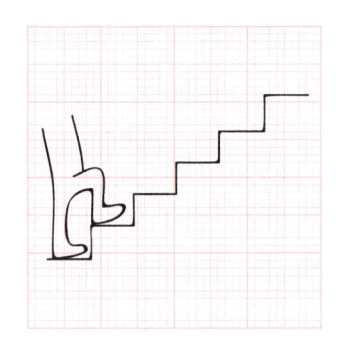

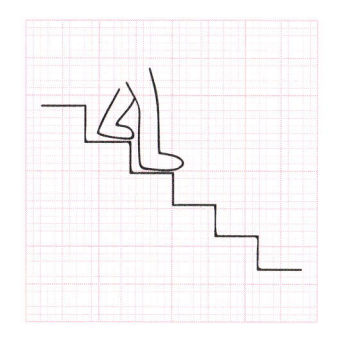

379 | くだるの家

くだるという行動が始めにくる場所として、たとえば地下鉄の入り口がある。地盤面より下に空間が広がっている場合に、くだる行動が先にくる。大きな空間にのぼる場合は徐々に空間が広がっていくのに対し、大きな空間にくだる場合は最初に大きな空間が目に飛び込んでくる。栃木県にある大谷石資料館はその代表ともいえるような場所で、狭い階段をくだっていくと、突然足元に大きな石切場の空間が広がる面白い体験ができる。平屋以外の建築には階段が付けられ、のぼる／くだるという行為が必ず出現する。階段という要素を考えるだけでなく、行為についても考えてみよう。

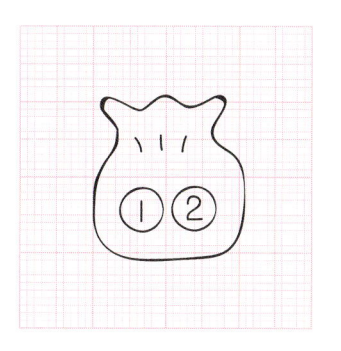

380 | まとめるの家

整理する作業のなかで、2つのものを1つにまとめることによってシンプルになることがある。2つといわず、複数個のものをまとめる方法もあるだろう。まとめるというのは集めるのとは違い、ある共通した何かで整理するという意味も含まれているので、さまざまな事項を最後にひとこと考察として述べることをまとめといったりもする。建築においては多くのまとめないといけない場に直面するが、あえていつもと違うまとめ方をすることで、意外な出会いとともに、発明をもたらすかもしれない。

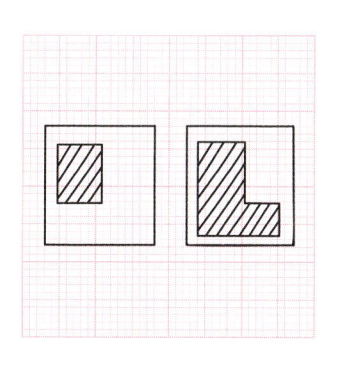

381 | 配置の家

建物は、特定の敷地であったり、あるランドスケープのなかのどこかに建てる。そこで問題になるのは、建物の位置や配置である。1つの大きな建物であるのか、建物の集まりであるのかも含めて検討したい。敷地を「地」、建物を「図」として考えることもできるし、またその逆の考え方にとれることもあるだろう。配置を決めるということは設計を始めるにあたり重要な第一歩であり、それが決定的な操作になり得ることもある。極めて慎重に、ときには大胆に、敷地に建物を置いてみよう。
【実例】江東の住宅／佐藤光彦

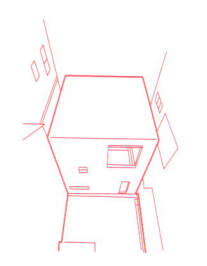

江東の住宅

設計：佐藤光彦

鉄骨造2階建ての個人住宅。周囲は建物が敷地いっぱいまで密集して建ち並ぶ工業地域。周囲のそれらと同様に、敷地間口いっぱいに建てられたボリュームは、建物の空地をつくるように、前面道路いっぱいにまで寄せて配置されている。建物を建てる配置というよりも、敷地に空地をつくるための配置とも捉えられるような配置計画が特徴的。

382 | 落書きの家

落書きアートといわれるものがあるが、どこまでが落書きでどこまでがアートなのか。タギングと呼ばれる単に縄張りを示す行為も、社会的には1つの落書きとされている。落書きは、単調な建物や街に、強烈な特徴をつくることもある。落書きをするように、スリリングに建築をつくることはできないだろうか。あるいはすべてをキャンバスに見立てて落書きをも許容するような、その行為をもデザインに取り込めるようなゲリラ的な手法について考えてみよう。行為を促している時点で「落書き」とはいえないかもしれないが。

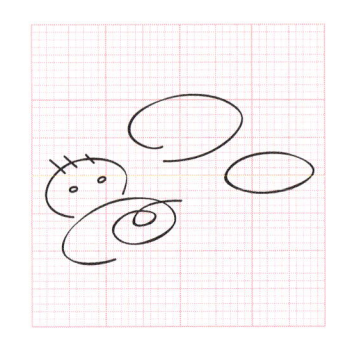

383 | 並べるの家

「並べる」という操作は、建築設計のなかでかなりの頻度で行われるアクションの1つである。意図的に並べて揃えてみたり、できたものが「並べられたように見える」ことも非常に多い。横に並べたり、グリッド状に並べたり、背の順に並べたり、ランダムにしたり。並べるものの数が多くなると、1つ1つはあまり注目されなくなることもある。ある物を同時に比較するとき、並べて見たりすることは日常的にもよくあるアクションだが、同時にかつ等価に情報を入れる手段としても「並べる」は使うことができる。

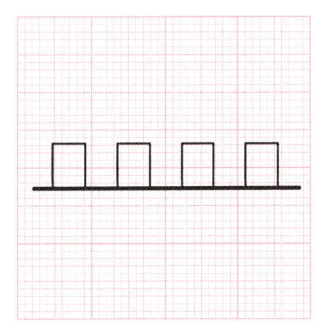

384 | カモフラージュの家

動物が外敵から身を守ったり、獲物を捕るときに身を隠したりするために用いられる手法がカモフラージュである。迷彩柄やミリタリーグッズのように、カモフラージュするという本来の目的と乖離したところで、その柄だけがファッション化され一人歩きすることもある。ひとつの場所に建ち、移り変わる風景のなかで、自由に移動したり、自身で七変化できるわけもない「建築」は、何を装うことができるのだろうか。

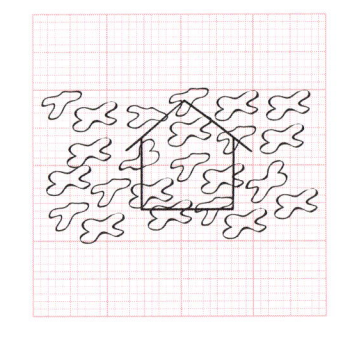

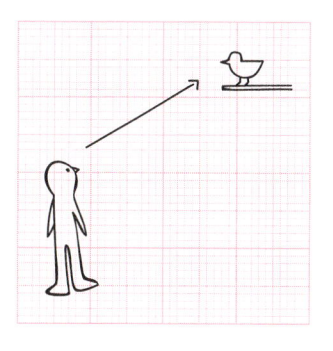

385 ｜ 見上げるの家

下から上を見ることを見上げるというが、「見る」の視線の向きが上に変わるだけで、その意味合いは大きく異なる。少しだけ非日常的な印象を受けたり、また神秘的な状態をもたらしたりもする。高層ビルや、飛行機雲や、夜空の星は、高いところにあるので自然と見上げる対象だが、意図的に視線を上に向けるために設けられた象徴的なトップライトや、宗教建築に見られる天井画などは、見上げる行為を積極的に空間に取り入れた例といえる。

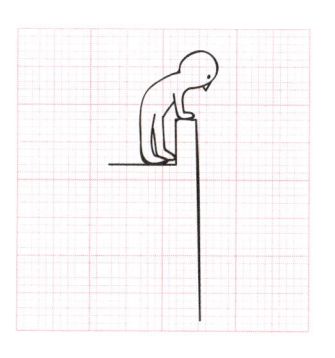

386 ｜ 見下ろすの家

高台に上って街を見下ろしたり、吹抜けに面した個室からリビングを見下ろしたり、高いところから低いところを俯瞰する行為が「見下ろす」である。俯瞰することで空間の全体を把握する行為ともとれる。距離を置いて、風景を客観的に見るということでもあるかもしれない。建築においては、空間的な話だけではなく、例えば配置図や平面図で建物の位置や、それら同士の位置関係を確認することは、図面のうえで建築を「見下ろす」行為の1つと捉えることもできるだろう。

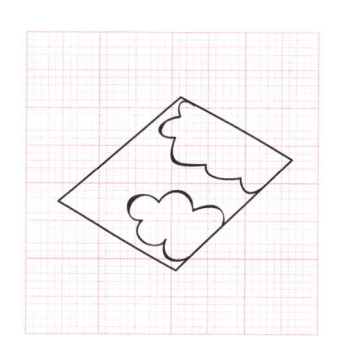

387 ｜ 反射の家

建築では、水平面と垂直面のさまざまな素材が反射する。身近なものだと、ガラスや金属の板にはじまり、自然物であると水面などがある。反射には、ただ光を反射する意味もあれば、像反射する意味もある。音の反射なども含めると、たいへん幅の広い言葉である。設計するときに、どんなものがどのように反射するのか、それを捉えておくのも大きな目に見えない仕事だろう。
【実例】サーペンタイン・パヴィリオン／SANAA

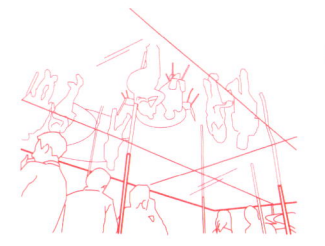

サーペンタイン・パヴィリオン

設計：SANAA

ロンドン・サーペンタインギャラリーに隣接する草地に、毎年夏季限定で仮設されるカフェ兼休憩所。2009年にはSANAAがこのパビリオンを計画した。周辺の緑や、訪れた人々を映し込むアルミの極薄の大屋根が極細の柱で支えられている。毎年、世界的に有名な建築家によってさまざまな試みがなされている。

388 | 実像・虚像の家

虫メガネを使って見える拡大された像、これは虚像である。そのまま虫メガネと目の距離を離すことで見えてくる、上下逆さまに見える像、これは実像である。鏡張りの空間が虚像の空間であるのに対して、ピンホール効果で内部に広がる外部の空間は、実像の空間である。直接的に家に実像と虚像を持ち込むのは難しいかもしれないが、目に見える像をどのように捉えるかというのはとても重要なことだ。実像と虚像が織りなす空間の印象や効果について考えてみよう。

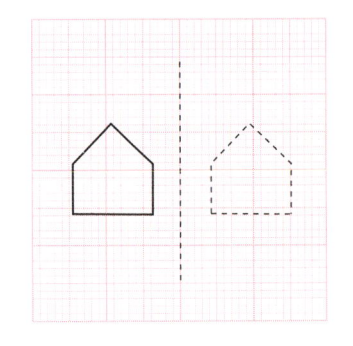

389 | 斜線制限の家

実際には目に見えないが、主に建築物のボリュームを規制するために、空中を飛び交っているラインが斜線制限である。状況によっては緩和されることもあるが、基本的には、この枠のなかに納めなければならないのは承知のうえで、みんな頭を悩ませる。しばしばボリュームが「切られる」や「削られる」といった悲観的な表現をするが、斜線制限は、みんなが気持ちよくそこで生活できるように決められたルール。もちろんある種の「制限」であることには変わらないが、ルールのなかで魅せる鮮やかなファインプレイや裏技に知恵を絞ってみるのも一興かもしれない。

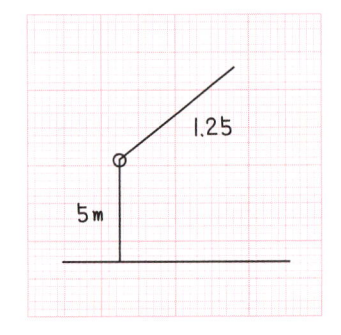

390 | 見通す・見通せないの家

空間を体験するなかで「見通す」「見通せない」という視線のコントロールは重要なポイントの1つ。のびやかに見通せる場所がほしいこともあれば、見通しはきかないが包み込まれた感じが心地よかったりすることもある。そんな場面がシームレスに存在するのも楽しいし、断続的にリズムをとるのも楽しい。平面的、立面的に、断面的に、さまざまな角度からアプローチをしてみよう。周辺環境を読み取りながら、開口部を考えるときにも役立つだろう。

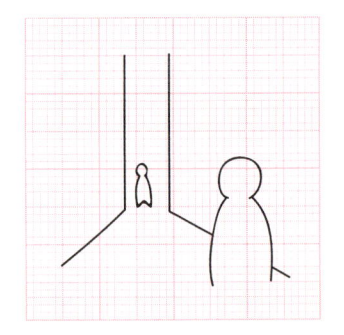

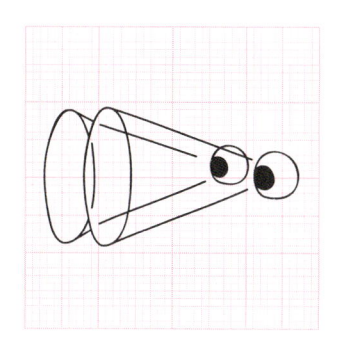

391 | 視界の家

空間はまずは目、つまりは視界によって認識される。広さ、高さ、奥行きなどである。カメラには広角レンズなどもあるので、この視界にも大きな幅があるが、人間の視界には限界がある。そのため、写真の印象と実際の空間の印象が違うことなんてことがよくある。そこから何が見えるのか、何を見せたいか、見せたくないのか。扉を付けたり、壁を立てたり、窓でトリミングしたり、垂れ壁をぐっと下げてみたり。いろんな視界に目を向け、視界をコントロールすることで、楽しい空間や環境を考えてみよう。

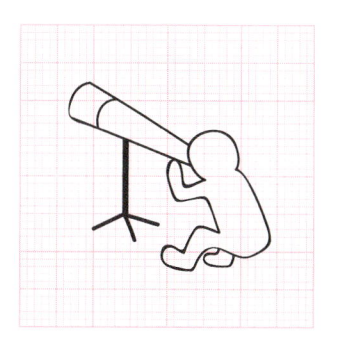

392 | のぞきの家

建築には窓があり、周りの建物と隣接して建つ以上、また外部に人がいる以上、中をのぞかれるということはあるだろう。それを嫌ったり遮ったりするための仕掛けを施したり、室内から外は見たいが外からはのぞかれたくないという相反する要望に工夫を凝らしたりするわけだ。ヒッチコックの「裏窓」のように、のぞくという行為はそのドキドキ感から映画のタイトルになったりもしている。店舗などでは、のぞかれたほうがいい場合も多い。消極的なのぞくだけでなく、積極的なのぞくの家についても考えてみよう。

関連語：目の家

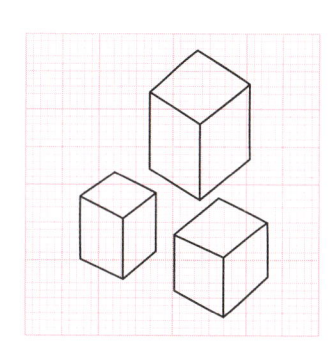

393 | 分棟の家

1つの建物について、わざわざ棟を分けるのはどうしてだろう？1つの箱の中で多くの活動をまかなえるほうが機能的であるとされることが多いが、必ずしもそうとはいえない。バラエティに富んだ食材が盛りだくさんに詰め込まれた「幕の内弁当」もいいが、気軽に手軽にちょっとだけ食べられる「おむすび」がいいときだってある。部屋と部屋の関係を考えるのと同じように、棟と棟の関係を考えるのも面白い。棟の間に生まれてくる外部空間に目を向けてみると、分けることで生まれる豊かさが発見できるかもしれない。

【実例】森山邸／西沢立衛

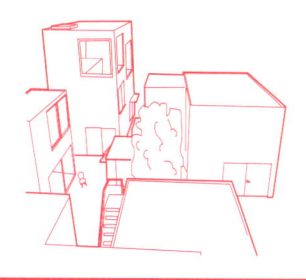

森山邸

設計：西沢立衛

木造アパートが建ち並ぶ住宅街に建つ、集合住宅とも個人住宅ともとれる建物。住宅の用途を部屋単位で細分化し、分棟形式とすることで、多様な内部と外部の関係をつくり出している。1つの敷地のなかに、大きな窓を通してさまざまな視線が行き交うような構成になっている。

394 ｜ 空間の入り方の家

ある空間への入り方を検証しよう。なにも横から入るだけが空間の入り方ではない。上から入ったり、下から入ったり、茶室のにじり口のようにかがんで入ったりと、入り方だけでもさまざまな種類が考えられ、空間の印象や使い方を変える効果をもつ。入った後のことも考えたい。入ってすぐ大きな空間に出るのか、入って狭い通路を通って空間に出るのかだけでも空間の印象は異なる。入り方次第で空間を大きく見せたり、小さく見せたりと、平面の大きさだけでは得ることのできない効果を見つけてみよう。

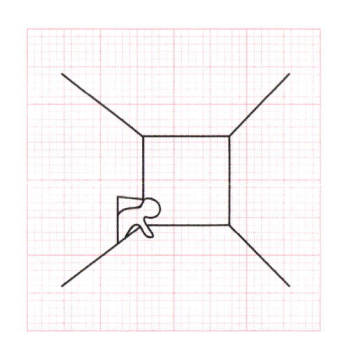

参考：マルチメディア工房／妹島和代

395 ｜ ストロークの家

ゴルフのスイングや水泳のひと掻きなど、往復運動の1往復のことをいう。書道での手の動きは一度描いたラインを手直しすることはなく、手の動きや早さや力の入れ具合がそのまま紙に残るのが面白い。建築に絡めて発想を広げるとどうだろうか。建築におけるストロークとは何か。少し拡大して解釈するが、高層建築の下方から上方への空気の流れ、大きなドアの可動範囲、大きな駅での他の人にぶつからないように目的地に向かう人の流れなども、動きやストロークとして捉えられるかもしれない。

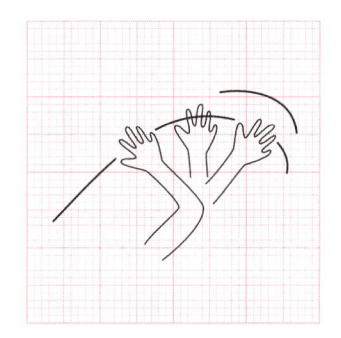

396 ｜ スタックの家

スタックというと、コップやイスなどをまずイメージする。これらは使わないときは重ねてコンパクトに収納することができ、とても便利である。言い換えると、その特徴は効率性の一点につきる。建築においても都市部のオフィスや集合住宅など、重ねることで限られた敷地を高密度に使うことができるが、使わないときにコンパクトにできるかというとそうではない。ここではむしろ効率性にこだわるのではなく、重ねるということで味わえる楽しさ、重箱のお弁当のようにワクワクするような体験ができる空間を想像してほしい。

【実例】ニューミュージアム／SANAA

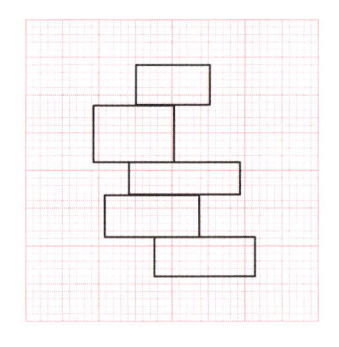

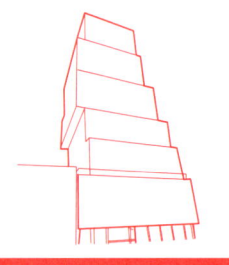

ニューミュージアム

設計：SANAA

ニューヨーク・マンハッタンに建つ現代美術専門の美術館。四角い箱を少しずつずらしながら積み上げた外観が特徴的。ボリュームのずれた部分はトップライトやテラスとなっており、内部空間を特徴づける要素にもなっている。外装は、アルミのエキスパンドメタルによる二重レイヤとなっている。

概念・思潮・意志
Concept, Trend of thought, Will

G

397 | 最上級の家

「最も〜」という最上級をあらわす言葉は、人を興奮させ、建築にも力強さを与える。「いい建築ですね。」を「とてもいい建築ですね。」にしてみたり、「とても美しい」など、少し意識を変えて今以上にすばらしい状態がないか考えてみよう。背伸びをするような表現でもあり、やりすぎには注意が必要。それでも、最上級を目指す意識をもつだけで、何かとても面白いものが生まれるかもしれない。

同義語:とても、かなり、MOST、BEST

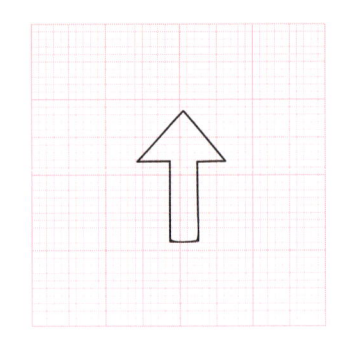

398 | 人間の家

建築にとって人間はなくてはならない存在で、人間なくして建物も空間もつくられることはない。人間にまつわるさまざまな寸法を元に建物の大きさや細部の寸法は決定される。建築を考えることは、突き詰めると人間と環境を考えることで、人間の成長なくして建築の成長もないような気さえする。ただ、人間は身体的にはそれほど進化も退化もしていない。大昔の人と手の感触が違うかといえばそうでもないし、目も鼻も口も似通っている。建築だけが進歩しようとするときに、人間がついていけない場合もある。人間は環境に適応する力がある一方、あまり変わらないものかもしれない。

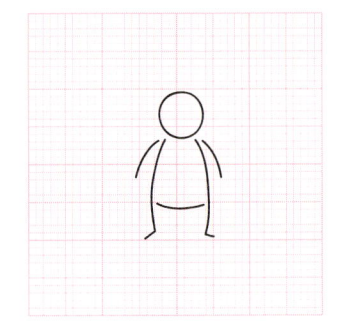

399 | 錯覚の家

人間の目は、正確といえば正確であるし、不正確であるといえば、とても不正確である。物ごとを判断する仕方は、絶対的というよりは相対的に捉えられていることが多い。人間の目はそのような相対的な見方をすることから、エッシャーの絵にだまされたり錯覚してしまう。これは悪いことでもなく、人間のもつ柔軟な認識の仕方であり、逆手に取ればとても効果的な結果を生むことができる。昔から錯覚を積極的に利用して遠近感を高めたり荘厳に見せたりするなど、建築にはたくさんの錯覚の利用がなされている。

参考:エッシャーの絵

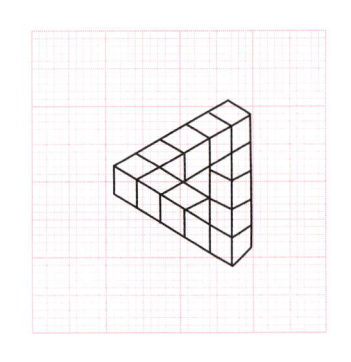

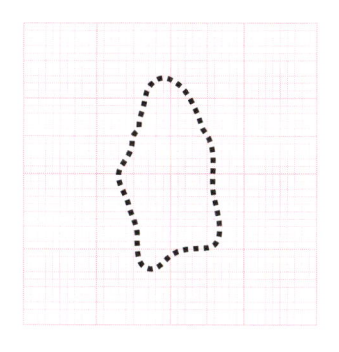

400 | 残像の家

残像とは、脳の意識化に残る形などの亡霊のようなものである。じんわりと印象に残るシーンに出くわしたとき、劇的に空間が展開したとき、元の風景がぼんやりと脳裏に残る。この一見すると扱いづらい、残像という現象を建築に積極的に取り込んでみるのもいいだろう。人の印象に残るということは、よい建築、あるいはよい空間に近づく一歩であるはずだ。まず、自分の経験から残像というものを整理してみると、その真相が分かってくるかもしれない。

401 | かわいいの家

もともとは愛くるしいという意味で、その対象は、ペットであったり子供であったりした。かわいいという言葉は定義することがとても困難で、小さい物や丸い物もそう呼ぶため、どうも大きさや色や形と関係しているようだ。その守備範囲も年々拡張されていっていて、特に女性は多用する。建物も、ちょこんと建っているとかわいい建築といわれることもあるし、色取りや模様がポップであったりすると、かわいいといわれたりする。街並みも、ハンザ同盟の都市の風景などは、かわいいと表現されることがある。

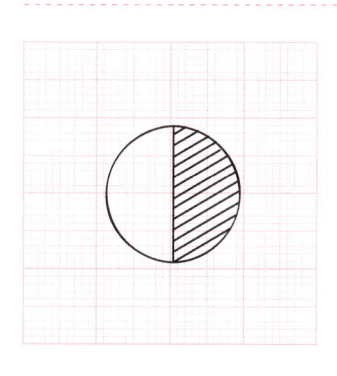

402 | コントラストの家

建築の表現として、コントラストのあまりない情景、コントラストのとても効いた情景、と作者によってさまざまな表現方法がある。コントラストを効かせないことによって、さまざまなものをボーダレスにつなげることもできるし、コントラストを高めることによって空間のメリハリをつけることもできる。天気のいい日は、影が強く出ることからコントラストは高まるし、曇りの日は影が和らぎコントラストは弱められる。色や素材感などのコントラスト、という言葉の捉え方も面白いかもしれない。
【実例】リヨン・オペラハウス／ジャン・ヌーベル

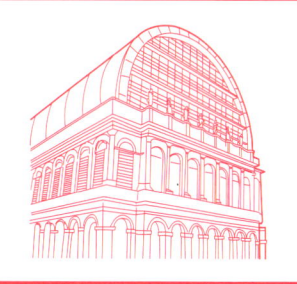

リヨン・オペラハウス

設計：ジャン・ヌーベル

設計コンペで選定された、フランス最古のオペラハウスの改修作品。既存建物の外壁を残し、半円形のヴォールトを上部に載せた作品。新旧のコントラストもさることながら、劇場内部を含め、すべて漆黒に塗り替えられた内部空間と明るい外部のコントラストや、闇夜と建物を包む赤い光とのコントラストなど、さまざまな対比を見せている。

403 眠いの家

眠いというキーワードが果たして建築と関わりがあるのか、難しいところであるが、一度テーマになったこともあり、広い意味で眠いについて考えてみる。作品が退屈からくる眠いなどという意味合いはあるが、建築が使われていないとき、要するに眠っている空間もまた眠い空間といえよう。日中留守にしている時間、別荘のように1年のうち大半が使われずに眠っている空間。また、次の入居者を待つ間使われていない空間のように、眠っている空間はかなりある。部屋単位でも、お風呂のように1日のうちほとんどの時間が眠りについている部屋もある。

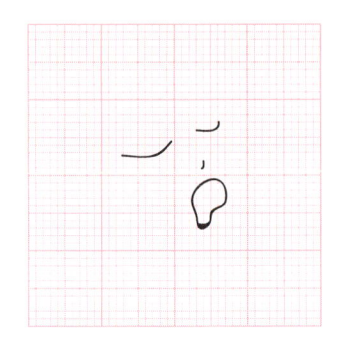

404 周の家

建物ないし境界ができるとそこには、「一周」が存在する。縄をぐるりと廻してみればその存在はより際立たせることができるが、通常はあまり意識しないものである。ただ、「周辺」という言葉のように、周という言葉は建築にも関係しており、あらゆるところに気を配るということで周という考え方は、頭のどこかに置いておきたい。また、建物の周なる部分の表現方法によってその建物のデザイン的な位置づけも決定されうるから、最後の段階で、周としてどのように建物が振る舞っているのかを確認するのもいいだろう。

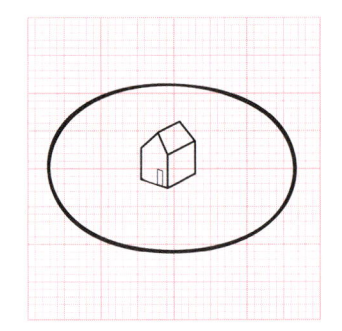

405 関係ないの家

物事をまとめたり整理したりしようとすると、とかくすべてを関係づけたり、定義づけたりする。それは、全体と部分、周辺と建物といったようにデザインの関係を明確にしたり、設計者として判断の正しさを保証するためでもある。しかし、物事には関係しないときもある。冷静になって自分の目の前のことから少し距離を置き、果たしてこの2つは、関係あるのかないのかを判断したほうがよい。関係しないから悪いということはない。ただ、何でも関係付けてしまう職業病のようなものから自由になるためにも、関係を断ち切る努力も重要になる。

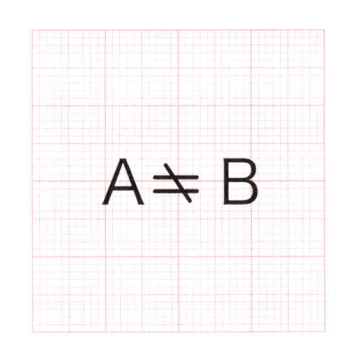

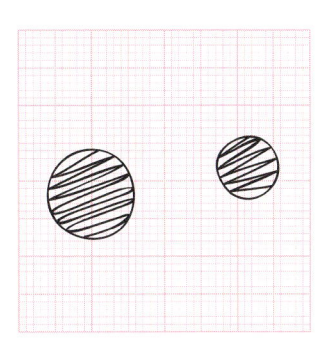

406 | 間の家

モノとモノの間には、必ず間というものが存在する。この間という言葉は、非常にあいまいなものであるが、日本文化のあらゆるところにこの間という表現が存在する。時間、人間、空間。どの言葉をとっても間という言葉がそこにはある。直接的な関係ではなく、ゆるく切り離された状態にその間は存在し、あまり離れてしまうと、その間は存在しない。微妙な距離関係にのみ成立する優れた高度な概念である。踊りにも音楽にも絵にもその間を見出すことができるように、建築にも間を意識した空間づくりが必要だろう。そもそも空間という地は、空の間なのだから。

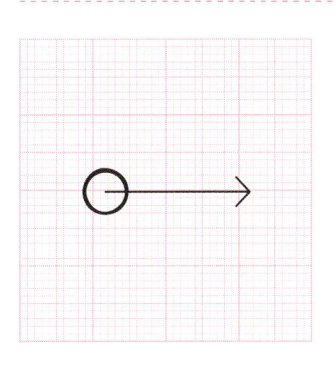

407 | 未来の家

建築のなかで特に現代建築といわれるものは、ベクトルが未来に向いているものの1つだ。今の時代には少し抵抗を覚えるものでもあるが、確実に未来にできるであろう建築たちの先駆者となる。それは、技術的であったり、表現方法であったり、価値観であったりとさまざまだ。自分の建築が未来の人に見られることを少し意識してつくってみるとどうなるであろう。これからの建築がどのようになっていくのか、難しい予測であるが、そんな意識下で建築を見直してみるのも面白い。

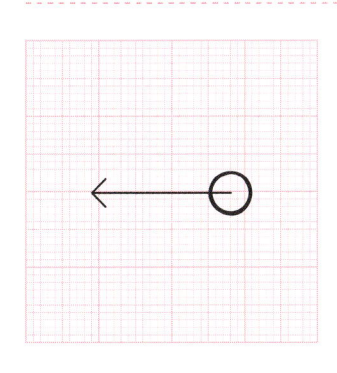

408 | 過去の家

建物のなかには、ベクトルが過去に向いているものがある。それは、経年変化と関係するが、時間とともに味わい深くなるものをいう。設計された当初からその変化を予測し、時間が経ったときに、元の姿から今の姿になるまでの過程をにじませるような姿をしている。長く生き続ける建築は100年以上ももつし、今以上に過去に背負ってきたもののほうが大きい。大きな過去の塊のような建築は、たくさんのアイデアが詰まっている。自分の能力以上に学ぶことのほうが多い建築である。
【実例】Sayama Flat／スキーマ建築計画

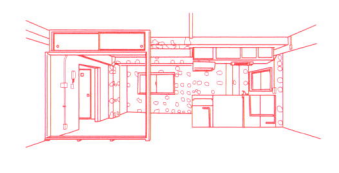

Sayama Flat
設計：スキーマ建築計画

首都圏郊外に建つ既存社宅を、30室の賃貸マンションに改修したコンバージョンプロジェクト。既存解体を進める過程で、設計者によって取捨選択された様子がそのまま残されたデザインが特徴的。過去の様子が露出され、新しい姿としてそのまま残されている。既存のふすまや、天袋収納、ボードを剥がした壁面のチョーク跡やボンド跡までをも残したままの姿としている。

409 | 中心の家

どんなものにも、中心なるものがある。それは、感覚的なものであったり、重心のように物理的なものだったりする。空間を扱うときにも、無意識に中心をどこかに設定していたり、考えたりしているものだ。中心という言葉は全体をまとめてくれる場合もあるが、すべてを硬く拘束してしまう場合もある。一方、場所を変えるごとに新たな中心が現れるというように、中心の集合体が建物であるという考え方もできる。中心はどこか、場という言葉に似ているかもしれない。

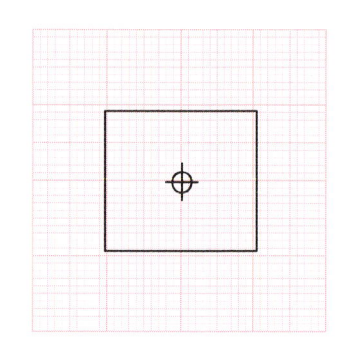

410 | 角度の家

距離を測るのと同様に、角度を扱う場合がある。特定の角度の場合もあれば、結果として角度が生まれることもある。角度も、90度以内の鋭角や90度以上の鈍角などもある。角度はまた、太陽高度のように太陽の位置を特定する場合にも用いられる。どの季節・時間にどの角度からどのような光が差すのかを押さえるのも建築の設計者の仕事であろう。いずれにせよ、角度については強くなっておく必要があるし、数学の分野では、内積などによって角度を求めないといけない状況もある。建築の部位でいうと、階段や屋根などは最も角度を気にする場所かもしれない。

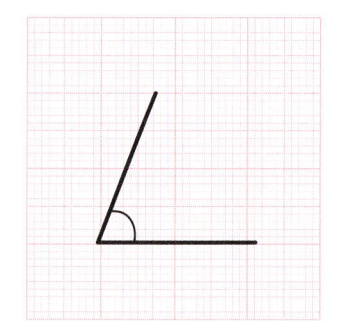

411 | 家族構成の家

家は、そこに住む家族構成によって、要求される面積も部屋数も異なってくる。なかなかすべてに適応した計画は難しいが、どのような家族構成になっても、柔軟な対応ができることは視野に入れておきたい。特に子供は成長期に親と一緒に寝ることもあるし、大きくなれば独立した部屋を与えたくなる。また大人になり自立していくと部屋が余ってしまったり、二世帯の話がもち上がったりと、非常に変化に富む。いずれにせよ、ある程度の予測の範囲内での備えは住宅には必要不可欠であるが、同時に、具体的な構成が将来見えてきたときに少しの改造を施して適応するのも現実的かもしれない。

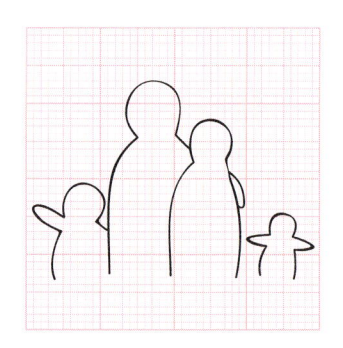

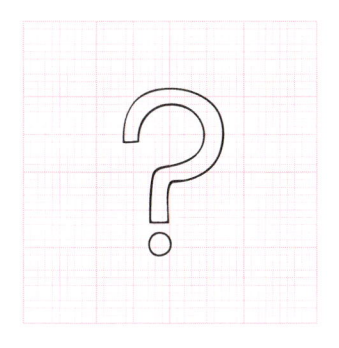

412 | どこかの家

建物は、敷地のどこかに建てなくてはならないし、敷地そのものも、どこかに決めないといけない。キッチン1つとっても、どこかに決めないといけない。建築を計画していくうえで理論的に決まる部分もあるが、たいていの場合は、エイヤッと決めなくてはいけないことも多い。理由がみつからなくても、後から理由が成立するような設計も必要であろう。なんでも理由がないと決定できないのでは困るし、決定した後に理由が立たないのもまた問題である。不思議ななぞかけだが、設計者は「どこだ？　ここか？違う。そこは？」と常に格闘している。

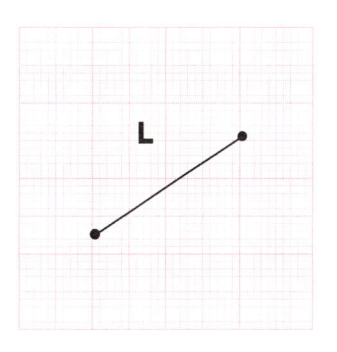

413 | 距離の家

建築を計画するうえで、大きさの尺度として距離は欠かせない。具体的には、敷地の大きさや、高さや幅、人間と壁の距離を測るものであったりと、さまざまである。また、距離の図り方の工夫として、尺度というものがある。それは、建築で繰り返し現れる単位を整理し、扱いやすくするもので、日本の尺貫法などである。また、距離にもさまざまなオーダーがあり、何kmにもわたる遠い関係を測る場合もあれば、数mmのチリ寸法を記す場合もある。いずれにせよ、建築を表現し、解釈するときにこの距離という概念はとても重要だ。

同義語：寸法

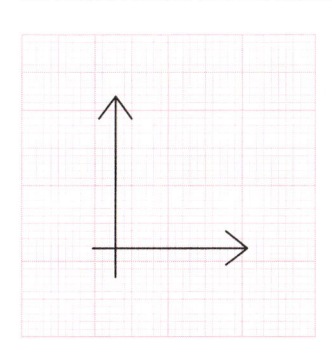

414 | 軸の家

建物を設計するとき多くの場合、軸が設定される。寸法上のXY通りと呼ばれるものから、都市の軸線と呼ばれるものも含む。これらの軸は周辺から導き出される場合もあるし、建築がつくられることでそれが新たな軸となる場合もある。建物をつくるという視点からみると、軸は建物を管理する基準となり、全体の寸法管理に利用される。建物によっては複数の軸をもつものや、曲座標をもつものもある。軸を意図的にずらすこともあるし、最近では軸の設定が不可能なものまであるが、軸の設定が最後まで建築を支配することは事実だ。

【実例】ソーク生物学研究所／ルイス・カーン

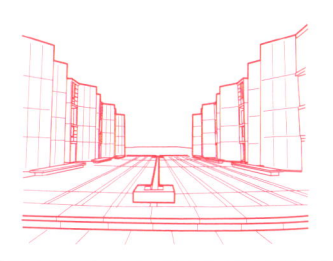

ソーク生物学研究所

設計：ルイス・カーン

メキシコにほど近いサンディエゴに位置する、生物医学系の世界有数の研究所。建物はシンメトリーに、かつ雁行に配置されており、その間の「プラザ」と呼ばれる場所が特徴とされる。太平洋に向かって軸上に設けられた水路のある、ランドスケープは友人であったルイス・バラガンにアドバイスから生まれたという話も有名な話。

415 | 孤独の家

人間は1人で暮らすこともあれば、1人で過ごす時間もあるだろう。状況によって建物との付き合い方も異なるけれど、最も具体的な状況は、年老いたときの1人暮らしである。これは、孤独死とも直結しており、そんな人が暮らす建物には、そこにかつて住んでいた人々との思い出など直接目には見えない思いがたくさんある。だからこそ、そこに住み続け静かに息を引き取ることになるが、人間は長く住み続けた家を手放そうとはあまり思わないし、できることならそんな状況でも、建築と住み手はいい関係でありたい。

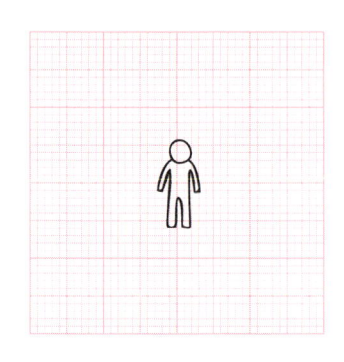

類義語：単一

416 | ５７５７７の家

五七五七七の短歌のように、あるリズムのなかでさまざまな表現をする遊びは、日本文化独特のものである。こういった決まりを設けることによって、建物やボリュームもある調和がとれたり、抑揚が生まれたりするかもしれない。茶室の世界などでは、これと似たような決まりごとがあり、独特の美を獲得している。自由であることがなんとなくデザインの自由と考えがちであるが、制約（ルール）があるからこそ自由が生まれるという考え方もある。短歌のような素敵なルールを建築にも当てはめてみよう。

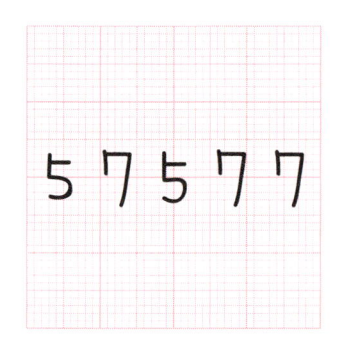

417 | ルールの家

デザインをしていくうえでは、ルールづくりが必要である。デザイナーによってさまざまな形式をとりうるが、よくできたルールというものは、比較的自由度が高く、さまざまな状況に適応しやすい。そして大事なことは、最後は優れたデザインが生まれやすいルールであることだ。それは簡単には教えてもらえないことだが、今のうちからさまざまなルールをつくり、ルールによってよい点と悪い点がどのようなものかを整理しておくとよい。また、実際の物を見たときにそれがどういったルールを背後にもち合わせているかをみるのも勉強になる。

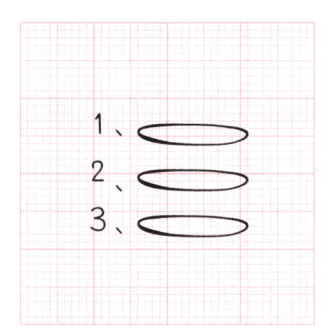

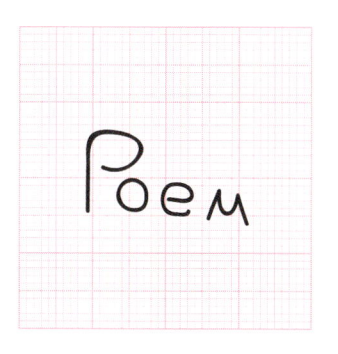

418 | 詩の家

詩的な表現、詩的な雰囲気など、「詩的」という言葉で建築をオブラートに包む場合がある。これらは、言葉では明確に説明しづらいものを表現するのだろうが、詩的という表現は、現実から少し距離を置いた自由な表現形式なのかもしれない。詩的な建物はどんなものだろう。詩は、歌う者と、それを聞く者の双方によって成立する非常に高度な会話形式かもしれない。大きな投げかけによってそれを見るものに自由な発想を与え、すばらしい建築的発見が生まれるかもしれない。

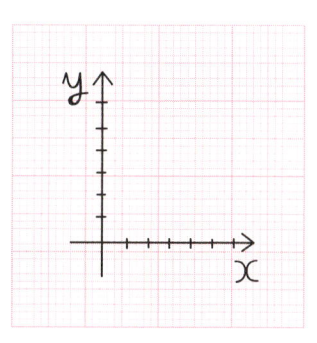

419 | パラメータの家

パラメータという言葉は、日本語でいえば変数ということになるが、建物のボリュームや面積など寸法などの数字を扱う場合、必然的にその解答を模索するときに、ある方程式に近いものを仮定して解いたりすることがある。数学の問題と違い、ある決まった解答が1つ出るようなものは少なく、ある範囲のなかからどれか適当だと思われるものを意図的に最後は選ぶ必要があったりする。建築は、方程式などに置き換えられるほど単純なものではないので、場合と状況を見極めて、うまく使えそうであるときには、こうした数学的解法もありえるだろう。

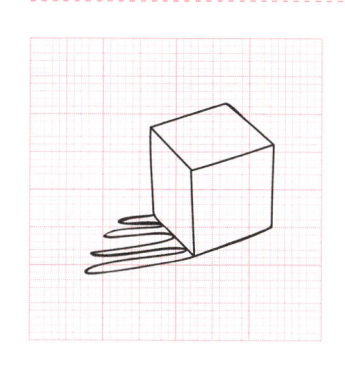

420 | 単一の家

単一は、単体という意味である。建築は、周りの建築に取り囲まれながら存在しているが、そういった状況でも、個としての建築をどう捉えるべきか考えてみる必要がある。個としての存在や振る舞いがどう集合のなかで成立してゆくのか、なかなか難しい問題である。

単一という言葉には、また他とは差別化するという意味で使われることもある。周りとの調和を拒否し、目立つ存在として君臨することで建築に特別な力をもたせることができる。

関連：孤独

【実例】シグナルボックス／ヘルツォーク&ド・ムーロン

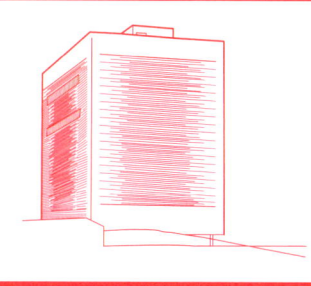

シグナルボックス

設計：ヘルツォーク&ド・ムーロン

スイス・バーゼルに建つ駅の信号所。幅約200mmの帯状の銅板に巻かれた外観が特徴的。銅板は一部ねじれたルーバーのようになっており、それを通してうっすらと内部が見えるようになっている。銅という単一素材でありながらも、単純な操作で、その表情は豊かで、見る角度や距離によってさまざまに移り変わるような不思議な印象を与える表層である。

421 | 時間の家

生活をするうえで、また地球上で生きていくうえで、必ず時間というものに人は支配されている。時間の変化は、朝昼晩という形で繰り返される。そんな時間のなかで、早く時間が流れたり、遅く流れたりさまざまな時間の感じ方がある。その原因は、個人の気分的なものであったり、空間が及ぼす雰囲気によるものだったりする。時間がゆっくり流れるときはどんなときなのか、建築の何かが関係しているのか、それとも外部環境が関係しているのか、考えてみるとなにか驚くような発見があるかもしれない。どうも、空間の大きさや明るさ、そして建築の開口部なども時間と関係しているようである。

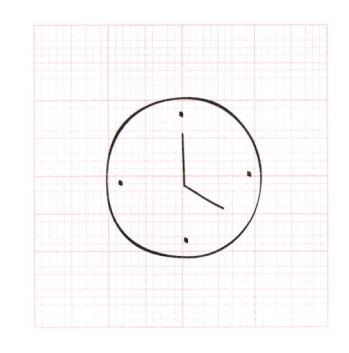

422 | だいたいの家

「だいたい、この辺で」というような言い回しがある。右でもなし・左でもなし、だいたいこの辺なのだ。それは、バランスなどによって決定されていると思うのだが、それを理論立てることは難しい。道でいえば、下から上に切り替わるぐらいのところを指す。そのエリアは、正解が1点とは限らず、ある幅をもっている。そのため、その幅の範囲ならば、だいたいよろしいということになる。ベストの解答はなくても、ベターでよい場合が建築にはあるだろう。

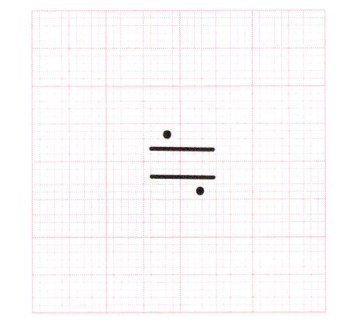

423 | 始まりの家

建物には、いろいろな始まりがある。設計の始まりもあれば、工事の始まりもある。また引渡し後に住み手が生活し始める始まりもある。新しいことがたくさん押し寄せてくることから不安もあるかもしれないが、着実に1つ1つこなしていくことでいいスタートが切れるだろう。また、初めてということもあって、多少の不安定さが付きまとう。使い心地が悪かったり、調整ができていなかったり。ただ、それは、1つ1つ修正すればいいことで、建物も人間も完璧な始まりはないのかもしれない。多少その不自由さを受け入れ修正・適応していく大きな気持ちをもつことが大事。

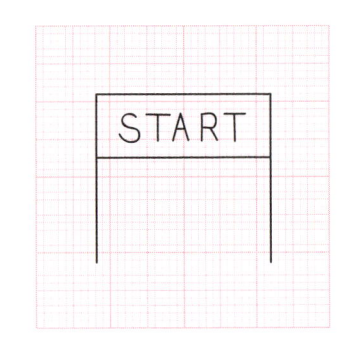

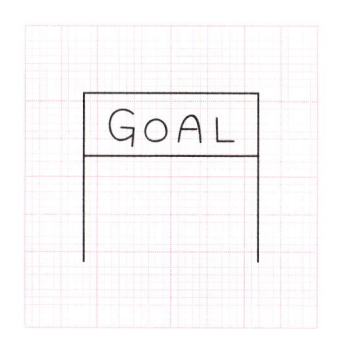

424 | 終わりの家

建物を設計し、施工し、引渡し前にゴール、いわゆる完成というものがある。つくるという意味ではそこがゴールであるが、住み手からすれば始まりであり、その終わりとなると、それはずいぶんと先の話である。建物の最後とは、住まわれなくなったときと捉えることもできるし、取り壊されるときともいえる。終わりまでが長いものもあれば短いものもある。一度は終わりかけていたのにリニューアルしてよみがえることもある。たくさんの名作が老朽化によって終わりを余儀なくされてきている。これは悲しいことであるが、そんな朽ちた建物にも建築的精神を読み取ることはできるだろう。

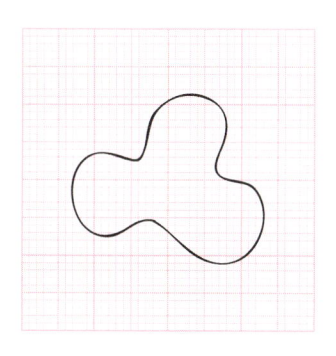

425 | 自由の家

非常に捉えどころのない言葉であるが、制約がとれた状態を自由と呼ぶ。身近なものとして、自由な曲線などがある。これは法則性もなく、気の向くままに引かれた線をいう。自由なプランなどというと、どれだけ自由度があるかという意味になり、どれだけバリエーションが存在しうるかということにも似ている。建築は制約の塊であるが、この自由という言葉をたまに思い起こしてみると、何かふわりと自由な振る舞いができるところが建築の中に残されているかもしれない。

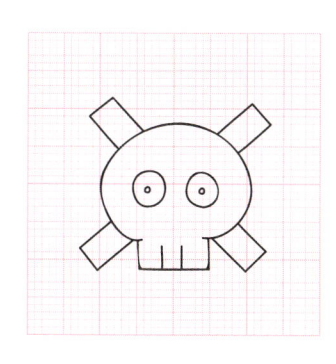

426 | 死の家

モノには寿命がある。それらは、交換することによって延命されたり、それが不可能であるならば解体される場合もある。建物も状況に適したつくり方をしないと、自然の猛威にさらされ、建物はかなりの早さでバランスを失う。そのようなときも、どうしてそうなってしまうのか、冷静に分析していく必要があるだろう。建物のなかには、朽ちて建て直すことを計画に入れている場合もある。古い木造の神社などは基本的にそうした考え方でできている。素材は永久ではないという考え方にもとづいて建物を捉えることも重要であろう。

【実例】ブリオン・ヴェガの墓地／カルロ・スカルパ

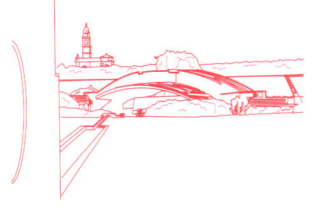

ブリオン・ヴェガの墓地

設計：カルロ・スカルパ

イタリアの電機メーカー、ブリオン・ヴェガの創設者の墓地。イタリア北東部の奥地に計画されている。「死」に関しての建築としては、葬祭場や納骨堂を作品とする場合はあるが、個人の墓地が計画されるケースは珍しい。塀に囲まれ、周囲の田園風景から切り離された内側には、職人芸のようなディテールがランドスケープと一緒に盛り込まれている。

427 | 〜ないの家

「〜ではない」「〜はない」「非〜」「不〜」などの否定語で、あるテーマに対して、そうではない反対の状況を考えてみよう。ほとんどすべての言葉に付けて使えるし、現にコンペの題目には、「〜のない家」などというテーマは非常に多い。通常あるべき物がなくなったときに、建築や空間に何がおこるのか。「〜」について考えるだけでも大きな仕事であるが、「〜ない」が付くと、その難易度はさらに増す。思考のトレーニングとして、「〜ない」についてもいろいろ試すとみえてくるものもある。

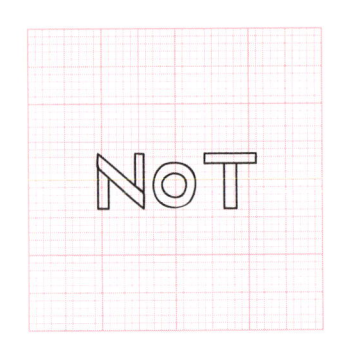

428 | ノイズの家

ノイズというと、不快なものをなんとなく指すことが多いが、必ずしもそのようなものだけに使うということではない。ノイズとは、規則性のない揺らぎのようなもので、自然界に存在するものである。それは、素材などに表情を与え、単純なものに少しの複雑さを付加してくれる。ノイズは、もともと音を表現するための言葉であるが、都会の喧騒を離れるといったように、建築にも不快なノイズから人間を守る役目があったりするのかもしれない。ノイズにも心地よいもの、不快なものがあり、うまく付き合っていきたいものだ。

429 | 地と図の家

「地と図」というとき、背景を地と呼び、手前のものを図と呼ぶ。図と地という考え方は、絵画や錯覚の現象からきているが、人は、無意識にどこが背景でどこが手前であるかを認識する。建築では、さまざまな次元でこの言葉が使われる。敷地が地になり建物が図になるのか、壁が地になり窓が図になるのか、床が地になり家具が図になるのか。いまいちど、何が図であり何が地であるのか、物の取合いも含めて明確にしてみよう。じっと見つめて地と図を逆転させてみるのも面白い。

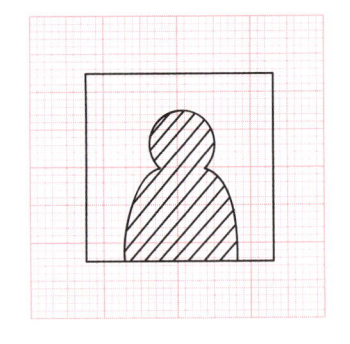

430 ｜ 崇拝の家

建築は、ときとして崇拝の対象となることがある。いわゆる宗教建築がそれにあたるが、歴史を紐解くとその影響は計り知れない。また、崇拝の対象はさまざまであるが、それが日常の生活にどう影響されてくるかによって、建物の位置付けも異なってくるであろう。一見扱いにくいテーマであるが、こういった崇拝の行為が建築に影響することもあれば、逆に建築が崇拝する場所として力をもち、欠かせない存在になっていることもあることに気付く。寺社建築や教会などに訪れて、住宅にも取り入れられそうなテーマについて考えてみよう。

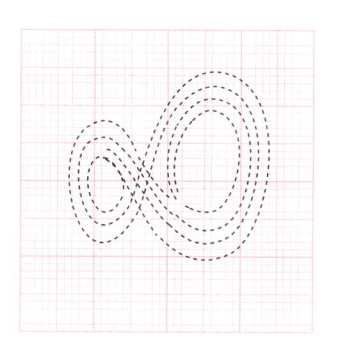

431 ｜ カオスの家

カオスといえば、ぐちゃぐちゃで規則性がなく、混沌としている状態。頭の中が混乱しているときもこのような感じである。建築のなかには、この混沌とした頭のイメージが現実化してしまったケースもありそうだ。引っ越した後にカオスとなった家の話は聞くが、それはもちろん狙ってのことではない。これには持ち物に対して収納が足りない、収納を寄せる壁がないなどの要因が考えられるが、あくまで物の話であって建築の混沌ではない。改築の事例で新と旧、内と外、美と醜がゴチャッとした状況はカオスに近いのではないだろうか。

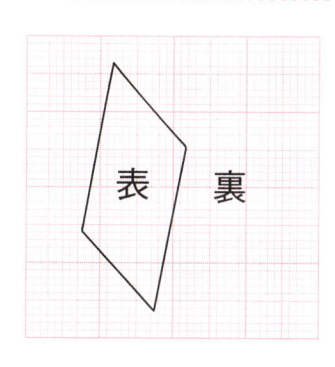

432 ｜ 表裏の家

面には、表と裏がある。どちらも見られる状況であれば、どちらも表と呼びたい場合もあるかもしれないが、多くの場合、裏と表ではその面の強弱の違いから、どちらかが表、どちらかが裏となる。建築の張り物の場合、仕上げ面を表と呼び、仕上げていない面を裏と呼ぶ。また、建物のように面状でないものでも、表裏を使う場合がある。例えば、表玄関、裏口といったように、手前と奥のような序列がある場合には同じような言い方をするようだ。

【実例】T HOUSE／藤本壮介

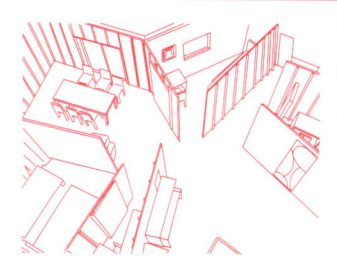

T HOUSE

設計：藤本壮介

群馬県に建つ個人住宅。内部を仕切る壁面は、片面は白く塗装が施され、もう片方の面は、木材の軸組が露出している。絵画のキャンバスのように、表と裏がはっきりしている壁面を、中央から外部に向かって放射状に建てられた平面計画も特徴的。

433 | 粗密の家

プランニングは物の疎密を操作しているといってもおかしくない。センターコアはプランの真ん中の密度を高めたものだ。建築のなかにはさまざまなレベルの粗密が存在している。目に見える粗密もあれば、人の流れや集まりで浮き上がってくる粗密もある。材料的にみても、粗密は家の中でうまく使い分けられている。粗の代表は断熱材。スカスカにすることで空気を蓄え、吸音や調湿を考えるときに役立つ。密の代表は構造材だろう。密実なものほど強固とされている。

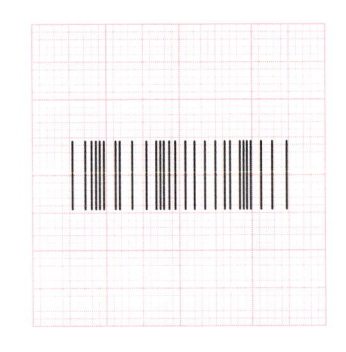

434 | 正面性の家

建物の正面とは、多くの場合は道に面している面を指し、そこはある正面性をもった外観となる。逆にそれ以外の面は、正面性をもたない面であり、正面の要素を延長したようなものもあれば、正面とはまったく異なる表情をしている場合もある。特に、側面を隣家と共有するテラウハウスや、ぴったりとくっついていたりしている長屋のような建物では、正面しかないケースもある。建物の顔となるこの正面という部分をどう捉えたらよいだろうか。
参考：看板建築

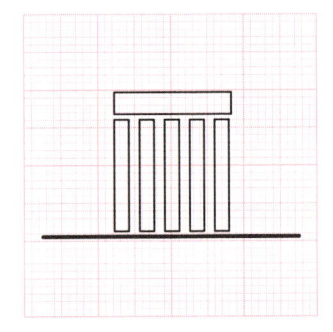

435 | 妥協の家

ある目指すところがあり、その目標となる到達点に対して、本意ではない方向に行くときに「妥協点を見つけて…」とか「そこは妥協して…」などとネガティブな発言をしたりするが、ここはやはりポジティブに発想を転換したいもの。そもそも設定した目標地点が正しい判断だったのか。こだわりの多い建築はあらゆる局面で妥協を迫られるが、そんなときこそ立ち戻って考えてみるチャンスではないだろうか。しつこく問題視していたことが実はみんなにとっては些細なことだったり、それよりも大きな問題を見過ごして周りから「ひとりよがり」なんて言われている可能性もあるが。

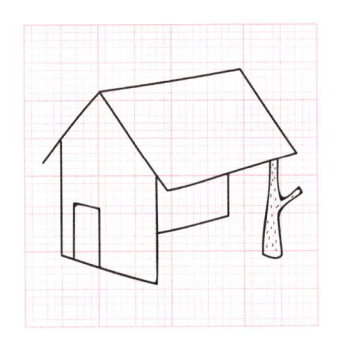

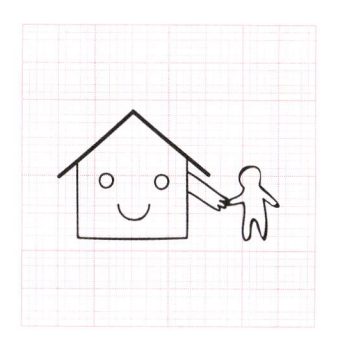

436 | 擬人化の家

建物の「建つ」は人間の「立つ」につながる。また、片持ち梁など、荷重を「もつ」という表現にもみられるように、建物は風雪に耐えながら、重い物をもって立つものであるという擬人化されたイメージがもともとある。それで、家を「軽い感じのやつ」とか、「しっかり者」とか「おしとやかな人」などと擬人化してみることで、建物に新しい特徴が生まれるかもしれない。人の頭や顔、胴体や手足にあたる部分はどこだろうか。それらの働きはどのようなものだろうか。1つ1つの対応を考えてみるのもいいだろう。

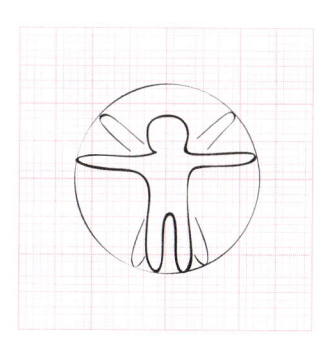

437 | 身体寸法の家

スンポー、スンポー、と建築界では「寸法」は呪文のように唱えられるキーワードだが、建築はあるスケールをもって実在する以上、当然重要なことだ、ということはよく分かる。なかでもそれが「家」となると、人が体を使って生活をするので、そこはまさに身体寸法の集まりなのである。階段の蹴上げ、廊下の幅、窓の高さ、椅子の高さ、キッチンカウンターの高さ、などなど。ここはひとまず立ち上がり、歩いたり、手を伸ばしたり、体を動かしながらモデュロールマンになったつもりで「身体寸法の家」をつくってみよう。

参考：モデュロール／ル・コルビュジエ

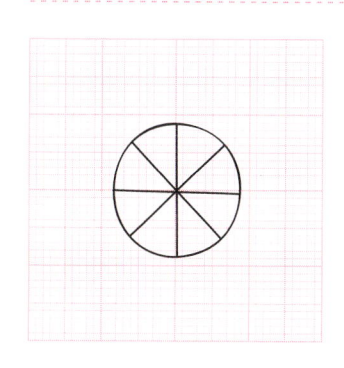

438 | 色の家

色は、虹の7色に代表されるようにさまざまな色をもつ。明るいものから暗いものまで、彩度の高いものから低いものまで。色は無数にあるような気がする。また色は、組合せによって相性のよいもの、悪いものがあり、それらのバリエーションでより奥深さを増す。建築空間によって色を施す場合もあるし、人の好みで施される場合もある。また、空間だけでなく、家具、小物、衣装、植物、果物にいたるまでさまざまな色が生活には存在する。空間を脅かすような色もあれば、空間をより生き生きとさせる場合もある。

【実例】シュレーダー邸／トーマス・リートフェルト

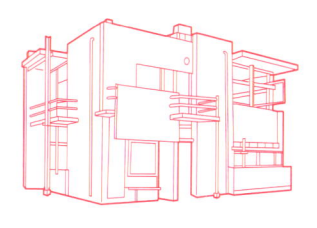

シュレーダー邸

設計：トーマス・リートフェルト

オランダ・ユトレヒト住宅街にある個人住宅。白い箱を基調とした外観に、原色のカラフルな彩色が部材に施されている。またグレーと白のコントラストにより、遠近感が生まれている。内部に入ると、可動の間仕切り壁、家具などさまざまな部分に外観同様に原色が施されている。各部分のディテールに、家具職人らしいアイデアが盛り込まれている。

439 | 矢印の家

矢印には、2つの異なる意味がある。1つは向きを表すもの、そしてもう1つは、矢印の指す物自体を指し示すもの。どちらも同じ記号を用いるが、役割は異なる。シンプルな記号でありながらも、万人に認識されやすい代表的な記号ともいえる。特に道標には大きく役立ち、建築図面でもその活躍場面は広い。身の回りの矢印を見たときに、それらはどちらを示すのかをよく考え、物や形だけでは説明できないとき、矢印を利用することも必要であろう。

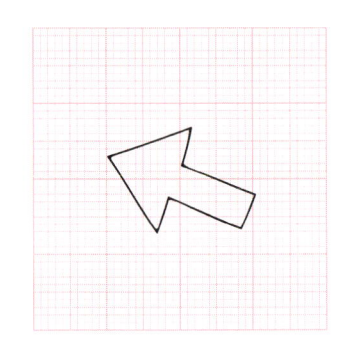

440 | 向きの家

物がどのような向きに向いているか。それによってその振る舞いも大きく変わったりする。建物の場合、特に方角によって条件が異なることから、向きは大きな意味をもつし、部分をとっても窓の向き1つでもニュアンスは変わってくる。そこで対象になっている物を示す役割をもっている。建築を考えるうえで、何を基準にして、それをどこに向けているのか、そういったことを考えると、自分の興味がどこに向いているのかも見えてくるかもしれない。

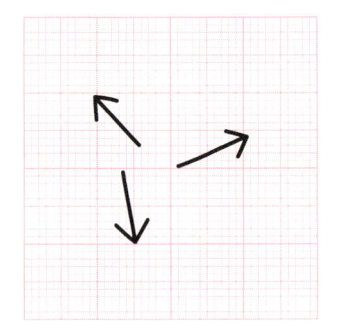

441 | コンテクストの家

「文脈」と解釈したりするが、建築はとにかくいろんな場面で「なぜ?」という質問を投げかけられる。なぜこんな形をしているのか? なぜ人が入れるようになっているのか? そもそもなんでこの大きさなのか? もちろん自問自答を含めて、この「?」がつきまとうが、それに応えるために、このコンテクストが重要になる。ただしこのコンテクストに頼りすぎたり、乱用したり、読み違えたりすると、さらに謎は深まるばかり。まずは固定観念を取り除き、客観的に、そして素直に対話を重ねていこう。きっとそれがデザインコントロールの方向性や、アウトプットの表現につながるはず。

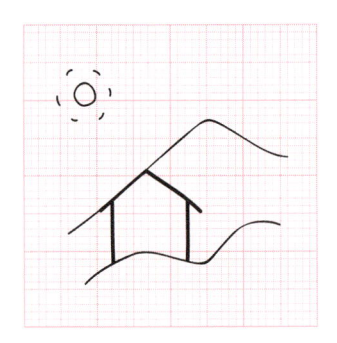

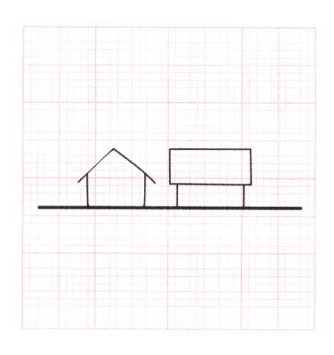

442 | 見え方の家

あなたはどこから見られることを意識していますか？「見え方」を考えるのは「見られ方」を意識することと密接な関係にあります。遠くから見たり、近くで見たり、正面から見たり、斜めから見たり。道路や線路の近くでは、動きながら見たりすることもあるかもしれません。空から見ると「へえ、こんな形だったんだ〜」と気付いたり。その視点の設定や、解像度（対象との距離）の設定が、完成してそこに現れる姿や、佇まいに色濃く反映される。

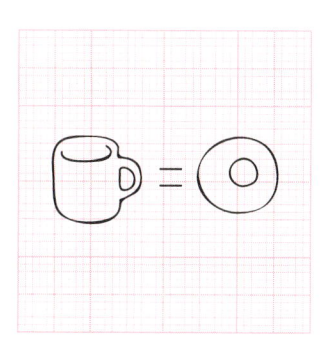

443 | トポロジーの家

トポロジーを意識して家をつくってみよう。トポロジーの世界では、コーヒーカップとドーナツは同じもの。この見方は、空間や物の「つながり」を意識するのによいトレーニングになるはず。既存の建物の空間をトポロジーでみると、ドーナツが複数つながった空間なんてほとんどない。建築にはサイズ、機能、構造などの制約が多い。だからこそ、ときには物事をおおざっぱに捉えてみるのは大切ではないだろうか。空間のつながりや関係を大別したうえで、どこにも分類できないような空間をつくることにチャレンジしてみては。

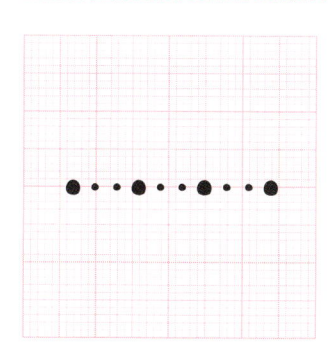

444 | リズムの家

建築にかかわるリズムといえば、朝・昼・夜、春夏秋冬といった自然界のリズムがある。住宅もそういったリズムと呼応して計画できる。それは音楽のリズムと同様に不可欠で、人の心を動かすのに役立てることができるだろう。住宅の中で同じ物の反復といえば、階段がある。他にも柱やフローリング、基本単位での反復がないものを探すほうが難しい。それなのにリズミカルと感じないのは、反復の仕方が一様であるからかもしれない。たまには基本単位からずらしてみたり、ほかの部分の単位との調和を図ってみてもいいだろう。

【実例】多摩美術大学図書館／伊東豊雄

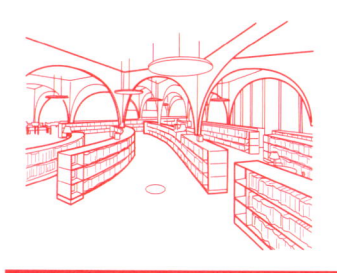

多摩美術大学図書館

設計：伊東豊雄

コンクリートによるアーチ構造を主体とする美術大学のキャンパス内に建てられた大学図書館。アーチのスパンをリズムよく変えていきながら、軽快で新鮮な空間をつくり出している。緩やかにカーブした平面も、空間に動きをもたらしている。曲面壁と同じ曲率で、ガラスを同一面に仕上げた外観も特徴的。

445 | 部分と全体の家

全体の枠組みの中での部分が生まれる場合と、部分の集積が全体をつくる場合がある。例えるなら、人間を細胞の集積と捉えるか、人間の中に無数の細胞が存在すると捉えるか、といったところだろうか。建築における部分と全体の境界はどこなのだろうか。建築はさまざまな縮尺の世界を渡り歩き、ときに2次元や3次元、つまり部分と全体を行ったり来たりすることでつくられていくわけだ。そんなフィードバックを繰り返しながら、新しい部分と全体の関係について考えてみよう。

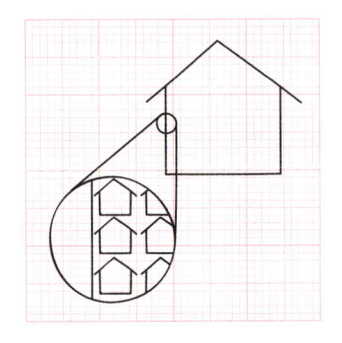

446 | 定数と変数の家

家の形やボリュームを考える前に、今回はアプローチを変えて、関係式から考えてみてはどうだろう。「家と何か」の関係式である。何かとは何か。住宅内外部における何かなのか、そこで展開される生活スタイルの何かなのか、そこに住まう人間なのか、はたまた周辺環境から得られる何かなのか。そのときに定数と変数を設定してみよう。何を定数にするか? 何を変数とするか? と自分のスタンスを問うもよし。その解の方向性がぐるんぐるん変わる定数・変数が面白いかも。さあ、あとは計算実行。

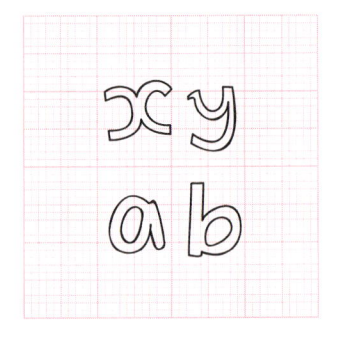

447 | 構成の家

「構成(コンポジション)」とひとことにいっても、平面構成、立体構成のような、ビジュアルとしての構成もあれば、使われ方や機能を示したプログラムとしての構成もある。ビジュアルもプログラムも、この構成がしっかりしていると建物としてはよいとされていて、逆にこの構成が成立していないと、全体の調子が狂ったりすることもある。家の中にあふれるさまざまな諸条件をどう組み立てて構成していくのか、考えてみよう。一般的によいとされている構成を、自分なりにアレンジして組み替えていくことで楽しく刺激的なことが起こるかもしれない。

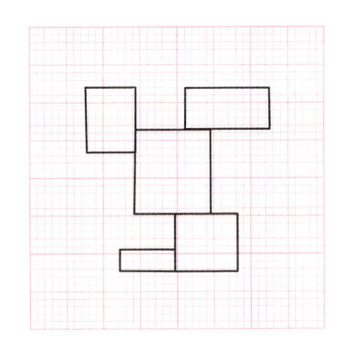

448 | 記憶の家

忘れたいけど忘れられないもの。忘れていたけどふと思い出すもの。人に記憶があるように、建物にも記憶がある。小学校を民宿にしたり、牛舎や発電所をギャラリーにしたり、美術館にしたり。そんな空間を体験すると、合理性だけによってできたものではない異物感が心地よいし、楽しく新鮮に感じる。また、これまでそこで生き抜いてきた建物のなごりが豊かさとして、その場所に記憶されているような気がする。そんな、とても言葉や形で言い表しにくい「記憶」について考えてみよう。古民家が移築されたりする文化も、そうした「記憶」を大切にしているからだろう。

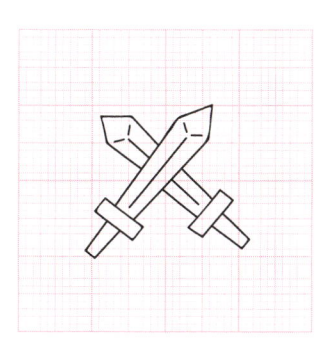

449 | 対立の家

なにかと調和や協調が求められることが多い時代。だからこそ、ここは思い切って対立することを考えてみよう。政治だって、プロレスだって、料理だって、もちろん建築でも、それぞれの主張や理念が対立して、激しくぶつかり合うことがエキサイティングであり、それが業界全体の活性化につながったりすることもある。家の中ではとにかく関連性を求められることが多く、切っても切れない関係はたくさんある。そこをあえて対立させ、新しくエキサイティングな家を考えてみよう。

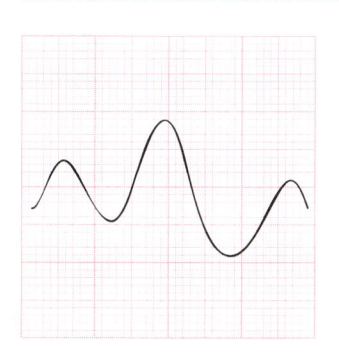

450 | ゆらぎの家

ゆらぎは、ある量の平均値からの変動をいう。不規則な振幅や平均値からのズレを、建築に当てはめるとどのような現象が考えられるだろう。ゆらぎは見方によると不安定な印象も与える。一般に建物は揺らがない対象とされる。一方で、建物の中で行われる人の生活や、時間による光や風、熱など、建築を介したゆらぎの現象は建築の内外の形、部位その他多くの建築的操作に影響を与える。ゆらぎを捕まえたり、エフェクトする機械として建築を考えると面白い。

【実例】House S／平田晃久

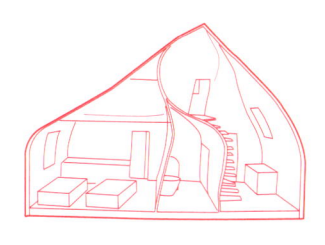

House S

設計：平田晃久

ある住宅の計画案。有機的な2次曲面で構成されているのが特徴的。断面は家形をした建物が、まさにゆらいでいるかのような柔らかい曲面を成している。1つのボリュームを仕切るそれぞれの壁がゆらぎ、その状態がその隣り合う部屋の空間体験に直接関係してくる構成となっている。

451 ｜ 光の分布・輝度差の家

私たちが物体を把握できるのは、物体の表面に当たる光が反射したものを受け取ることによるものである。そして、立体物の輝度差によっては、その印象は大きく異なって感じられる。日差しの強い日では陰影が強く、物の形がリアルに感じられるだろうし、冬の薄曇りの日であれば、その輪郭がはっきり感じられず、幻想的に感じるだろう。輝度差が小さい空間は室内と感じ、輝度差が大きい空間は屋外と無意識に感じているが、逆手にとることで面白い提案ができるかもしれない。

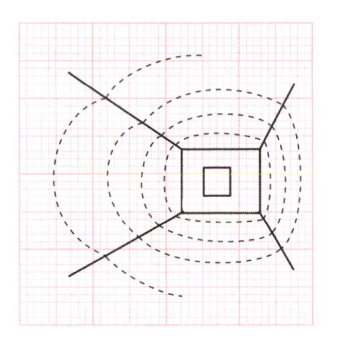

452 ｜ パースの家

建築はとても大きくて、それが完成したからといって、そのものが表現にはならない。人間の知覚は、3次元よりも2次元のほうが表現もしやすく、理解もしやすい。それで、目に映る立体情報を平面情報に置き換える方法、すなわちパース（パースペクティブ）が発展してきた。絵画や作図において、同じ大きさの物でも近くにあれば大きく、遠くにあれば小さく描く。逆に捉えれば、水平、垂直、平行になっている物を操作することで、実際よりも広く感じる空間や、狭い空間をつくることができる。視覚による空間の大きさと、視覚以外での空間の体験のズレをつくることも考えてみよう。

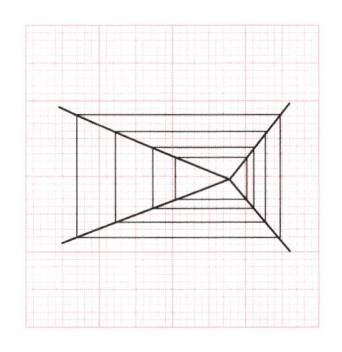

453 ｜ スケールの家

昔に建てられた建物は、写真で見たり遠くから見たりする姿に比べて、実際に近寄って体験すると思ったより大きい、または小さいと感じることがある。何かのスケールをどのくらいに感じるのかは、対象物についてすでに知っている場合や、対象物と大きさがすでに分かっているものとを比較することにより想像することができる。経験的に大きさがある程度想像できる扉や窓がない建物であれば、スケールが容易に想像できなくなる。大きく感じるのか、小さく感じるのか、自分たちの感覚を見直さなければならないような面白い提案はできないだろうか。

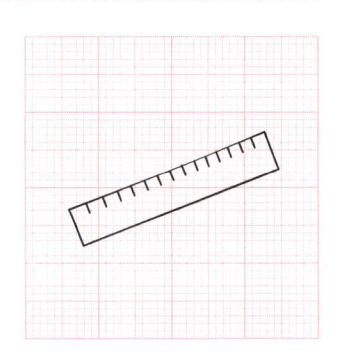

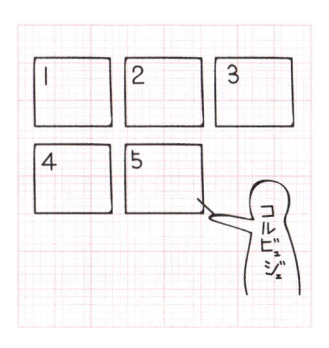

454 | 近代建築の五原則の家

「近代建築の五原則」とはご存知のとおり、ル・コルビュジエが唱えた近代建築における5つの原則である（ピロティ、屋上庭園、自由な平面、水平連続窓、自由な立面）。建物に、鉄やコンクリートなどを積極的に使う新しい技術によってもたらされた、明るく健康的なイメージを顕在化させる方法でもある。あまりにも有名で、今もなお引用される、または吸収されてしまう強靭な原則だ。使い古された考え方であり、形態を具体的に規定してしまっているが、それに負けないような自由で新しい原則を提案してみては？

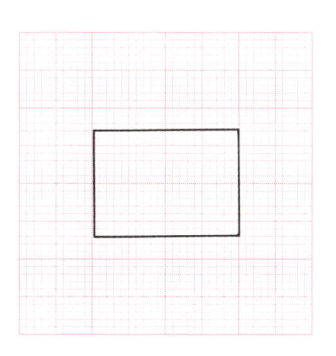

455 | ミニマルの家

必要最小限を目指す手法のことをいう。機能に即し、装飾性を排して物がつくられることや、何かの機能を誘発するするためにシンプルにつくられていること、一般的な状態から要素が欠落していることも考えられる。また、装飾そのものもある機能を果たしているはずであるから無意味なものではないとも考えられる。どのような観点からミニマルであるのか、機能と形の関係を見つめ直すことでミニマルということを再考することができる。

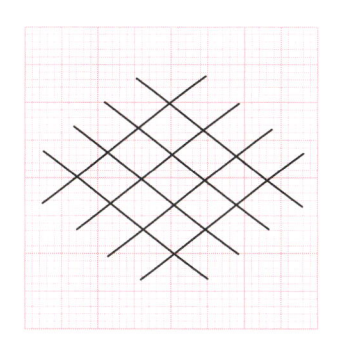

456 | グリッドの家

たいていの建物はなんらかのグリッド上に計画されていることが多い。ある単位をもった建材を組み合わせてつくる以上、必然的で合理的な結果でもある。建築のみならず2次元で作図する際には役立つ優れモノだが、ときにはグリッドが逆に制約になり、自由さがなくなる場合もある。グリッドには均等なものもあれば、対数を使った不均等なものもある。ハニカムのように多角形の図形を並べたものもグリッドと呼ばれたりする。囲碁や将棋、オセロなど、グリッドをベースに展開するゲームからもヒントが得られるかもしれない。

【実例】カサ・デル・ファッショ／ジュゼッペ・テラーニ

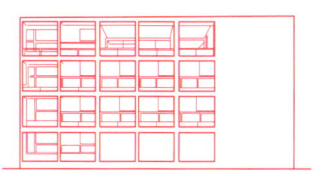

カサ・デル・ファッショ

設計：ジュゼッペ・テラーニ

日本語にすると「ファシストの家」を意味する、党事務所として建てられた建物。平面と立面がすべて1：2の比率になるなど、グリッドに沿った形ですべてが計画されているのが特徴的。直方体ボリュームでファサードは4面とも異なるデザインでありながら、秩序あるグリッドに沿って構成されている。現在は、国境警備隊の本部として利用されている。1932年の作品。

457 | 規律の家

建築はルール（規律）だらけである。構造、設備、法規など、各分野でさまざまな守るべき規律は定められており、設計とはその規律に1つ1つ応えていく作業の積み重ねともいえるだろう。ただし、大切なのはルールを暗記することではなく、なぜそのルールが定められたかを探ることである。ここでは既存のルールを守ることの重要性を見直すと同時に、ルールを破ることの自由さを考えてみよう。独自の新しいルールを見出すことが、作風や理念につながるかもしれない。

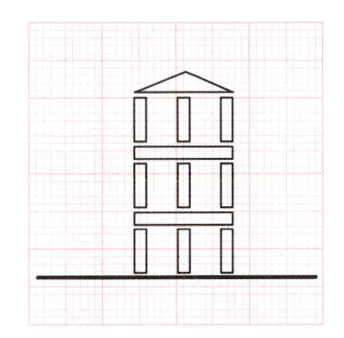

458 | 人体の家

最近では情報やサービスなどが便利になったぶん、身体を使った経験をすることが少なくなってきているように感じられる。朝日を受けて心地よく感じたり、リビングのソファでくつろいだり、上の階に行くのに階段を使って上がったり、建築を通しての体験はとても身体的といえる。
また、建築は身体の機能も拡張してくれる。外部の厳しい環境から守ってくれる皮膚として、高い建物であれば鳥のようになった眺望を手に入れることもでき、身体の限界の延長にあるものと捉えることもできるのではないだろうか。

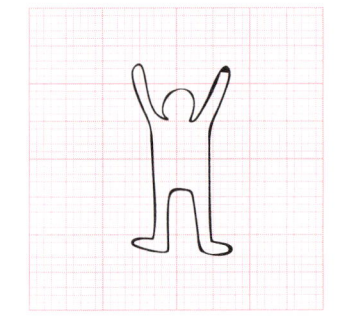

459 | 黄金比の家

なんとも仰々しいネーミングで、絶対的な美しさのイメージを伴う、魅惑の比率「黄金比」。実例としては、パルテノン神殿の縦と横、ピラミッドの高さと底辺などが挙げられたりするが、身近なところでは名刺のサイズなどにも、実は使われていたりする。広く使用されているため親しみやすい形ではある。その黄金たる由縁は、数学的な根拠にヒントが隠されている。図形的な特質としては、黄金比の長方形から正方形の図形を切り取った残りの長方形は小さい黄金比の長方形になる、というところ。クラシック音楽とポップの距離が縮まったように、気軽に使える黄金比について考えてみるのも楽しいかも。

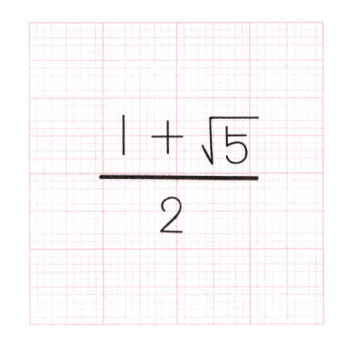

$$\frac{1+\sqrt{5}}{2}$$

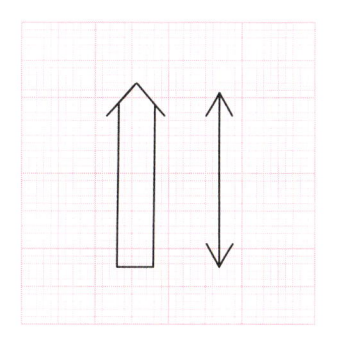

460 | 高さの家

同じ距離が離れている場合、平面よりも高さ方向のほうが遠く感じ、下方向よりも上方向のほうがより距離を感じる。高い位置にあればよりよい眺望を手に入れられるはずだ。また、建物が高層化することで空地を設けることができるという都市計画の方法もある。しかし、高いことで周辺のことを考えると、落ちる陰影が遠くまで及んでしまう。自分だけ高いボリュームであれば、周りへの配慮を欠いてしまうこともある。地面から離れてしまう暮らしは、よいことばかりではないはずだ。高いことでのメリットとデメリットをよく考える必要がある。

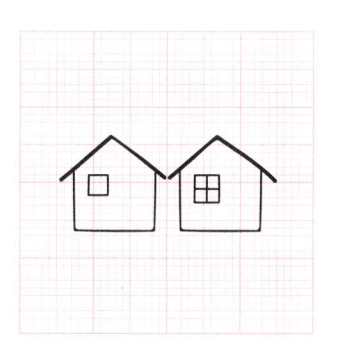

461 | 差異の家

ある観点で2つ以上の物を比較する。すると、違いをみつけたり、優劣をつけたりもできるようになる。集合住宅のような反復性のあるものにおいて差異は個性を生み、生き生きとした情景をつくる。建築のどんな要素を取り出して比較するのだろうか。比較することでどんな面白いことが分かるのだろうか。比較する対象はどんなシチュエーションだろうか。同じ開口の大きさでも空間の体積や壁のテクスチュアの違いで、明るさが違ってくる。空間と空間を仕切る壁の厚みで、距離感が違ってくる。差異というキーワードで新しい発見をしてほしい。

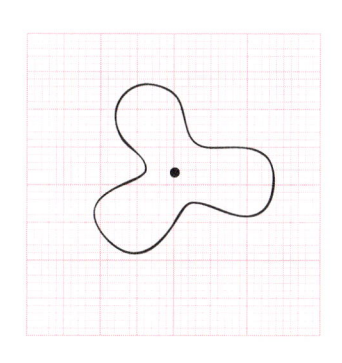

462 | 重心の家

合気道の動きの中心は、人間の「重心」であるへその下の部分といわれている。ここが合気道の動きにおいて重要な役割を果たすが、建築における重心とはどこだろう。構造としての物理的な重心もあれば、空間としての重心もある。また、1本通った軸上の重心もあれば、複数のモノがバランスを保つことで重心となることもあるだろう。さまざまな「重心」に気を配りながら「ブレない」建築をつくろう。

【実例】八王子セミナーハウス／吉阪隆正

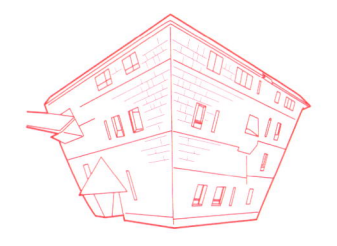

八王子セミナーハウス

設計：吉阪隆正

都内複数の大学で共同して1965年に設立された研修施設。コンクリートでできたピラミッドを逆さまにして、地面に突き刺したままで重心をとったような外観が特徴的。内部は吹抜け空間が多く、連続してつながった、開放的な空間となっている。

463 | スーパーフラットの家

もともとは現代美術の概念として展開された言葉だが、建築においてもあてはまる部分は多いかもしれない。建築はそもそも図面という「平面」が占める世界が大きい。もちろんできあがった物は立体的なわけだが、その過程や理念では、平面的に展開されることが多い。コルビュジエの唱えたドミノシステムやミースのユニバーサルスペースにみられるように、平面が無限に拡張していくイメージというのは今もなお継承されている。今ここで、新しいフラットの理念について考えるのもいいだろう。

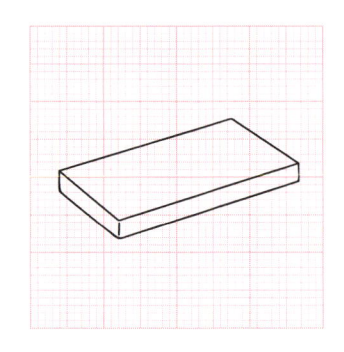

464 | ディテールの家

建築物では、素材が切り替わる部分や端部を問題にする場合が多い。全体の構成や特定の素材を使うことが、どのようなディテールにするかによって意味がまったく変わってしまう。服装に例えるなら、同じ生地のズボンの裾が、切りっぱなしでほつれがあるもの、たくし上げたもの、適切な長さとなっているものでは印象が大きく異なる。建築をつくるとき、建材の重量がかさむものもあり、簡単には壊れない強度が必要とされ、場所によっては防音や防水、防火の性能も求められる。そのためディテールを考えることは大変であるが重要なことである。

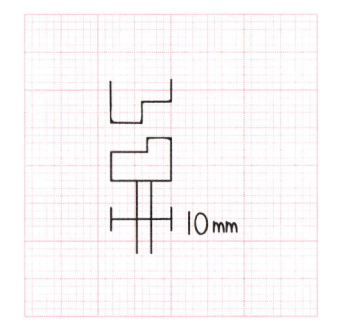

465 | 図式の家

図式とは、物ごとの関係性を分かりやすく説明するために描かれる絵のこと。ディテールが省かれ、その関係性がより明確になっている。建築ではエスキス時に図式として簡略化してその関係性を考えていくが、決して図式そのもののキレイさが重要なのではなく、あくまでも関係性を図式化しているということを忘れないでいたい。図式が先か空間が先か。はたまた図式が後か空間が後か。その図式は何のために描いているのかを、常に考えていこう。

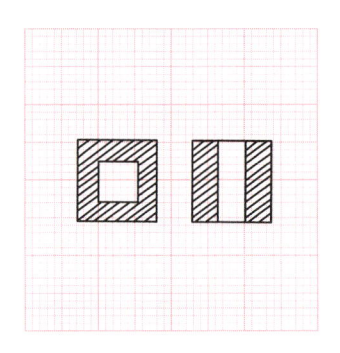

「毎週住宅を作る会」について

「毎週住宅を作る会」（略称：しゅうまい）は、その名のとおり、毎週住宅をつくるというモットーのもとに、毎週テーマを決め、それについて簡単な模型と図面をつくり、皆で発表し批評し合うワークショップ。いわば、建築のかたちをつくるためのドリル演習的な活動です。
「ウンチクよりカタチをつくれ」のフレーズをもって1995年、東京理科大学工学部・神楽坂校舎ではじまったこの会。現在は広島、福岡、名古屋、群馬、茨城、新潟、宮城など全国各地で、自由に、かつ自然発生的な広がりをみせています。現在活躍している若手建築家のなかにも、当時「しゅうまい」に参加していた人たちが多くいます。
ただ、実際には活動を統括する組織もなければ、それを取り仕切るルールやしきたりもありません。「誰でも気軽にいつでも参加できる」ことが基本的なスタイルになっています。次の頁からは、広島支部と九州支部の「しゅうまいOB」に、しゅうまいの活動内容と意義を紹介していただきます。それぞれの支部が、自由に発展させながら活動している様子が分かるでしょう。
「自分もやってみたい」という方は、以下に挙げる現在活動中の支部にコンタクトをとるなどして、その雰囲気を味わってください。もちろん、本書の8頁からの演習方法を参考にすれば、自分たちで早速楽しんでいただくことができるでしょう。

[しゅうまいネットワーク]

前橋支部「shu-mae」
前橋工科大学工学部内

名古屋支部「FLAT」

広島支部「毎週住宅を作る会　広島支部」
広島工業大学工学部内

九州支部「Shu-mai kyushu」
九州大学芸術工学府内

大分支部「毎週住宅をつくる会。大分FC店」
大分大学工学部内

東京本部
筑波支部
前橋支部
東北支部
新潟支部
神楽坂支部
世田谷支部
横浜支部（Y-GSA）

（2015年現在、順不同）

「毎週住宅を作る会」各支部の
OBが語る「しゅうまい」内容と意義

即興的で大喜利のような楽しさが、しゅうまいの醍醐味
広島支部OB・高橋将章

大学3年生のころ、東京本部の創設メンバーの方たちに出会い、しゅうまいの活動を教えていただくとすぐさま、僕らは「まずはとにかくやってみよう！」と没頭しました。教えてもらったといっても、詳しい内容は分からなかったので、自分たちで勝手にアレンジしたり、ルールを決めながら進めていく感じでした。

しゅうまいは、基本的には「勝手にやっていること」なので、誰にも気を遣うことなく、とにかく自由に議論します。大学の先生や、年の離れた先輩ではなく、身近な仲間に評価されること、また批評されること。これが意外と励みや刺激につながります。お題＝テーマ、についての議論もとても意義があると思います。しゅうまいを通して「テーマを自分たちで決める」という行為こそが、実は最もクリエイティブで楽しい。日常的にテーマを探す習慣や、自分なりの建築の捉え方が身につき、その後の卒業設計やその他の設計活動に生かされたように思います。

そんなしゅうまいの、僕が感じる大きな魅力は、やはりその即興性にあるように思います。当たり前ですが、実際の建築物は、完成までにとても時間がかかります。大学の課題ですら、何カ月もかけて思い悩みながらつくるため、途中で案の方向性を変えたりするのも、とても勇気のいる行為になります。周りの評価を気にしすぎて深く落ち込むことだってあります。それに比べて、しゅうまいの作品はもやもやと考えながらも、1週間後には形にしなければなりません。直前の数時間で準備することも多々あります。できたてホヤホヤの図面や模型をもち寄り、冷めないうちにプレゼンテーションをする。それに対しての「評価」は、その場に居合わせた仲間のファーストインプレッションのみ。なので、作品が大勢の目に触れる課題と違って、自分のアイデアが少々スベっても傷は浅い。むしろ、その場で仲間の反応を試してみるくらいの感覚で考えていました。そんな、即興的で大喜利のような楽しさが、しゅうまいの醍醐味のように思います。

設立して1年ほど経ったころには、ささやかながら広島しゅうまいの展覧会が実現しました。ホームページで活動を知って、東京から遊びに来てくれた方もいましたし、見学に来た人たちが地元で支部設立に至るケースもありました。メンバーが徐々にアイデアコンペに入賞し始めたのもこの頃です。「まずはとにかくやってみたこと」が、気がつくと大量のノウハウを積み上げていて、それが結果につながってきたことは、僕らにとって大きな自信と励みになりました。大学院進学などで広島の地を離れたメンバーは、新天地で新たな支部を設立したりするなど、その後もさまざまなかたちで各地の活動につながっています。そんな広島しゅうまいは、今もなお自由に活動を続けています。

スケールを限定せず、全国的舞台を意識した運営と取り組み姿勢　　九州支部OB・園部晃平

Shu-mai kyushu（以下、九州支部）は、設計者となるために必要な幅広いアイデア／思考のツールを養うことを目的とし、2000年から現在に至るまで継続的に活動を続けています。九州支部では他の支部と同様に、テーマ設定のうえ、A4サイズの図面と模型を用い、頭にあるバーチャルなイメージをリアルにアウトプットとして表現することを踏襲しています。そして、九州支部には独自の2つの主要な特徴があります。1つは、設計対象を住宅のみと限定しないこと。あるテーマについてのアウトプットのスケールはさまざまで、ある者は家具を創作し、ある者は都市スケールにわたる容積配分のルールを提示するなど、スケールを問わないデザインを行います。

もう1つは、全国的コンペに照準を合わせて、独特な運営スタイルと取組み姿勢をもつことです。「しゅうまい」をコンペへの受賞や課題への反映へと目的化することは、どこの支部でも同じでしょう。しかし九州支部では、同世代で全国的に建築を志す者約3万人のなかでいかに生き残るか？　自己満足だけで完結しない、第三者的評価を得るためには？　九州という地方都市から全国の舞台に立つためには？　ということを念頭に置き、主要なコンペがある場合は、コンペテーマそのものをテーマ設定し、数週にわたり同じテーマで活動したケースも多くあります。たとえば、1回目はコンペテーマに対する各案の長所を生かして議論を行い、2回目は1回目で考えた各自の案とテーマをそれぞれがブレイクダウンして提出する。もしくはまったく異なるテーマからのアプローチを試み、その後にコンペテーマに値する提案へと昇華させることを行いました。

また、共同での提出でなく「1人でやりきる」ことを意識して取り組んでいました。これは設計者としての力を養うトレーニング的な意味とともに、誰がどこを、どこまでやったのかということを明確にし、受賞した場合に賞の持つ力や評価を最大化するためでもありました。

建築を学びはじめの学生にとって、たやすく建築に取り組むことができるシステムとして「しゅうまい」は、全国的展開を見せました。活動しているうちに、アイデアをリアルに建築化するには相当のパワーを要することに気づきます。しかし、夢を限りなく見ることのできるこのトレーニングは、「実現したいと思う力」、産み出すことや困難な調整を「乗り越えられる力」へと確実に醸成させてくれたように思います。

| 新装版 |
建築デザインの アイデア と ヒント 470
470 ideas and hints for architectural design

2015年7月31日 初版第1刷発行
著者:毎週住宅を作る会
発行者:澤井聖一
発行所:
株式会社エクスナレッジ
〒106-0032 東京都港区六本木7-2-26
http://www.xknowledge.co.jp/

問合せ先:
編集 Tel 03-3403-1381 / Fax 03-3403-1345 /
info@xknowledge.co.jp
販売 Tel 03-3403-1829 / Fax 03-3403-1829

無断転載の禁止
当社ならびに著者に無断で転載(印刷、翻訳、複写、データベースへの入力など)
ならびに複製することを禁じます。